D1731831

Christian Stephan
*Die stumme Fakultät*

Christian Stephan

# Die stumme Fakultät

*Biographische Beiträge zur Geschichte
der Theologischen Fakultät der Universität Halle*

VERLAG JANOS STEKOVICS

DÖSSEL, 2005

# Inhalt

## AUF WEITEREN FRIEDHÖFEN

## ANHANG

## NACHTRAG

# Vorwort

„Die stumme Fakultät" – mit diesen Worten pflegte der langjährige Dekan der Theologischen Fakultät G. HEINZELMANN den Kirchhof der St. Laurentiuskirche zu bezeichnen,[1] auf dem seit dem 19. Jahrhundert die Mehrzahl der in Halle verstorbenen Theologieprofessoren ihre letzte Ruhestätte gefunden haben. Bis dahin gehörte der historische Stadtgottesacker auf dem Martinsberg zur bevorzugten Begräbnisstätte, der seit 1557 von dem Ratsbaumeister N. HOFMANN, dem Hauptvertreter der mitteldeutschen Hochrenaissance, errichtet und 1594 vollendet wurde. Umgeben von 94 nach innen geöffneten Gruftbögen gehört dieser Friedhof zu den interessantesten Camposanto-Anlagen Mitteleuropas, der sein bekanntestes Vorbild im Camposanto neben dem Dom von Pisa[2] und mit dem Sebastian-Friedhof in Salzburg noch ein späteres mitteleuropäisches Beispiel erhalten hat.[3] Erst in den letzten Jahrzehnten sind dieser einzigartigen Anlage größere, teilweise irreparable Schäden zugefügt worden: durch Bombentreffer, eine kaum zu überbietende Vernachlässigung in der DDR-Zeit und durch sog. „Grufties", einer jugendlichen Protestbewegung Anfang der achtziger Jahre, die mit ihrem Rückzug auf die Friedhöfe auch auf die hoffnungslose Situation in der DDR reagiert hat. Dank einer Millionenspende ist der Stadtgottesacker heute vor dem endgültigen Verfall gerettet worden.

Dieser Führer zu den Grabstätten hallescher Theologieprofessoren beabsichtigt zweierlei: Einmal sollen die nach wie vor vom Verfall bedrohten Grabdenkmäler und ihre Inschriften dokumentiert werden. Zum anderen wollen die Biogramme die Geschichte und die geistigen Traditionen in Erinnerung zu rufen, die für die hallesche Theologische Fakultät bestimmend geworden sind. Das beigefügte Verzeichnis ausgewählter Werke und Sekundärliteratur beabsichtigt nicht nur, einen Überblick über die zentralen Arbeitsthemen einer jeden Person zu geben, sondern auch einen raschen Zugriff auf weitere Informationsquellen zu ermöglichen.[4] Das abschließende Literaturverzeichnis bietet neben Standardwerken auch eine Auswahl an Überblicksliteratur zur Geschichte der halleschen Universität, die in größeren Abschnitten die Geschichte der Theologischen Fakultät berücksichtigt.

Um den Umfang dieses Führers nicht allzusehr zu strapazieren, sind hier allein die Grabstätten von Universitätstheologen aufgenommen worden, die in einem Extraordinariat resp. Ordinariat gestanden haben und deren Gräber sich annähernd zweifelsfrei aus den literarischen Quellen eruieren ließen.[5] Als ein willkommener Nebeneffekt der Aufnahme ihrer Grabinschriften konnten einige Lebensdaten korrigiert werden, die in den einschlägigen Nachschlagewerken falsch angegeben sind.[6] Das Manuskript ist seit einem reichlichen Jahrzehnt fertiggestellt. Dieses Unternehmen wäre denn auch nicht zu einem Ende gekommen, wenn ich nicht vielfältige Unterstützung durch ehemalige Kollegen und Freunde in Halle erfahren hätte. Zu danken habe ich vor allem Dr. A. Meißner, der sich nicht zu schade war, mit Wassereimer und Schwamm ausgerüstet manchen Grabstein vom halleschen Niederschlag zu reinigen und einige Abbildungen beizusteuern. Daß dieses Bändchen mit Porträts versehen werden konnte, ist allein ihm zu verdanken. Mit kritischen Hinweisen und Ratschlägen haben von Anfang an vor allem die Professoren H. Obst, A. Sames und H. Goltz sowie Dr. K.-M. Beyse und Dr. H. Berthold die Entstehung dieses Führers begleitet und gefördert. A. Sames schließlich hat die Biogramme der jüngst verstorbenen Theologieprofessoren Erhard Peschke (1996) und Wolfgang Wiefel (1998) beigesteuert. Die Stiftung für Ökumenische und historische Theologie in Bern hat das Erscheinen mit einem beträchtlichen Druckkostenzuschuß überhaupt erst möglich gemacht. Ihnen allen sei an dieser Stelle dafür ausdrücklich gedankt!

Ich widme diesen Führer Prof. Traugott Holtz, meinem Lehrer auf dem Gebiet des Neuen Testaments, der in Halle einen bedeutenden Beitrag zum Erhalt und Ansehen der ostdeutschen Universitätstheolgie geleistet hat.

Biberist, im Januar 2005           Christian Stephan

Anmerkungen

[1] Z. B. In memoriam Julius Schniewind. ThLZ 74 (1949) 166.

[2] Erbaut 1278 bis 1283 von Giovanni di Simone.

[3] Erbaut von A. Berthedo 1595 bis 1600. In ihrem Ausmaß bescheidenere Beispiele in der Region sind der alte Friedhof in Buttstädt und die 1531 angelegte Friedhofsumrandung des Kronenfriedhofs in Eisleben. - Obwohl für die hier behandelten Grabstätten nicht relevant, bleibt kunstgeschichtlich bedeutsam: M. J. G. Olearius, Coemiterium Saxo-Hallense. Das ist des wohlerbauten GOTTES-ACKERS der löblichen Stadt Hall in Sachsen Beschreibung [...], Wittenberg 1674.

[4] Die in diesem Zusammenhang verwendeten Abkürzungen entsprechen dem Abkürzungsverzeichnis der Theologischen Realenzyklopädie, zusammengestellt v. S. Schwertner, Berlin/New York 1976. Die dort nicht aufgeführten Abkürzungen bedeu-

ten: ao. Prof. = außerordentlicher Professor, Doz. = Dozent, Honprof. = Honorarprofessor, o. Prof. = ordentlicher Professor, PD = Privatdozent, Titprof. = Titularprofessor.

5 Deshalb werden beispielsweise die in diesem Zusammenhang oft mit genannten Grabstätten des langjährigen Gymnasialdirektors von Schulpforte und Mitbegründer des „Evangelischen Bundes" L. WITTE (1836–1921) sowie von J. A. FREYLINGHAUSEN (1670–1739), dem bedeutenden Mitarbeiter A. H. FRANCKES, nicht gesondert aufgeführt. L. WITTE: Laurentiusfriedhof, Feld I, Reihe 7, 4. Grabstelle v. r. – J. A. FREYLINGHAUSEN: Stadtgottesacker, Bogen 80.

6 Vgl. z. B. die Sterbedaten von J. A. L. WEGSCHEIDER (RGG³, EKL, LThK) und E. KAUTZSCH (LThK), den Geburtstag von W. BEYSCHLAG (RGG²) sowie das Geburtsjahr von C. FR. BAHRDT, das von G. Mühlpfordt neu bestimmt worden ist.

# Stadtgottesacker

## JOHANN HEINRICH CALLENBERG (1694–1760)

Am 12. Januar 1694 in Molschleben bei Gotha als Sohn eines Bauern geboren, erhielt CALLENBERG seine Vorbildung auf dem Gymnasium in Gotha, das in dieser Zeit zu den führenden Lehranstalten Mitteldeutschlands zählte. Seit 1715 studierte er Theologie und Philologie an der Universität in Halle. Hier war es A. H. FRANCKE, der größeren Einfluß auf ihn gewann und mit dem ihn später eine herzliche Freundschaft verband. Er empfahl ihm auch, dem 1702 als Lebens- und Lerngemeinschaft für zunächst zwölf Studenten gegründeten Collegium orientale theologicum beizutreten, um seine Kenntnisse in den orientalischen Sprachen weiter zu vervollkommnen. Bei S. NEGRI, einem Damascener, den A. H. FRANCKE aus England an die Saale geholt hatte, studierte er Arabisch.

Nachdem CALLENBERG mit einer philologischen Untersuchung die philosophische Magisterwürde erworben hatte, wurde er 1727 zum außerordentlichen, 1735 zum ordentlichen Professor für orientalische Philologie an die Philosophische Fakultät berufen. 1739 verlieh ihm die Theologische Fakultät die Doktorwürde und berief ihn zum ordentlichen Theologieprofessor. Er folgte dem Ruf unter Beibehaltung seiner philologischen Professur. Als Fakultätskollege von J. G. KNAPP, CHR. B. MICHAELIS, G. A. FRANCKE und S. J. BAUMGARTEN behandelte CALLENBERG, der ausgewiesene Kenner des rabbinischen Schrifttums und der jiddischen Sprache, in seinen Vorlesungen sowie in seinem literarischen Werk vorzugsweise Themen zur Geschichte und Literatur des Judentums. Abgesehen von umfangreichen kirchenhistorischen Notizen zur Geschichte des halleschen Pietismus widmete er sich darüber hinaus der weiteren Erforschung der hebräischen Sprache und ihrer verwandten Idiome.

Schon als Student hatte sich CALLENBERG unter dem Einfluß der Schriften von J. CHR. WAGENSEIL und des Gothaer Predigers J. MÜLLER mit dem Gedanken getragen, in der Judenmission aktiv zu werden. A. H. FRANCKE förderte dieses Interesse nicht nur nachdrücklich, er gab auch die entscheidenden Anregungen, die 1728 zur Gründung des Institutum Judaicum et Mohammedicum durch CALLENBERG führten. Ziel der Arbeit dieses selbständigen Instituts war es, die jüdische Religion zu erforschen, Literatur über sie und über Jesus, den Messias der Juden, zu veröffentlichen und den Juden durch reisende „studiosi" das Evangelium zu bezeugen.

Bis zu seiner durch ein königliches Reskript 1792 verfügten Vereinigung mit den Franckeschen Stiftungen sind aus diesem Institut insgesamt zwanzig Missionare ausgesandt worden, die sich später neben der Juden- auch der Mohammedanermission gewidmet haben. Sie zogen nicht nur durch fast alle Länder Europas, sondern gelangten über Ägypten, Palästina und Kleinasien bis an den Euphrat. Unter ihnen befand auch St. Schultz, der umfangreiche Missionsberichte verfasst hat und der nach Callenbergs Tod die Leitung des Instituts übernahm.

Um die für diese Aufgabe benötigten Missionsschriften herstellen zu können, gründete Callenberg mit Hilfe von Spendengeldern eine eigene Spezialdruckerei, für die er hebräische, arabische und persische Lettern gießen ließ. In hohen Auflagen wurden hier Übersetzungen des Neuen Testaments und erbaulicher Schriften gedruckt, die von den Institutsmitarbeitern angefertigt und zur kostenlosen Verteilung unter Juden und Muslimen bestimmt waren. Nicht zuletzt dadurch erfuhr die orientalistische Arbeit an der halleschen Universität neue wichtige Impulse.

Auch wenn in statistischer Hinsicht nach Anzahl der Taufen der Missionsarbeit kaum Erfolg beschieden war, scheint bei mancher Begegnung eine Atmosphäre des Vertrauens und der Offenheit entstanden zu sein, wie sie zwischen Christen und Juden bis dahin so nicht üblich war. Daß sich Callenberg und seine Mitarbeiter besonders um die sozialen Belange nicht nur der Katechumenen und Proselyten, sondern aller jüdischen Mitbürger gesorgt und manche diakonische Hilfe organisiert haben, wirkte weithin als ein respektables Zeichen für die Glaubwürdigkeit und Redlichkeit ihres Dienstes.

Callenberg, der bis zu seinem Tod mit fortlaufenden Missionsberichten in enger Verbindung zu einem europaweiten Freundes- und Förderkreis gestanden hatte, starb am 16. Juli 1760.

Grabstätte: Stadtgottesacker, Bogen 73.
Grabinschrift: nicht mehr erhalten.

*Werke:* Berichte von einem Versuch, das Jüdische Volk zur Erkenntniß der christlichen Wahrheit anzuleiten, 3 Bde., 1728–1736. – Catechismus Lutheri minor Arabice, 1729. – Jüdisch-teutsch Wörterbüchlein, 1736. – Schriften zur jiddischen Sprache, hg. v. W. Chr. J. Chrysander, 1733. ³1750 (Reprint, hg. v. H. P. Althaus, Marburg 1966). – Historia Jesu Christi Muhammedica, 1736. – Nachricht von einem Versuch, die verlassenen Muhammedaner zur heilsamen Erkenntniß Christi anzuleiten, 1739. – Fortwährende Bemühung um das Heil des Jüdischen Volkes, 1752. – Reisegeschichte zum

Besten der alten Orientalischen Christenheit, 1752. – *Bibliographie:* Teilüberblick: H. Doering: Theologen I, 223–225.

*Literatur:* K. Aland: Die Annales Hallenses ecclesiastici. – Das älteste Denkmal der Geschichtsschreibung des Halleschen Pietismus. In: Kirchengeschichtliche Entwürfe, Gütersloh 1960, 590–597. – Chr. Bochinger: Abenteuer Islam. Zur Wahrnehmung fremder Religion im Hallenser Pietismus des 18. Jh.s. Habilschr. München 1996. – G. Dalman: Kurzgefaßtes Handbuch der Mission unter Israel, Berlin 1893. – C. Denina: La Prusse littéraire sous Frederic II., Bd. 1, 1790 = DBA, Fiche 174, 279. – H. Doering: Theologen I, 221–225. – Fr. C. G. Hirsching: Historisch-literarisches Handbuch berühmter und denkwürdiger Personen, welche im 18. Jahrhunderte gestorben sind I, Leipzig 1794 = DBA, Fiche 174, 280–282. – Jöcher/Adelung II 39–41. – Kirche und Synagoge. Handbuch zur Geschichte von Christen und Juden, hg. v. K. H. Rengstorf u. S. v. Kortzfleisch II, Stuttgart 1970, 103–116. – K. S. Latourette: A History of the Expansion of Christanity, New York/London 1939, 61. 76. – J. G. Meusel: Lexikon II = DBA, Fiche, 174, 283–285. – J. J. Moser: Beytrag zu einem Lexico der jetzlebenden Lutherisch- und Reformirten Theologen, Züllichau 1740 = DBA, Fiche 1426, 330–349. – Chr. Rymatzki: Hallescher Pietismus und Judenmission. Johann Heinrich Callenbergs Institutum Judaicum und dessen Freundeskreis (1728–1736). Tübingen 2003. (Hallesche Forschungen 11). – W. Schrader: Geschichte I, 220f. – ADB 3 (1878) 707f. (Plitt). – BBKL 1 (1976) 863f. – NDB 3 (1957) 96 (Fr. Lau).


# FRANZ THEODOR FÖRSTER (1839–1898)

FÖRSTER wurde am 28. Januar 1839 als Sohn eines Pfarrers in Lützen geboren. Nachdem er sein Theologiestudium abgeschlossen hatte und zum Doktor der Theologie promoviert worden war, übernahm er 1867 die Stelle des Inspektors am Domkandidatenstift in Berlin und trat zugleich als Prediger in das geistliche Amt. Daneben begann er als Privatdozent praktisch-theologische Vorlesungen und religionspädagogische Übungen an der Theologischen Fakultät zu halten.

1869 ging FÖRSTER als Archidiakonus nach Stolberg (Südharz). 1872 folgte er einer Berufung als Pfarrer und Superintendent nach Großjena bei Naumburg. Fünf Jahre später wechselte er ein letztes Mal, um an der St. Marienkirche in Halle eine Pfarrstelle als Diakonus zu übernehmen.

1880 zum Oberpfarrer ernannt, bekleidete FÖRSTER seitdem auch das Amt des Superintendenten und Kreisschulinspektors in Halle. Damit führte er die Aufsicht über das Schulwesen in der Ephorie, wie ihm überhaupt die katechetisch-religiöse Erziehung von Kindern und Jugendlichen ein besonderes Anliegen war. Unter seiner Leitung als Superintendent und Vorsitzender des Kirchenbauvereins ist Halle um die Neubauten der Stepha-

nus- und Johanneskirche sowie ihrer Gemeindegründungen bereichert worden. Die Gründung von St. Paulus als dritte neue Parochie hat FÖRSTER noch in seinen letzten Lebensjahren tatkräftig angebahnt.

Wie schon in Berlin, trat FÖRSTER auch hier an der Theologischen Fakultät als Privatdozent in Erscheinung, die ihn aufgrund seiner Schrift über *Ambrosius von Mailand* ehrenhalber promoviert hatte. 1894 wurde er zum außerordentlichen Professor ernannt. Bis zu seinem Tod lehrte er vor allem auf dem Gebiet der Religionspädagogik, obgleich seine Interessen, wie die monographischen Schriften, Aufsätze und Beiträge zur „Realencyklopädie für protestantische Theologie und Kirche" zeigen, sich auch auf das Gebiet der Älteren Kirchengeschichte und Patristik erstreckt haben. Kirchenpolitisch gehörte FÖRSTER nicht nur zu den Führern der „Evangelischen Vereinigung", er erwarb sich auch Verdienste als Mitbegründer und leitendes Mitglied des „Evangelischen Bundes" sowie des „Gustav-Adolf-Vereins".

FÖRSTER starb am 27. August 1898.

Grabstätte: Stadtgottesacker, Feld IV, Weg 3, letzte Grabstelle.
Grabinschrift:

> Wer überwindet, der wird es alles ererben,
> und ich werde sein Gott sein, und er wird
> mein Sohn sein.
> Offenb. Joh.
> 21, v. 7.

(Grabkreuz abgefallen)

14

Hier ruhet in Gott
der Oberpfarrer an der Kirche zu U. L. Frauen
Superintendent u. Professor
D. Franz Theod. Förster
* 28. Januar 1839
† 27. August 1898.
Selig sind, die reines Herzens sind,
denn sie werden Gott schauen.
Matth 5. V. 8.

*Werke:* Drei Erzbischöfe vor 1000 Jahren, 1874. – Die gegenwärtige Lage des deutschen Altkatholicismus, 1879. – Darstellung des Lebens und Wirkens des Bischofs Ambrosius von Mailand, 1884. – Zur Theologie des Hilarius. In: ThStKr 61 (1888) 646–686. – Ihr sollt mein Antlitz suchen. Neue Predigten über das Vaterunser, 1895. – Luthers Wartburgjahr, 1895. – Religionsbuch für evangelische Schulen, ⁹1897. – Geschichte des Alten Testaments für Sonntagsschulen, 1896. – Chrysostomus, 1896.

*Literatur:* A. Bettelheim (Hg.): Biographisches Jahrbuch und deutscher Nekrolog III, Berlin 1900, 248 = DBA, Fiche 331, 191–193. – Chronik der Universität Halle-Wittenberg 1898/99, Halle 1899, 8. – RE³ 22 (1909) XII.


## AUGUST HERMANN FRANCKE (1663–1727)

Der Name FRANCKES bleibt nicht allein mit der Gründung der Universität verbunden, deren unverwechselbares Erscheinungsbild und Anziehungskraft in ihren ersten Jahrzehnten er prägend mitgestaltet hat. Als Gründer der nach ihm benannten Stiftungen, Gelehrter und Geistlicher, der dem halleschen Pietismus den für ihn charakteristischen Frömmigkeitstypus verliehen hat, war FRANCKE schon zu Lebzeiten eine weit über die Grenzen Deutschlands hinaus bekannte und in weiten Kreisen geschätzte Persönlichkeit.

FRANCKE wurde am 22. März 1663 als Sohn eines Juristen in Lübeck geboren. Drei Jahre später zog die Familie in die väterliche Heimat nach Thüringen, nachdem Herzog ERNST DER FROMME von Sachsen-Gotha den Vater als Mitarbeiter an seinem umfassenden Reformwerk berufen hatte. Von Kindheit an zum Theologen bestimmt, wurde FRANCKES Erziehung bis zum siebten Lebensjahr streng vom Vater überwacht. Nach dessen frühen Tod 1670 hatte die ältere Schwester Anna maßgebenden Einfluß auf ihn, deren Frömmigkeit sowie die Lektüre der Schriften J. Arndts und englischer Erbauungsliteratur Francke mit zwölf Jahren zu einer ersten religiösen Erweckung führten. Der Orientalist Hiob Ludolf und der gelehrte Staatsmann V. L. v. Seckendorff vermittelten ihm die Ideen des Gothaer Kirchen- und Schulreformprogramms, die für sein späteres Wirken richtungsweisend werden sollten und auf die er sich als Vorbild stets berufen hat.

Seit 1676 besuchte Francke das berühmte Gothaer Gymnasium, das er bereits nach zwei Jahren mit dem Zeugnis der Universitätsreife verlassen konnte. Die durch den frühen Tod des Vaters hervorgerufene finanzielle Not der Familie ließen zunächst nur Privatstudien zu. Erst nachdem es ihm gelang, vorzeitig ein Anrecht auf ein Familienstipendium von mütterlicher Seite, der Schabbel-Stiftung, zu erhalten, konnte Francke mit dem Universitätsstudium beginnen. Mit sechzehn Jahren bezieht er die damals unbedeutende Universität in Erfurt. Auf Wunsch seines Onkels, des Lübecker Bürgermeisters A. H. Gloxin, der die Familienstiftung verwaltete, setzt Francke seine Studien seit 1679 in Kiel fort. Hier zog ihn besonders der Kirchenhistoriker und praktische Theologe Chr. Kortholt an, ein Freund Ph. J. Speners und Vertreter des reformbewußten Luthertums, der ihm für drei Jahre auch Tisch und Logis bot.

Als ihm 1682 der Onkel, offenbar unzufrieden mit der Entwicklung seines Neffen, das Stipendium entzog, nutzte Francke die Studienunterbrechung, um für zwei Monate bei dem berühmten Orientalisten und Vorkämpfer der Judenmission E. Edzardus in Hamburg seine Hebräischkenntnisse zu verbessern. Danach sah sich Francke gezwungen, in das Haus seiner Mutter nach Gotha zurückzukehren. Vertiefende Studien und kritisches Nachdenken über seine bisherige Lebensführung ließen ihn sich jetzt der biblischen Philologie zuwenden. Als sich 1684 die Möglichkeit bot, in Leipzig Privatunterricht in Hebräisch zu erteilen, zögert Francke nicht lange. Er nutzt die Gelegenheit, hier den philosophischen Magistergrad zu erwerben und sich 1685 mit einer *Dissertatio philologica de grammatica hebraea* zu habilitieren. Damit war es ihm möglich, neben der Fortsetzung seines Theologiestudiums an der Philosophischen Fakultät biblisch-philologische Vorlesungen zu halten.

Einer Anregung J. B. Carpzovs folgend, gründet Francke zusammen mit seinem späteren halleschen Fakultätskollegen P. Anton das Collegium Philobiblicum, eine Vereinigung von zunächst acht jungen Magistern der Leipziger Universität, die gemeinsam ihre biblischen Sprachkenntnisse zu vertiefen suchten. Angeregt durch den brieflichen und persönlichen Kontakt der Gruppe zu dem Dresdener Oberhofprediger PH. J. SPENER richtet sie ihre biblischen Übungen zunehmend im Sinne seines Reformprogramms in den *Pia desideria* auf die persönliche Erbauung aus. Die Begegnung mit ihm in Leipzig sowie die Beschäftigung mit dem spanischen Quietisten M. DE MOLINOS, vor allem mit dessen Traktat *Guida Spirituale* (Geistlicher Wegweiser), den er im Auftrag J. B. CARPZOVS aus dem Italienischen ins Lateinische übersetzt hatte, haben FRANCKE nachhaltig geprägt.

1687 erhält FRANCKE erneut ein Schabbelsches Familienstipendium, jedoch unter der Bedingung, sich bei dem Superintendenten C. H. SANDHAGEN in Lüneburg in der Bibelexegese unterweisen zu lassen. Er folgt dieser Anordnung gern, hofft er doch, fern vom Universitätsbetrieb hier die notwendige Ruhe zu innerer Klärung zu finden. In Lüneburg kommt es zu einer erneuten und für FRANCKE entscheidenden religösen Erweckung: Die Vorbereitung auf eine Predigt über Joh 20, 31 führt ihn in eine Glaubenskrise, die ihn an der Existenz Gottes zweifeln läßt. Nach den geistlichen Ratschlägen J. ARNDTS und M. DE MOLINOS' verharrt FRANCKE aber im Gebet zu dem Gott, an den er nicht mehr zu glauben vermag, und erlebt, wie ihm dadurch eine neue Gotteserfahrung und -gewißheit geschenkt wird. Auf diese alles entscheidende Stunde hat FRANCKE seine eigentliche Bekehrung und Wiedergeburt datiert. Fortan gehört das Bekehrungserlebnis in Form des „hallischen Bußkampfes" zu einem der Hauptkennzeichen des von ihm geprägten pietistischen Frömmigkeitstypus. Der seit langem in ihm schwelende Konflikt zwischen barocker Gelehrsamkeit und Frömmigkeit hatte sich jetzt zugunsten eines tätigen Christentums entschieden.

1688 setzt FRANCKE seine Studien bei dem Hauptpastor J. WINCKLER, einem Freund PH. J. SPENERS, in Hamburg fort. Hier zeigt die veränderte Frömmigkeitshaltung erste Konsequenzen. Das unmittelbare Bibelstudium ersetzt die Lektüre theologischer Lehrbücher, und er beginnt, in der von J. WINCKLER gegründeten Armenschule Katechismusunterricht zu erteilen.

Nach einem zweimonatigen Aufenthalt bei PH. J. SPENER in Dresden 1689, der die lebenslange Freundschaft zwischen beiden begründet hat, kehrt FRANCKE nach Leipzig zurück. Er beginnt, in exegetischen Vorlesungen und erbaulichen Übungen an der Universität sein neues, von religös-praktischen Interessen bestimmtes Verständnis von Bibel und Theologie vorzutragen. Unter den Studenten löst FRANCKE damit eine Erweckung aus, die auch auf Bürger der Stadt übergreift. In Konventikeln legen sich die Teilnehmer ohne professorale oder pastorliche Aufsicht den Bibeltext selbst aus und wenden ihn auf das eigene Leben an. Die Bewegung erregte den heftigen Widerspruch der Universität und der orthodoxen Stadtgeistlichkeit. Sie belegten die Anhänger mit dem Spottnamen „Pietisten", der dann in einem Gedicht des Poetikprofessors J. Feller zu einer Ehrenbezeichnung umgedeutet und fortan zur Bezeichnung der neuen Frömmigkeitsbewegung wurde. Ein von der Universität angestrengtes Verfahren, in dem der ebenfalls kirchlicherseits angegriffene Philosoph und Jurist Chr. Thomasius für Francke eintrat, führte zu einem Konventikelverbot. Francke war allerdings bereits auf Reisen, um Kontakte in Halle, Erfurt und Jena zu knüpfen.

Nach einer erneuten Zeit der Besinnung in Lübeck gab Francke das Familienstipendium ab. Unterstützt durch seinen Kieler Freund und späteren halleschen Kollegen J. J. Breithaupt, zu dieser Zeit Senior des Geistlichen Ministeriums in Erfurt, übernahm Francke gegen den Widerstand der orthodoxen Pfarrerschaft und des Stadtrates Pfingsten 1690 die zweite Pfarrstelle an der Erfurter Augustinergemeinde. Behutsam, aber zielgerichtet versuchte er, die Ideen Ph. J. Speners zu einer Gemeindereform umzusetzen. Doch schon zum Jahresende brach der Konflikt mit der Mehrzahl der Erfurter Geistlichen aus. Eine gegen ihn eingeleitete Untersuchung hatte seine Ausweisung aus der Stadt zur Folge.

Inzwischen hatte Ph. J. Spener, der nach einem Konflikt mit dem sächsischen Kurfürsten seit 1691 einflußreicher Konsistorialrat und Propst an der Nikolaikirche in Berlin war, eine Berufung Franckes und J. J. Breithaupts an die sich im Aufbau befindende Universität Halle in die Wege geleitet. Nachdem es ihm gelungen war, auch das Vertrauen einflußreicher Politiker zu erringen, wird Francke im Dezember 1691 zum Professor des Griechischen und der orientalischen Sprachen in der Philosophischen Fakultät und zum Pastor an der St. Georgenkirche der Vorstadtgemeinde Glauchau ernannt. Seine Reformbemühungen führten auch in Halle zwangsläufig zum Konflikt mit der orthodoxen Stadtgeistlichkeit. Die 1692 gegen ihn eingeleitete Untersuchung fiel diesmal jedoch zu seinen Gunsten aus. Gemeinsam mit J. J. Breithaupt konnte er deshalb mit der Reform des Theologiestudiums beginnen und mit der im pietistischen Sinne begonnenen Gemeindereform in der sozial verwahrlosten Vorstadtgemeinde fortfahren.

Als Francke 1698 zum Professor der Theologie ernannt wurde, war sein Name schon weit bekannt. In unerwarteter Zahl strömten die Studenten aus ganz Deutschland und dem außerdeutschen Luthertum nach Halle. Die bereits im Theologiestudium einsetzende Ausrichtung der zukünftigen Pastoren auf Frömmigkeit und Praxis ließ die Theologische Fakultät Halle den am alten Gelehrtenideal festhaltenden orthodoxen Fakultäten bald hoch überlegen und zur besuchtesten Fakultät überhaupt werden. Wie es Ph. J. Spener gefordert hatte, stand nun die philologische Ausbildung in den biblischen Sprachen und die Exegese im Mittelpunkt des Studiums. Jeder als überflüssig empfundene Wissensballast wie aristotelische Philosophie und konfessionelle Polemik wurde dem Hauptstudienziel untergeordnet. Durch die Beteiligung der Studenten am Unterricht und an der pädagogischen Betreuung der Zöglinge in den Glauchischen Anstalten hatte das Theologiestudium seinen unmittelbaren Praxisbezug gefunden. Um seine katechetische Zielstellung durchzusetzen, nutzte Francke, der auch exegetische, homiletische und pastoraltheologische Vorlesungen hielt, sein 1694 begonnenes Collegium paraeneticum. In diesem Kolleg legte er den Grund für seine späteren Programmschriften *Idea studiosi theologiae* und *Methodus studii theologici*. Im Collegium paraeneticum betrieb er eine auf das unmittelbare Leben der Theologiestudenten bezogene erbaulich-praktische Schriftauslegung, um sie zur praxis pietatis anzuleiten und zu erziehen, weil nach seiner Überzeugung die Frömmigkeit jeder Wissenschaft vorgeordnet werden müsse.

Um der Verwahrlosung der Jugend in der Vorstadtgemeinde Glauchau begegnen und um die eigenen pädagogischen Ziele realisieren zu können, gründete Francke 1695 in Glauchau eine Armenschule und ein Waisenhaus. Unterstützt vom Wohlwollen des brandenburgisch-preußischen Staates konnte Francke die Anstalten stetig vergrößern und sie gegen vielfache Widerstände durch Orthodoxie und Ständetum behaupten. So gliedern sich im Laufe der Jahre daran eine Reihe pädagogischer Anstalten an, die sich an das soziale Drei-Stände-Schema anlehnen: zunächst das Pädagogium, das seit 1702 als Pädagogium regium geführt und als Internatsschule für auswärtige Kinder aus dem Adel und begüterten Bürgertum, dem „Regierstand", dient. 1697 wird die Lateinschule für Kinder aus dem gehobenen Bürgertum zur Vorbereitung auf das Universitätsstudium eröffnet. Den Grundstein bilden die deutschen Schulen für den „Hausstand", Volksschulen für Bauern- und Handwerkerkinder. Es ist dem pädagogischen Interesse Franckes zu verdanken, daß sich in allen Einrichtungen moderne Bildungskonzepte durchsetzen konnten und ein realienbezogener, naturwissenschaftlicher Unterricht eingeführt wurde. Zusammen mit Wirtschafts- und Handelsunternehmen wie Buchhandlung, Druckerei, Waisenhausverlag, dem bedeutendsten buchhändlerischen Unternehmen Deutschlands in jener Zeit, und Waisenhausapotheke mit ihrer sehr einträglichen Medikamentenexpedition wuchsen die Stiftungen zu einem riesigen, im protestantischen Deutschland einzigartigen Anstaltskomplex heran. Es entsteht eine Schulstadt, die Anfang des 18. Jh. zusammengenommen 3000 Personen Platz bieten konnte und in der das Waisenhaus, das dem Ganzen den Namen gab, nach seiner Personenzahl nur noch den geringsten Teil ausmachte. Daß sich FRANCKE mit seinem praxisorientierten Ausbildungskonzept, das auf engster Verbindung von Universität und Stiftungen beruht, die Anerkennung des Kurfürsten verschaffen konnte, beweist das Privileg von 1698, in dem dieser sich die Anstalten persönlich unterstellte und sie ausdrücklich als „Annexum" der Universität bezeichnet.

Das Augenmerk FRANCKES blieb jedoch nicht auf Halle allein beschränkt. „Weltverwandlung durch Menschenverwandlung", auf diese Formel ließen sich FRANCKES universale Reformziele bringen. Die Anstalten, in deren Wachsen er das unmittelbare Wirken Gottes sah, waren als Zentrum seines Reformwerkes gedacht. So sollten aus seinem geplanten Seminarium universale jährlich Hunderte in seinem Sinn erzogene Personen ausgesandt werden, um in ganz Europa und in allen Weltteilen für die „reale Verbesserung in allen Ständen" zu wirken. Auch wenn sich seine weltumspannenden Pläne nicht erfüllen konnten, reichten die von ihm ausgehenden Impulse weit über den deutschen Protestantismus hinaus. Er stand nicht nur durch eine immense Korrespondenz mit Freunden in allen Weltteilen in Verbindung. Die schon 1695 einsetzenden ökumenischen Bemühungen ließen ihn über H. W. LUDOLF, einem polyglotten Pietisten, der als deutscher Diplomat in englischen Diensten stand, zum Rußland PETERS D. GR. Verbindungen knüpfen. Das erleichterte den Zugang zum Baltikum, für das in Halle Bibelübersetzungen ins Lettische und Estnische angefertigt wurden. Über Holland und England dehnten sich die Kontakte bis nach Nordamerika aus, wo sich FRANCKE um ein geordnetes kirchliches Leben unter den Deutschen lutherischen Glaubens sorgte. Über Schlesien knüpfte er Verbindungen nach Österreich, Ungarn, Siebenbürgen bis in den Vorderen Orient, über die Schweiz nach Frankreich und Italien. In diese Länder zogen FRANCKES Theologiekandidaten als Prediger und Lehrer. Als der dänische König FRIEDRICH IV. 1706 B. ZIEGENBALG und H. PLÜTSCHAU, die beide in Halle ausgebildet worden waren, als Missionare nach Tranquebar in Südindien schickte, machte FRANCKE die Heidenmission zu einem weiteren Aufgabengebiet seiner Anstalten. Die dänischhallesche Mission darf als erste Einrichtung der äußeren Mission in der Geschichte des deutschen Protestantismus gelten.

Nicht zuletzt die Gründung eines Collegium orientale theologicum 1702, in dem sprachbegabte Studenten orientalische und slawische Sprachen lernen und für Bibelübersetzungen nutzen sollten, weist auf die universalen Reformziele, die FRANCKE im Blick hatte. Auch die 1710 zusammen mit dem Freiherrn C. H. v. CANSTEIN gegründete erste deutsche Bibelanstalt bedeutete einen weiteren Schritt auf dieses Ziel hin, durch die Anwendung des Stereotypdrucks Bibeln ständig nachdrucken und in preiswerten Auflagen umfassend verbreiten zu können.

Die dreifache Belastung als Universitätsprofessor, Leiter der Stiftungen und Gemeindepfarrer an der städtischen St. Ulrichskirche seit 1715 blieben nicht ohne Folgen. Körperliche Beschwerden ließen ihn seine vielfältigen Verpflichtungen zunehmend nur noch zeitweise nachkommen. FRANCKE starb am 8. Juni 1727.

Grabstätte: Stadtgottesacker, Bogen 80.
Grabinschrift:
   Das gantze Thal der Leichen und der Aschen wird dem HErrn heilig seyn,
   daß es nimmermehr zerissen noch abgebrochen soll werden.
   Ierem. XXXI, 40.

Ioh. XIV 19.
Jesus spricht.
Ich lebe,
und ihr sollt auch
leben.

Dieses Begräbniß hat ihrem sel: Ehe-Herrn, Hrn. August Hermann Francken
S. S. Theol. Prof. Ord. und Past. an der Ulrichs-Kirche zu Christlichem Andencken
dann auch für sich und die Ihrigen mit Gott erkaufft und gebauet Fr. Anna Magdalena
Franckin, geborhne Wurmin, Wittwe, im Jahr Christi 1727.

Job. XIX, 25–27
Ich weiß, daß mein Erlöser lebet, und er wird mich hernach aus der Erden auferwecken. Und werde danach mit
dieser meiner Haut umgeben werden und werde in meinem
Fleisch Gott sehen, denselben werde nur ich sehen und meine
Augen werden ihn schauen und kein Fremder.

Herr, nun lässest du deinen Diener in Frieden fahren,
denn meine Augen haben deinen Heiland gesehen Luc. II 29

[Das Gedächtniß der Gerechten bleibt im Segen.

Hier liegt der freie Frank, ein freier, kluger Knecht,
Ein frommer Mann am Geist, im Wort, Werk und Geberden;
Ein Wächter auf der Wart', ein guter Hirt der Heerden;
Ein Doctor, dem Gott selbst gelehrt sein Licht und Recht;
Ein Donner, der geschreckt der Sodoma Geschlecht;
Ein helles Licht der Welt, ein kräftig Salz der Erden;
Ein Vater Vieler, die durchs Wort geboren werden;
Der armen Waisen Rath, der Seel' und Leib verpflegt;
Augustus, der das Reich des Himmels weit vermehret;
Ein Läufer, der nach dem, was droben, sich gestrecket;
Die Mau'r, die durchs Gebet des Höchsten Zorn gewehret.
Wer also ihn erkannt, der schau auf seine Krone,
Und ring' in gleichem Kampf nach gleichem Gnadenlohne! Jes. 57, 2.

> Aug. Herm. Franke, S. Theol. Prof. publ.
> ordin. in Friedericiana, Past. Ulric. et Gym-
> nasii Scholarch. sen. itemque Paedag. Reg.
> et Orphanotroph. Glauch. Director, natus
> Lubec. d. 12. Mart. St. V. 1663, denat. Hal.
> d. 8. Jun. 1727. (Epitaph auf Bilddeckel)]

(überliefert bei C. G. Dähne, Neue Beschreibung 116; restauriert 2002)

*Werke:* Idea studiosi theologiae, 1712. – Methodus studii theologici, 1723. – Lectiones Paraeneticae, 7 Bde, 1726–1739. – 31 bisher unveröffentlichte Briefe A. H. Franckes an Ph. J. Spener, hg. v. K. Weiske. In: ZVKGS 26 (1930) 110–131; 27 (1931) 31–46. – O. Podczeck: A. H. Franckes Schrift über eine Reform des Erziehungs- und Bildungswesens als Ausgangspunkt einer geistlichen und sozialen Neuordnung der evangelischen Kirche des 18. Jahrhunderts: „Der Große Aufsatz", Berlin 1962 (ASAW.PH 53/3). – Pädagogische Schriften, hg. v. H. Lorenzen, Paderborn [2]1964. – Werke in Auswahl, hg. v. E. Peschke, Witten/Berlin 1969. – Streitschriften, hg. v. dems., Berlin, New York 1981 (TGP 2/1). – Predigten, 2 Bde, hg. v. dems., Berlin, New York 1987, 1989 (TGP 2/9.10). – Segensvolle Fußstapfen, bearb. u. hg. v. M. Welte. Giessen 1994. – Lebensläufe August Hermann Franckes, hg. von M. Matthias, Leipzig 1999 (KlTP 2). – *Bibliographie:* Teilüberblicke: E. Bartz: Die Wirtschaftsethik A. H. Franckes, Harburg 1934, 105–109. – W. Oschlies: Die Arbeits- und Berufspädagogik A. H. Franckes, Witten 1969, 236–244 (AGP 6). – Katalog der in der Universitäts- und Landesbibliothek Sachsen-Anhalt zu Halle (Saale) vorhandenen handschriftlichen und gedruckten Predigten A. H. Franckes. In Verbindung mit F. de Boor bearb. v. E. Peschke, Halle 1972. – Gesamt: P. Raabe: August Hermann Francke 1663–1727. Bibliographie seiner Schriften, Tübingen 2001 (Hallesche Quellenpublikationen u. Repertorien, 5).

*Literatur:* E. Beyreuther: A. H. Francke, Marburg [2]1961. – Ders.: A. H. Francke und die Anfänge der ökumenischen Bewegung, Leipzig u. Hamburg 1957. – F. de Boor: Erfahrung gegen Vernunft. Das Bekehrungserlebnis A. H. Franckes. In: Der Pietismus in Gestalten und Wirkungen. FS M. Schmidt, Bielefeld 1975, 120–138 (AGP 14). – Ders.: Die paränetischen und methodologischen Vorlesungen A. H. Franckes, 2 Bde., Theol. HabSchr. Halle 1968. – M. Brecht: August Hermann Francke und der Hallische Pietismus. In: Geschichte des Pietismus I: Der Pietismus vom siebzehnten bis zum frühen achtzehnten Jh., hg. v. M. Brecht, Göttingen 1993, 440–539. – K. Deppermann: Der Hallesche Pietismus und der preußische Staat unter Friedrich III. (I.), Göttingen 1961. – Ders.: A. H. Francke: Gestalten der Kirchengeschichte. VII. Orthodoxie und Pietismus, hg. v. M. Greschat, Stuttgart 1982, 241–260. – C. Hinrichs: Preußentum und Pietismus, Göttingen 1971. – E. Hirsch: Geschichte II, 155–207. – H. Obst: August Hermann Francke und die Franckeschen Stiftungen in Halle, Göttingen 2001. – E. Peschke: Studien zur Theologie A. H. Franckes, 2 Bde., Berlin 1964/1966. – Ders.: Die Bedeutung der Mystik für die Bekehrung A. H. Franckes. In: ThLZ 91 (1966) 881–892. = Zur neueren Pietismusforschung, hg. v. M. Greschat, Darmstadt 1977, 294–316 (WdF 440). – Ders.: Die theologischen Voraussetzungen der universalen Reformpläne A. H. Franckes: Wort und Gemeinde. FS E. Schott, Berlin 1967, 97–111. – Ders.: Bekehrung und Reform. Ansatz und Wurzeln der Theologie A. H. Franckes, Bielefeld 1977 (AGP 15). – W. Piechocki: Gesundheitsfürsorge und Krankenpflege an den Franckeschen Stiftungen. In: Acta historica Leopoldina 2 (1965) 29–66. – W. Schrader: Geschichte I, 19–36. – J. Storz: Das Archiv der Franckeschen Stiftungen in Halle. In: ZfB 71 (1957) 37–39. – U. Sträter: Pietismus und Sozialtätigkeit. In: PuN 8 (1982) 201–230. – J. Wallmann: Der Pietismus, Göttingen 1990, 59–79 (KIG 4/O1). – P. Weniger: Die Anfänge der „Franckeschen Stiftungen". In: PuN 17 (1991) 95–120. – E. Winkler: Exempla fidei. Verkündigung und Seelsorge in der Bestattungspredigt bei A. H. Francke. In: JGP 2 (1975) 22–32. – E. Winter: Halle als Ausgangspunkt der deutschen Rußlandkunde im 18. Jh., Berlin 1953. – ADB 7 (1878) 219–231 (G. Kramer). – BBKL 2 (1990) 85–90. – NDB 5 (1961) 322–324 (E. Beyreuther). – RE³ 6 (1899) 150–158 (Th. Förster). – TRE 11 (1983) 312–320 (F. de Boor).

## GOTTHILF AUGUST FRANCKE (1696–1769)

Francke wurde am 1. April 1696 als einziger Sohn A. H. Franckes in Halle-Glauchau geboren. Er besuchte von seinem dreizehnten Lebensjahr an das königliche Pädagogium der Stiftungen. 1714 begann er in Halle Theologie zu studieren. Seine Studien setzte er 1719 in Jena bei J. F. Buddeus fort, in dessen Haus er wohnen durfte und der als theologischer Lehrer einen großen Eindruck auf ihn machte. Nachdem er hier die Magisterwürde erlangt hatte, trat Francke 1720 in das geistliche Amt, zunächst als Pfarrer am Zucht- und Arbeitshaus in Halle.

1723 als Adjunkt an der Marktkirche und an der Theologischen Fakultät angestellt, stieg FRANCKE schon 1726 zum Extraordinarius auf. Wenige Tage nach dem Tod seines Vaters wurde er 1727 zusammen mit J. J. RAMBACH zum ordentlichen Professor berufen und gleichzeitig mit der Leitung des Waisenhauses und des königlichen Pädagogiums betraut. Als akademischer Lehrer scheint FRANCKE ohne nennenswerte Bedeutung gewesen zu sein. Sein Lebenswerk bestand stattdessen in der treuen Pflege des väterlichen Erbes. Daß er inhaltlich dabei an den traditionellen Grundsätzen seines Vaters festhielt, die den Erfordernissen der Zeit schon nicht mehr ganz entsprachen, hat ihm Kritik auch von wohlmeinenden Persönlichkeiten aus den eigenen Reihen eingetragen, so vom Koordinator der ökumenischen Zusammenarbeit in London, dem Hofprediger FR. M. ZIEGENHAGEN. Gemeinsam mit den Mitarbeitern J. A. FREYLINGHAUSEN, nach dessen Tod mit seinem Kondirektor J. G. KNAPP, brachte er trotzdem die Franckeschen Stiftungen als Anstaltskomplex zu höchster Blüte. Durch die Steigerung der Einnahmen, vor allem durch den Verkauf und Export begehrter medizinischer Heilmittel aus der Waisenhausapotheke, konnte er den Gebäudekomplex beträchtlich erweitern und die Zahl der Freitische zeitweise erheblich erhöhen. In den schweren Notjahren des Siebenjährigen Krieges in Preußen unter FRIEDRICH II. organisierte FRANCKE cinc bedeutende soziale Hilfstätigkeit, die unter Einbuße von viel stiftungseigenem Kapital Tausenden von Schülern und Hilfsbedürftigen zugute gekommen ist. Seine besondere Aufmerksamkeit galt daneben der entstehenden lutherischen Kirche in Pennsylvanien und ihrer Kirchenordnung sowie der weiteren lutherischen Missionsarbeit in Ostindien.

In seinen Bemühungen um Bewahrung und Ausbau der Stiftungen konnte FRANCKE bis 1740 auf die Unterstützung durch den Soldatenkönig FRIEDRICH WILHELM I. zählen, der ihm gewogen war und ihn wiederholt an seine Tafel in Wusterhausen einlud. FRIEDRICH II. dagegen, der schon als Kronprinz aus seiner Abneigung gegenüber dem von ihm als eng und überspannt empfundenen Pietismus FRANCKEs keinen Hehl gemacht hatte, fügte ihm zwar manche Kränkung zu, ließ ihn aber in seiner Arbeit gewähren. Daß sich FRANCKE dennoch an maßgebender Stelle großer Sympathien erfreuen konnte, zeigt seine Ernennung zum Archidiakonus an der Marktkirche und zum Königlich-Preußischen Konsistorialrat noch zwei Jahre vor seinem Tod. Durch seine Mitgliedschaft in der englischen „Society for Promoting Christian Knowledge" wird deutlich, daß er auch über Halle hinaus eine bekannte und geachtete Persönlichkeit war.

Auf literarischem Gebiet ist Francke kaum in Erscheinung getreten. Verdienstvoll bleibt die Edition der *Lectiones paraeneticae* seines Vater in sieben Teilen. Die von ihm herausgegebenen ostindischen Missionsberichte haben ihn einem größeren Leserkreis bekannt gemacht, ebenso die Verbreitung von J. Arndts *Vier Bücher vom wahren Christentum* in einer preiswerten Ausgabe.

Francke, der Blüte und einsetzenden Niedergang des halleschen Pietismus miterlebt hatte, starb am 2. September 1769.

Grabstätte: Statgottesacker, Bogen 81.
Grabinschrift:

> So spricht der HErr HERR Sihe, ich will eure Gräber aufthun,
> und will euch mein Volck aus demselben herausholen.
> Ezec. XXXVII. 12.

> Es. XXVI, 19
> HErr deine
> Todten werden
> Leben.

> Dieses Begräbniß hat zum Christlichen Andenken seiner selgen EheGenoßin
> Frauen Johanna Henriette Frankin gebornen Rachalsin zu dem vorigen mit
> Gott erkaufft und gebauet D. Gotthilf August Francke Senior der Theologischen
> Facultät auf der Friederichs Universität im Jahr Christi 1747.

> Joh. XVII. 24
> Vater, ich will, daß, wo ich bin,
> auch die bei mir sein, die du mir
> gegeben hast, daß sie meine Herrlichkeit
> [sehen, die du mir gegeben] hast.

Ich will schauen dein Antlitz in Gerechtigkeit, ich will
satt werden, wenn ich erwache nach deinem Bilde Ps. XVII 15
[Memoria justi erit in benedictione. Dr. Gotth.
Aug. Frankius, Consil. senat. sacr. in Duc.
Magd., ordin. theol. et. Acad. Hal. Senior,
Inspect. dioec. pr. circ. Sal., Archidiac. ad. beat.
V. M. et minist. Hal. Sen., Paedag. Reg. et
Orphanotr. Glauch. Direct., nat. Hal. d. 21.
Mart. St. V. 1696, beate obiit. d. 2. Sept. 1769.
(Epitaph auf Bilddeckel)

Dies Leben ist der Zweck von unserm Leben nicht;
Nein, in die Ewigkeit bleib' unser Ziel gericht't,
Dahin wir Alle gleich mit schnellen Schritten geh'n,
Und, eh' wir's uns verseh'n, in ihren Thoren steh'n.
Doch hängt die Ewigkeit mit ihrem Wohl und Weh'
An dieses Lebens Lauf'; sie ist die volle See;
In die das Wasser fällt, so wie es hier geflossen,
Und ewig also bleibt, wie sich's hinein gegossen.
O selig! wer demnach die kurze Zeit bedenkt,
Und seinen ganzen Geist in diese Sorgen lenkt:
Wie er den schnöden Tand der Eitelkerit besiege,
Und dort die Ewigkeit mit ihren Freuden kriege.]

(überliefert bei C. G. Dähne, Neue Beschreibung 117; restauriert 2002)

*Werke:* Programmatum in Academia Fridericiana publice propositarum Pentas, 1735. –
Theologisch-historische Abhandlungen über verschiedene Stellen der H. Schrift, wie auch
andere zur Kirchengeschichte gehörige Materien, 1764. – Hg.: A. H. Francke: Lectiones
paraeneticae, 7 Bde., 1729–1739. – Ostindische Missionsberichte, 19.–107. Fortsetzung.
– *Bibliographie:* Jöcher/Adelung II 1205. – J. G. Knapp: Denkmal [s. unten
Literatur].

*Literatur:* E. Beyreuther: A. H. Francke und die Anfänge der ökumenischen Bewegung,
Leipzig u. Hamburg 1957, 197f. – Fr. C. G. Hirsching: Historisch-literarisches Hand-
buch berühmter und denkwürdiger Personen, welche im 18. Jahrhundert gestorben sind
II, Leipzig 1795 = DBA, Fiche 338, 94. – Jöcher/Adelung II, 1204f. – J. G. Knapp:
Denkmal der schuldigen Hochachtung und Liebe gestiftet dem Herrn D. G. A.
Francken, Halle 1770. – J. G. Meusel: Lexikon III, 447–449. – J. J. Moser: Beytrag zu
einem Lexico der jetzlebenden Lutherisch- und Reformirten Theologen, Züllichau 1740
= DBA, Fiche 338, 89f. – W. Schrader: Geschichte I, 135f. – U. Sträter: Gotthilf
August Francke, der Sohn und Erbe: Annäherung an einen Unbekannten. In: U.
Schnelle (Hg.): Reformation und Neuzeit, 211–231. – ADB 7 (1878) 231–233
(G. Kramer). – BBKL 2 (1990) 90.- NDB 5 (1961) 324f. (E. Beyreuther).- RGG$^1$ 2
(1910) 947f. – RGG$^3$ 2 (1958) 1016.

# GOTTLIEB ANASTASIUS FREYLINGHAUSEN (1719–1785)

Am 12. Oktober 1719 wurde FREYLINGHAUSEN als Sohn des bekannteren Pfarrers und Kirchenlieddichters, Mitarbeiters und Nachfolgers A. H. FRANCKES in der Direktion des Waisenhauses, J. A. FREYLINGHAUSEN in Halle geboren. Als Enkel A. H. FRANCKES – sein Vater hatte dessen einzige Tochter JOHANNA SOPHIA ANASTASIA geheiratet – wuchs er im Geist und in der Atmosphäre des Pietismus auf. Seine Vorbildung erhielt FREYLINGHAUSEN zunächst im Elternhaus, später im königlichen Pädagogium der Franckeschen Stiftungen. Mit sechzehn Jahren immatrikulierte er sich an der halleschen Universität, wo er sich vor allem philologischen Studien widmete. Nachdem er an der Lateinschule zu unterrichten begonnen hatte und seit 1742 einer ihrer Inspektoren geworden war, habilitierte er sich an der Theologischen Fakultät. 1753 zum außerordentlichen und 1771 zum ordentlichen Professor ernannt, wird er im selben Jahr zum Dr. theol. promoviert. An der Seite von J. L. SCHULZE vertritt FREYLINGHAUSEN, ausgezeichnet durch seine orientalistischen Kenntnisse, in der Fakultät den späten Pietismus, der sich zu freundschaftlicher Zusammenarbeit mit den Aufklärungstheologen J. S. SEMLER, J. A. NÖSSELT, J. FR. GRUNER und J. J. GRIESBACH zusammengefunden hatte.

Nachdem G. A. FRANCKE 1769 verstorben war, wurde FREYLINGHAUSEN von dessen Nachfolger in der Direktion der Franckeschen Stiftungen, J. G. KNAPP, zum Kondirektor ernannt. Von ihm übernahm FREYLINGHAUSEN 1771 das Amt des Direktors. Dieser Wechsel fiel zusammen mit dem Beginn einer wirtschaftlichen Krise für die Stiftungen, die zur Verminderung ihrer Benefizien führte und zur Verringerung der Anzahl aufzunehmender Waisenkinder zwang. Auch die inneren Verhältnisse gestalteten sich zunehmend komplizierter, zumal die geistigen Veränderungen auf dem Gebiet der Theologie und Pädagogik in der Universität vor den Toren der Stiftungen nicht halt machten. Da FREYLINGHAUSEN eher von zurückhaltender Natur war und sich weigerte, die hergebrachten Formen zu verändern, vermochte er es nicht, die Angelegenheiten der Stiftungen entsprechend diesen veränderten Bedingungen neu zu ordnen und für die stiftungsspezifischen Aufgaben geeignete Mitarbeiter zu gewinnen. Die Zahl der Schüler in den drei verschiedenen Lehranstalten verringerte sich drastisch, offensichtlich als Reaktion darauf, daß die Leistungen der Anstalten und das ihnen entgegengebrachte Vertrauen im Schwinden begriffen waren.

FREYLINGHAUSEN hat, wenn man seinen Biographen glauben darf, dieses schwere und ihn persönlich bedrückende Erbe im alten Geist seiner Vorgänger und mit großer Gewissenhaftigkeit verwaltet. Er lebte zurückgezogen und ist, von Gelegenheitsschriften abgesehen, literarisch kaum in Erscheinung getreten. FREYLINGHAUSEN starb am 18. Februar 1785.

Grabstätte: Stadtgottesacker, Bogen 81.
Grabinschrift: nicht mehr erhalten.

*Werke:* Bericht von der Verfassung des Paedagogii zu Glauchau, 1734. – Wohlverdientes Ehrengedächtnis des Herrn J. A. Freylinghausen, 1740. – Neuere Geschichte der evangelischen Missions-Anstalten in Ostindien, 1770. – Ehrengedächtnis des Herrn D. J. G. Knapp, 1772. – *Bibliographie:* J. G. Meusel: Lexikon III, 492.

*Literatur:* E. L. Gerber: Neues historisch-biographisches Lexikon der Tonkünstler II, Sondershausen 1812 = DBA, Fiche 345, 282. – Jöcher/Adelung II, 1242 .- J. G. Meusel: Lexikon III, 490–492. – J. L. Schulze: Denkmal der Liebe und Hochachtung dem D. Gottlieb Anastasius Freylinghausen gestiftet, Halle 1786. – ADB 7 (1878) 369f. (G. Kramer).

# WILHELM GESENIUS (1786–1842)

GESENIUS, durch seine Handbücher auf dem Gebiet der hebräischen Sprachwissenschaft noch heute über Deutschlands Grenzen hinaus bekannt und als Alttestamentler und einer der führenden Orientalisten seiner Zeit geehrt, gehört zu den Professoren, denen die Theologische Fakultät ihren Ruf und ihre Anziehungskraft nach der Wiedereröffnung der Universität 1813 mit zu verdanken hat.

Am 3. Februar 1786 wurde GESENIUS als Sohn eines Arztes in Nordhausen geboren. Nach dem Besuch des Gymnasiums seiner Vaterstadt studierte er seit 1803 Theologie sowie klassische und semitische Sprachen in Helmstedt. Bleibenden Einfluß gewann dort auf ihn sowie auf seinen späteren Fakultätskollegen und engen Freund J. A. L. WEGSCHEIDER der Rationalist H. PH. K. HENKE, der ihn auch zur akademischen Laufbahn ermuntert hat.

Nachdem er geraume Zeit als Lehrer am Pädagogium in Helmstedt unterrichtet hatte, ging GESENIUS 1806 nach Göttingen, um in Nachfolge J. A. L. WEGSCHEIDERs als Magister legens an der Theologischen Fakultät Repetentenkollegien und Vorlesungen über alttestamentliche und klassisch-philologische Themen zu halten. Zu den ersten Schülern, die bei ihm ein Hebraicum ablegen, gehört A. NEANDER, der nachmalige Kirchenhistoriker und Vertreter der Erweckungsbewegung in Berlin. Hier macht er auch die Bekanntschaft mit dem Orientalisten J. G. EICHHORN, der sein eigentlicher Lehrer wird. Noch im selben Jahr erwirbt GESENIUS mit einer Inauguraldissertation über OVIDS *Fasti* die philosophische Doktorwürde, wie er sich überhaupt während der ersten Jahre als Akademiker den lateinischen und griechischen Klassikern zugewendet hat.

Weil sich ihm zunächst keine Aussicht auf eine baldige Beförderung bot, nahm GESENIUS 1809 eine Stelle als Gymnasialprofessor am katholischen Gymnasium in Heiligenstadt an. Doch bereits ein Jahr später erhält er einen Ruf aus Halle, wo er zunächst als außerordentlicher, seit 1811 als ordentlicher Theologieprofessor das Alte Testament vertritt. GESENIUS, der verlockende Angebote aus Göttingen (1827) und Oxford (1832) ausschlug, hat mit Ausnahme zweier ausgedehnter Studienreisen nach England, Frankreich und Holland 1825 und 1835 in Halle eine bis an sein Lebensende an Intensität kaum zu überbietende Wirksamkeit als Forscher und akademischer Lehrer entfaltet. Einleitung und Exegese des Alten Testaments, biblische Archäologie, semitische Sprachen und Paläographie sind

die Themen, über die GESENIUS in einjährigem Kursus las und in dem er – wie ihm seine Schüler bescheinigen – auch den sprödesten Stoff fesselnd vorzutragen verstand. Es ist deshalb nicht verwunderlich, daß seine Lehrveranstaltungen zuweilen von bis zu 400 Studierenden besucht wurden, unter denen sich stets auch eine große Anzahl ausländischer Hörer befand. Theologiegeschichtliche Bedeutung erlangte er zu allererst dadurch, daß GESENIUS eine neue Ära der hebräischen Sprachforschung heraufgeführt hat und deshalb als Begründer der exakten hebräischen Philologie und semitischen Epigraphik gelten darf. Indem er die Forschungsergebnisse der holländischen Orientalisten des 18. Jahrhunderts aufgriff, vermochte er die hebräische Sprachwissenschaft von allen philosophischen und dogmatischen Bindungen zu lösen und sie durch den systematischen Vergleich mit verwandten Sprachen und einer vorurteilslosen Behandlung des Stoffes auf den Boden der profanen Sprachwissenschaft zu stellen. Lexikographie und Grammatik waren demzufolge GESENIUS' Hauptarbeitsgebiete, wie er sich gleichfalls der Paläographie und in späteren Jahren dem samaritanischen Pentateuch, der samaritanischen Theologie sowie der phönizischen Sprache und Epigraphik zugewendet und auch auf diesen Gebieten die Grundsteine für die moderne sprachwissenschaftliche Arbeit gelegt hat. Schon 1810 gelingt es GESENIUS z. B., die weitverbreitete Meinung, die maltesische Sprache sei ein Rudiment des Phönizisch-Punischen, zu widerlegen und nachzuweisen, daß sie vielmehr einen verdorbenen arabischen Dialekt darstellt.

31

So finden wir im literarischen Werk GESENIUS' an erster Stelle eine Fülle lexikographischer und grammatikalischer Arbeiten, unter denen das *Hebräisch-deutsche Handwörterbuch* und die in fast sämtliche europäische Sprachen übersetzte *Hebräische Grammatik*, beide vielfach aufgelegt und bearbeitet, bis heute als Handbücher für das Theologiestudium und den kirchlichen Beruf an Aktualität kaum etwas eingebüßt haben. Das einzige exegetische Werk, das GESENIUS hinterlassen hat, ist seine dreibändige Übersetzung mit Kommentar des Jesajabuches, noch heute eine Fundgrube historischer, sprachwissenschaftlicher und patristischer Notizen und ein letztes Zeugnis der bis dahin geltenden rationalistischen Schriftauslegung. Der Einfluß seiner Werke, die nicht nur J. W. v. GOETHE, der ihm mehrfach begegnet war, sondern die die gesamte für die orientalischen Sprachen aufgeschlossene gelehrte Welt zur Kenntnis genommen hat, kann kaum anders als weltweit beschrieben werde. Davon zeugen nicht zuletzt die englischen, französischen, schwedischen und amerikanischen akademischen Ehrungen, die dem Gelehrten zuteil geworden sind.

GESENIUS, der zusammen mit J. A. L. WEGSCHEIDER trotz mancher persönlicher Anfeindungen und Denunziationen als eindrucksvoller Verteidiger akademischer Freiheit und als letzter großer Repräsentant hallescher Aufklärungstheologie deren theologische Grundsätze und methodische Prinzipien bis ins vierte Jahrzehnt des 19. Jahrhunderts wachgehalten hatte, starb nach längerer Krankheit am 23. Oktober 1842.

Grabstätte: Stadtgottesacker, Feld III, Weg 2, mittlere Belegungsreihe.
Grabinschrift:

Ruhestaette
der Familie Gesenius
Wilhelm Gesenius
Doctor und ord. Professor
der Theologie zu Halle
geb. 3. Febr. 1786
gest. 23. Octbr. 1842

*Werke:* Versuch über die maltesische Sprache, 1810. – Hebräisch-deutsches Handwörterbuch über die Schriften des Alten Testaments, 2 Bde., 1810–1812; seit [2]1823: Hebräisches und chaldäisches Handwörterbuch über das Alte Testament; seit [10]1886: Hebräisches und aramäisches Handwörterbuch über das Alte Testament; letzte Bearb. v. F. Buhl [17]1915. – Hebräische Grammatik, 1813; letzte Bearb. v. G. Bergsträßer [29]1918/1929. – Der Prophet Jesaja übersetzt und mit einem philologisch-kritischen und historischen Commentare begleitet, 3 Bde., 1820/1821. – De Samaritanorum theologia ex fontibus ineditis commentatio, 1822. – Thesaurus philologicus criticus linguae

Hebraeae et Chaldaeae Veteris Testamenti, 1829–1858; Bde. III/2 (1853) u. Indices (1858) hg. v. E. Rödiger. – *Bibliographie:* Teilüberblicke: ADB 9 (1879) 89–93. – RE³ 6 (1899) 624–627.

*Literatur:* Th. K. Cheyne: Founders of Old Testament Criticism, London 1893, 53–65. – O. Eißfeldt: Wilhelm Gesenius als Archäologe. In: FuF 18 (1942) 297–299 = KS II, Tübingen 1963, 430–434. – Ders.: Wilhelm Gesenius und die Palästinawissenschaft. In: ZDPV 65 (1942) 105–112 = KS II, Tübingen 1963, 435–440. – Ders.: Wilhelm Gesenius 1786–1842: 250 Jahre Universität Halle 88–90 = KS II, Tübingen 1963, 441f. – H.-J. Kraus: Geschichte, 162f. – E. F. Miller: The Influence of Gesenius on Hebrew Lexicography, New York 1927. – Rundes Chronik, 480f. – R. Smend: Deutsche Alttestamentler in drei Jahrhunderten, Göttingen 1989, 53–70. – H.-J. Zobel: Wilhelm Gesenius – Sein Leben und sein Wirken. In: WZ(H) 35 (1986) 85–101 = Ders.: Altes Testament – Literatursammlung und Heilige Schrift. GAufs., hg. v. J. Männchen u. E.-J. Waschke, Berlin/New York 1993, 245–266. – ADB 9 (1879) 89–93 (G. M. Redslob). – BBKL 2 (1990) 234. – NDB 6 (1964) 340f. (H.-J. Zobel). – RE³ 6 (1899) 624–627 (E. Reuß/R. Kraetzschmar). – TRE 13 (1984) 39f. (J. Hahn).

# JOHANN FRIEDRICH GRUNER (1723–1778)

GRUNER wurde am 1. August 1723 in Coburg als Sohn des sachsen-coburgischen Konsistorialpräsidenten J. F. GRUNER geboren. Seine erste Bildung verdankt er dem Gymnasium seiner Vaterstadt. Von einem kurzen Aufenthalt in Leipzig abgesehen, studierte er von 1742 bis 1745 in Jena Theologie. Im Studium wesentlich von CHR. WOLFFS Empirismus beeinflußt, erlangte er hier 1745 die philosophische Magisterwürde und begann, akademische Vorlesungen in der Philosophischen Fakultät zu halten. 1747 übernahm GRUNER eine Anstellung als Professor für lateinische Sprache und römische Altertümer am akademischen Gymnasium in Coburg, in dem er auch den Dienst als Inspektor für die Alumnen dieser Bildungsstätte versah.

Auf Betreiben J. S. SEMLERS wurde GRUNER 1764 als ordentlicher Professor an die Theologische Fakultät in Halle berufen, wo er neben den Vertretern des späten Pietismus J. G. KNAPP und G. A. FREYLINGHAUSEN seine akademische Wirksamkeit hauptsächlich auf patristischem und dogmengeschichtlichem, gelegentlich auch auf neutestamentlichem Gebiet zu entfalten begann. Vor allem mit J. S. SEMLER und J. A. NÖSSELT verbinden ihn die gleichen theologischen Auffassungen eines gemäßigten Rationalismus, wie er sich im letzten Drittel des 18. Jahrhunderts in der einstigen Hochburg des Pietismus durchgesetzt hatte. Allein die Zahl seiner Hörer konnte sich nicht mit der seiner berühmteren Fakultätskollegen messen und hat kaum jemals mehr als fünfzig betragen.

In seiner vielgelesenen, auf der Grundlage einer philologisch exakten Exegese verfassten Glaubenslehre *Institutiones theologiae dogmaticae* tritt uns GRUNER als ein entschiedener Neologe entgegen, der unter Wahrung des Offenbarungsglaubens den Inhalt der Offenbarung konsequent mit der Vernunftreligion identifiziert und das Dogma mit scharfen Worten kritisiert. Insbesondere die Logoschristologie und die Trinitätslehre stehen im Zentrum seiner Kritik, die ihm nicht nur vernunftswidrig, sondern zudem mit platonischen und aristotelischen Einflüssen überlagert scheinen. GRUNER bekennt sich stattdessen unumwunden zu den leitenden Interessen des theologischen Fortschritts seiner Zeit, zu einer durch historisch-grammatische Interpretation neu erhobenen Schriftlehre und zum maßvollen Gebrauch der Vernunft in den theologischen Sachfragen. Durch die weitgehende Art seiner Dogmenkritik hat GRUNER manchen Widerspruch auch aus den eigenen Reihen herausgefordert, nicht zuletzt durch

A. H. NIEMEYER, der ihm in diesem Zusammenhang allzugroße Unvorsichtigkeit vorgeworfen hatte.

GRUNER hat sich im ganzen als einflußreicher, biblisch bestimmter Dogmatiker erwiesen, der sich ein eigenständiges Profil gewahrt hat. Bei aller Kritik am überlieferten Dogma und trotz des rationalistischen Charakters seiner wissenschaftlichen Diktion unterscheidet er sich andererseits von manchen seiner aufgeklärten Fachkollegen durch einen tiefen theologischen und religiösen Sinn. So hat er eindrücklich die in seiner Zeit vielbeschworene Wahrheit einer natürlichen Religion als eine Fiktion der neueren Metaphysik nachzuweisen versucht und dabei gezeigt, daß das, was diese aus der reinen Vernunft geschöpft zu haben meinte, in Wirklichkeit aus den Grundelementen der geschichtlich offenbarten christlichen Verkündigung zusammengefügt worden ist.

GRUNER starb am 29. März 1778.

Grabstätte: Stadtgottesacker, Bogen 67.
Grabinschrift: nicht mehr erhalten.

*Werke:* Opuscula ad illustrandam historiam Germaniae pertinentiae, 2 Bde., 1760–1761. – Anweisung zur geistlichen Beredsamkeit, 1766. – Praktische Einleitung in die Religion der Heiligen Schrift, 1775. – Institutiones theologiae dogmaticae, 3 Bde., 1777. – Institutiones theologiae polemicae, 1778. – *Bibliographie:* H. Doering: Theologen I, 557–559. – J. G. Meusel: Lexikon IV, 419–422.

*Literatur:* K. Aner: Theologie, 96. 306. – H. Doering: Theologen I, 556–559. – W. Gaß: Geschichte IV, 226–235. – E. Hirsch: Geschichte IV, 100–102. – Fr. C. G. Hirsching: Historisch-literarisches Handbuch berühmter und denkwürdiger Personen, welche im 18. Jahrhundert gestorben sind II, Leipzig 1795 = DBA, Fiche 432, 306f. – Jöcher/Adelung II, 1638–1640. – Lebensbeschreibungen jetztlebender und neuerlich verstorbener Gottesgelehrten und Prediger in den königlich preußischen Landen I, Halle 1768 = DBA, Fiche 432, 292–301. – J. G. Meusel: Lexikon IV, 419–422. – A. Ritschl: Die christliche Lehre von der Rechtfertigung und Versöhnung I, Bonn ³1889, 414–419. – W. Schrader: Geschichte I, 280. 303f. 427f. – BBKL 2 (1990) 375f. – NDB 7 (1966) 226–228 (E. Beyreuther).

# HEINRICH ERNST GÜTE (1754–1805)

Am 13. September 1754 wurde GÜTE als Sohn eines Gymnasiallehrers in Bielefeld geboren. Da sein Vater ein Jahr darauf als Landpfarrer nach Ströbeck in der Nähe von Halberstadt versetzt worden war, erhielt er nach anfänglichem Unterricht im Elternhaus seine Vorbildung an der Halberstädter Domschule, die unter Leitung von CHR. G. STRUENSEE stand. Ihm verdankt GÜTE seine gründlichen Kenntnisse in den alten Sprachen, einschließlich des Hebräischen.

1774 immatrikulierte sich GÜTE an der Universität in Halle. Unter den akademischen Lehrern war es vor allem J. A. NÖSSELT, dem er sich anschloß und der einen besonderen Einfluß auf ihn nahm. Als Hauslehrer gewann GÜTE einen noch engeren Kontakt zu ihm und dessen Familie. Zugleich unterrichtete er schon als Student an der deutschen und lateinischen Schule des Waisenhauses und begann, sich auch als Prediger einen Namen zu machen.

Nach Abschluß seiner Studien kehrte GÜTE zunächst nach Halberstadt zurück und übernahm für kurze Zeit eine Stelle als Lehrer an der Domschule. Doch schon 1779 wurde er, an dessen Begabung als Prediger man sich in Halle noch gut erinnerte, gewählt, die Stelle des Diakonus, in späteren Jahren die des Archidiakonus an der städtischen St. Ulrichskirche zu übernehmen. Damit verband sich auch der wöchentliche Gottesdienst in Diemitz, das als Filiale zur Ulrichskirche gehörte. GÜTE, so bescheinigen es ihm seine Biographen, scheint tatsächlich ein begnadeter Prediger und Seelsorger gewesen zu sein, denn in einer Zeit allgemeiner Gottesdienstverdrossenheit sollen seine Gottesdienste überdurchschnittlich besucht worden sein. In besonderer Weise schenkte er dem Unterricht der Katechumenen seine Aufmerksamkeit. Stadtbekannt war sein Eintreten für Gemeindeglieder, die in soziale Not geraten waren, beim städtischen Almosenamt und bei der „Gesellschaft freiwilliger Armenfreunde", die sich seit 1797 in Halle gebildet hatte.

1780 erwarb GÜTE an der Theologischen Fakultät die Magisterwürde und begann, parallel zu seinen pfarramtlichen Verpflichtungen, akademische Vorlesungen zu halten. 1791 wurde er zum Theologieprofessor extraordinarius ernannt und vorzugsweise mit alttestamentlicher Exegese und dem Unterricht in der hebräischen Sprache betraut. Daneben las er Historische Einleitung in das Alte und Neue Testament sowie Pastoraltheologie. Die Schriften, die GÜTE hinterlassen hat, sind nicht zahlreich; die Belastungen des Doppelamtes und seine eher zurückhaltende Natur haben es wohl verhindert, daß er umfänglich literarisch in Erscheinung getreten ist. GÜTE starb am 6. Dezember 1805.

Grabstätte: Stadtgottesacker, Bogen 69.
Grabinschrift: nicht mehr erhalten.
*Werke:* Anfangsgründe der hebräischen Sprache, 1782. ²1791. – Chr. G. Struensee's neue Übersetzung der Psalmen, Sprüche Salomonis und Klaggesänge Jeremiä nach dem hebräischen Text, mit Zuziehung der Versionen und mit Anmerkungen versehen, 1783. – Entwurf zur Einleitung in's Alte Testament, 1787. – J. C. Steinersdorfs hebräische Grammatik, 3te Auflage, völlig umgearbeitet zum bequemern Gebrauch für Schulen, 1790. – Einleitung in die Psalmen, 1803. – Kurze Übersicht der vorzüglichsten Materien, welche in der Pastoraltheologie Erläuterung verdienen, 1804. – *Bibliographie:* H. Doering: Theologen I, 566f. – Nekrolog, hg. v. F. Schlichtegroll, 304f.

*Literatur:* G. Chr. Hamberger/J. G. Meusel: Das gelehrte Teutschland oder Lexikon der jetzt lebenden Schriftsteller II, Lemgo 1796, 718f. – H. Doering: Theologen I, 563–567. – Nekrolog der Teutschen für das neunzehnte Jahrhundert V, hg. v. F. Schlichtegroll, Gotha 1806, 281–310. – Rundes Chronik, 483.

## GEORG CHRISTIAN KNAPP (1753–1825)

Als einziger Sohn des Theologieprofessors JOHANN GEORG KNAPP wurde KNAPP am 17. September 1753 in Halle-Glauchau geboren. Da der Vater offenbar nicht im späteren Erbbegräbnis der Familie KNAPP beigesetzt worden ist, soll an dieser Stelle zunächst an ihn erinnert werden.

J. G. KNAPP, am 27. Dezember 1705 in Oehringen (Franken) als Sohn eines hohenlohischen Kammerrates geboren, studierte zunächst 1722 in Altdorf, seit 1723 in Jena Theologie, wo er sich besonders von J. F. BUDDEUS angezogen fühlte. 1725 wechselte er nach Halle. Hier wurde er mit G. A. FRANCKE bekannt. Er erhält eine Anstellung als Lehrer an der Lateinschule und seit 1728 am königlichen Pädagogium. Von FRIEDRICH WILHELM I. nach Berlin gerufen, übernimmt J. G. KNAPP 1732 die Predigerstelle beim Kadettencorps. Doch bereits ein Jahr später kehrt er nach Halle zurück, um eine Adjunktur an der Theologischen Fakultät sowie die Oberaufsicht über die Lateinschule zu übernehmen. 1737 wird J. G. KNAPP zum Extraordinarius, 1739 zum ordentlichen Professor berufen. In seinen

stark besuchten Vorlesungen behandelt er hauptsächlich Altes Testament und Kirchengeschichte. Im selben Jahr wird J. G. KNAPP in Nachfolge G. A. FRANCKES, der als Direktor an die Stelle des verstorbenen J. A. FREYLING-HAUSEN trat, zum Kondirektor der Franckeschen Stiftungen ernannt. Nach dem Tod G. A. FRANCKES übernimmt er 1769 als Direktor ihre Leitung und führt sie im Geist des späten Pietismus weiter. Von den einen „wie ein Heiliger verehrt", hat sich J. G. KNAPP von anderer Seite wegen pietistischer Enge und Befangenheit heftige Kritik gefallen lassen müssen. Er starb am 30. Juli 1771.

Im Klima des späten halleschen Pietismus seines Elternhauses erzogen, standen Bildungsweg und Wirksamkeit des Sohnes G. CHR. KNAPP schon deutlich im Zeichen der Aufklärungstheologie seiner Zeit, was ihn freilich nicht daran gehindert hat, den Traditionen, die ihn in Theologie und Frömmigkeit geprägt hatten, treu zu bleiben und sie bis ins erste Viertel des 19. Jahrhunderts wach zu halten.

Nach dem Besuch der halleschen Schulen, besonders des königlichen Pädagogiums unter J. A. NIEMEYERS Leitung, bezog KNAPP 1770 die Universität, wo er neben seinem Vater vor allem J. F. GRUNER, J. A. NÖSSELT und J. S. SEMLER hört, die ihn jedoch nicht für die Neologie gewinnen können. Seine Studien beendet KNAPP, von einem einsemestrigen Studienaufenthalt in Göttingen zurückgekehrt, 1775 mit der Habilitation, nachdem er zuvor den Magistergrad der Philosophie erworben hatte. 1777 wird KNAPP zum Extraordinarius berufen. 1782 folgt die Ernennung zum ordentlichen Professor, fast zeitgleich mit der A. H. NIEMEY-ERS. Als ein unter den Studenten beliebter Hochschullehrer vermochte er in den folgenden Jahrzehnten einen großen Hörerkreis um sich zu sammeln.

In seinem akademischen Amt vertrat KNAPP als letzter Vertreter des halleschen Pietismus in der Fakultät hauptsächlich neutestamentliche Exegese und Dogmatik. Unter den Fakultätskollegen stand er theologisch eher isoliert, was den freundschaftlichen Umgang miteinander jedoch nicht beeinträchtigt hat. Als gemäßigter Supranaturalist, dessen biblischer Realismus seiner persönlichen Frömmigkeit entsprach, war KNAPP kaum in der Lage, in der nun stärker rationalistisch ausgerichteten Fakultät als Gegengewicht zu wirken. Als Exeget hielt er gegen die mehrheitliche Meinung seiner neologisch denkenden Fachkollegen an der Verbalinspiration der Heiligen Schrift fest, was ihn andererseits nicht gehindert hat, als Dogmatiker mit einzelnen Lehrsätzen des altprotestantischen Lehrsystems zu brechen. Auf literarischem Gebiet ist KNAPP mit einer überschaubaren Anzahl sorgfältig gearbeiteter Werke hervorgetreten. Besondere Erwähnung verdient seine griechische Ausgabe des Neuen Testaments, die, philologisch gediegen besorgt, weithin Anerkennung fand und in mehreren Auflagen erschien.

Neben seinem akademischen Lehramt vertrat KNAPP seit 1785 das Direktorat der Franckeschen Stiftungen, das er gemeinsam mit A. H. NIEMEYER zunächst als gleichberechtigter Kondirektor, nach J. L. SCHULZES Tod 1799 als Direktor vierzig Jahre verwaltet hat. Während A. H. NIEMEYER vorzugsweise die Administration und wirtschaftlichen Angelegenheiten der Stiftungen in den Händen hielt, oblag ihm die Leitung des Waisenhauses, der lateinischen Schule sowie der Bibel- und Missionsanstalt. Überhaupt widmete er der Mission, insbesondere der ostindischen, große Aufmerksamkeit. Daß er sich in diesem Zusammenhang auch im Ausland großer Wertschätzung erfreuen konnte, zeigt seine Ernennung 1800 zum Mitglied der englischen „Society for Promoting Christian Knowledge" in London. 1816 mit den Aufgaben eines Konsistorialrates im königlich-preußischen Konsistorium der Provinz Sachsen betraut, übernahm KNAPP im selben Jahr auch den Vorsitz der in Halle ansässigen Bibelgesellschaft.

Die Suche nach geistlicher Gemeinschaft, wie sie ihm unter den halleschen Akademikern versagt blieb, ließen KNAPP in enge Beziehungen zur Herrnhuter Brüdergemeine, aber auch zu erweckten Kreisen in der Lausitz und Schlesien treten. Häufig hielt er sich an den Sonntagen bei den Brüdern im nahegelegenen Gnadau auf.

Kurz nach seinem festlich begangenen Amtsjubiläum, anläßlich dessen er durch FRIEDRICH WILHELM III. persönlich geehrt worden war, starb KNAPP am 14. Oktober 1825.

Grabstätte: Stadtgottesacker, Bogen 60.

Grabinschrift:

Knapp

(im Bogenscheitel)

*Werke* von GEORG CHRISTIAN KNAPP: De Iesu Christo ad dextram Dei sedente. Prolusio academica, 1787. – De Spiritu sancto et Christo Paracletis, 1790. – Beiträge zur Lebensgeschichte A. G. Spangenbergs, 1792. Hg. v. O. Fricke, Halle 1884. – Scripta varii argumenti maximam partem exegetici atque historici, 2 Bde., 1805. ²1823. – Was soll ich thun, daß ich selig werde?, 1806. – Anleitung zu einem gottseligen Leben, 1811. – Kurzer Bericht von den Einrichtungen, dem Unterrichte und den Kosten in der mit der lateinischen Schule und Realschule verbundenen Erziehungsanstalt im Waisenhaus zu Halle, 1814. ²1821. – Neuere Geschichte der evangelischen Missionsanstalten zur Bekehrung der Heiden in Ostindien, 1815. 1816–1820. – Novum Testamentum Graece, ³1824. – Vorlesungen über die christliche Glaubenslehre nach dem Lehrbegriff der katholischen Kirche, hg. v. K. Thilo, 2 Bde., 1827 .- Vorlesungen über die christliche Glaubenslehre nach dem Lehrbegriff der evangelischen Kirche, hg. v. K. Thilo, 2 Bde., ²1837. – *Bibliographie:* BBKL 4 (1992) 117–119. – zur Erg. H. Doering: Theologen II, 141f.

*Literatur:* F. de Boor: A. H. Franckes paränetische Vorlesungen und seine Schriften zur Methode des theologischen Studiums. In: ZRGG 20 (1968) 300–320. – H. Doering: Theologen II, 134–142. – W. Fries: Die Franckeschen Stiftungen, 116–122. – W. Gaß: Geschichte IV, 501–503. – G. Chr. Hamberger/J. G. Meusel: Das gelehrte Teutschland oder Lexikon der jetzt lebenden Schriftsteller IV, Lemgo 1797, 159–160. – Jöcher/Adelung VII, 1897 = DBA, Fiche 668, 84. – A. H. Niemeyer: Epicedien. Dem Andenken

G. Chr. Knapps gewidmet, Halle 1825. – Rundes Chronik, 492f. – A. Schmidt u. B. Fr. Voigt (Hg.): Neuer Nekrolog der Deutschen III, Ilmenau/Weimar 1825 (1827) = DBA, Fiche 668, 42–65. – W. Schrader: Geschichte I, 394f. 471f. – J. K. Thilo: Vorrede zu: G. Chr. Knapp, Vorlesungen über die christliche Glaubenslehre, 1827. – ADB 16 (1882) 266f. (P. Tschackert). – BBKL 4 (1992) 116–119. – RE³ 10 (1910) 588–590 (A. Tholuck/G. Müller). – RGG³ 3 (1959) 1679f.

*Werke* von JOHANN GEORG KNAPP: Commentatio exegetico-theologica de raptu et cruce St. Pauli, 1751. ²1771. – Dissertatio de praecipuis in recto legum ecclesiasticarum usu officiis, 1755. – Sammlung vermischter theologischer Abhandlungen, 2 Bde., 1759–1760. – Hg.: Neuere Geschichte der Evangelischen Missions-Anstalten zu Bekehrung der Heiden, 2 Bde., 1770–1771. – *Bibliographie:* BBKL 4 (1992) 119f .- Zur Erg. H. Doering: Theologen II, 144.

*Literatur:* H. Doering: Theologen II, 143f. – G. A. Freylinghausen: Wohlverdientes Ehrengedächtnis gestiftet dem D. Johann Georg Knapp, Halle 1772. – Fr. C. G. Hirsching: Historisch-literarisches Handbuch berühmter und denkwürdiger Personen, welche im 18. Jahrhundert gestorben sind III, Leipzig 1797 = DBA, Fiche 668, 122. – Jöcher/Adelung III, 537f. – J. G. Meusel: Lexikon VII, 107f. – Rundes Chronik, 493. – W. Schrader: Geschichte I, 276. 304f. – J. H. Stepf: Gallerie aller juridischer Autoren IV, Leipzig 1825 = DBA, Fiche 669, 127. – ADB 16 (1882) 267–269 (G. Kramer). – BBKL 4 (1992) 119f.


# JOACHIM LANGE (1670–1744)

LANGE wurde am 26. Oktober 1670 in Gardelegen (Altmark) als Sohn eines Ratsherren geboren. Nach dem Besuch der Gymnasien in Osterwieck, Halberstadt, Quedlinburg und Magdeburg, in denen er sich umfängliche Kenntnisse der lateinischen und hebräischen Sprache erwarb, studiert er seit 1689 in Leipzig Theologie und Philologie. Schon in seiner Jugend hatte LANGE unter dem Einfluß seines älteren Bruders, eines pietistischen Pfarrers in Hamburg, gestanden. Die Begegnung mit A. H. FRANCKE, der in Leipzig dozierte und in dessen Haus er als mittelloser Student unentgeltlich wohnen darf, als auch der Kontakt zum Collegium philobiblicum führen ihn endgültig zur pietistischen Bewegung. A. H. FRANCKE, der ihm die Stelle eines Hauslehrers bei CHR. THOMASIUS vermittelte, hat als theologischer Lehrer den größten Einfluß auf ihn gewonnen. LANGE folgt ihm nach Erfurt, Hamburg und zuletzt nach Halle, wo er unter ihm und J. J. BREITHAUPT seine Studien abschließt. Hier hält er seit 1693 philologische Vorlesungen, die er aber noch im gleichen

Jahr abbricht, um in Berlin die Stelle eines Hauslehrers in der Familie des Freiherrn FR. R. v. CANITZ, einem Freund PH. J. SPENERS, anzutreten.

Die Zeit in Berlin nutzt LANGE, um mit PH. J. SPENER und seinem Kreis in engeren Kontakt zu treten und an dem von ihm geleiteten Collegium biblicum exegetico-asceticum teilzunehmen. Mehrmals lud ihn PH. J. SPENER ein, an seiner statt zu predigen. Nach einem kurzen Aufenthalt als Lehrer in Stargard übernimmt LANGE 1696 das Rektorat am Gymnasium in Köslin (Pommern). Von der Theologischen Fakultät in Halle in Abwesenheit zum Magister der Theologie ernannt, erhält er 1699 einen Ruf als Adjunkt an die Fakultät. LANGE kann ihm zu diesem Zeitpunkt jedoch nicht Folge leisten, da er vorerst noch an das ihm 1698 in Berlin übertragene Rektorat am Friedrich-Werderschen-Gymnasium und an die Pfarrstelle in der Friedrichstadtgemeinde gebunden ist.

1709 endlich folgt LANGE dem Ruf aus Halle und beginnt an der Seite von A. H. FRANCKE, P. ANTON, J. J. BREITHAUPT, J. H. MICHAELIS, später neben J. D. HERRNSCHMIDT und J. J. RAMBACH seine akademische Wirksamkeit als Theologieprofessor für Dogmatik, Moral und Exegese des Alten und Neuen Testaments. LANGE entwickelte sich hier zum Wortführer in den Streitigkeiten, in die sich die pietistisch ausgerichtete Fakultät verwickelt hatte. Von der Nachwelt als ein streitsüchtiger Charakter gerügt, scheint die polemische Art LANGES manchmal selbst den gleichgesinnten Kollegen zu weit gegangen zu sein.

Im Jahr seiner Berufung beginnt LANGE seinen vierteiligen *Antibarbarus*, die Hauptkampfschrift in einer Reihe von polemischen Veröffentlichungen gegen die lutherische Orthodoxie, der er den Irrtum des Neopelagianismus vorwirft und in der er in toto eine Abweichung von der lutherischen Lehre sieht. Als satirische Abrechnung angelegt, stellt das Werk der orthodoxen Theologie die zentralen Werte des Pietismus entgegen: Erleuchtung, Rechtfertigung und Erneuerung. Vor allem in V. E. LÖSCHER, einem wortgewandten lutherischen Theologen und zuletzt Superintendenten und Oberkonsistorialrat in Dresden, erwuchs ihm ein überlegener Gegner, der ihm und dem „Malum Pietisticum" nach mehrfach ausgeschlagenen Versöhnungsgesprächen 1718 mit der Schrift *Vollständiger Timotheus Verinus* als Wortführer der lutherischen Orthodoxie entgegentrat. Die erbitterte Kontroverse, die eine ganze Flut von Schriften auf beiden Seiten hervorgebracht hat, verlief sich Anfang der zwanziger Jahre.

Inzwischen waren LANGE und der Fakultät neue Kritiker vor Ort in Gestalt von CHR. THOMASIUS und CHR. WOLFF erwachsen. Ernster als der Konflikt mit dem Juristen und Philosophen CHR. THOMASIUS, der als ehemaliger Leipziger Weggefährte A. H. FRANCKES nun dessen Erziehungsideal und -praktiken aufs schärfste angriff, gestaltete sich die Auseinandersetzung mit dem Aufklärungsphilosophen CHR. WOLFF, in der ebenfalls LANGE das Wort führte.

Als CHR. WOLFF 1721 in seiner Rektoratsrede *Oratio de Sinarum philosophia practica* über die praktische Philosophie der Chinesen die Auffassung vertrat, Atheismus und Unmoral seien nicht identisch und jeder könne – wie es eben das Beispiel der Chinesen zeige – sich auch tugendhaft verhalten, ohne gläubiger Christ sein zu müssen, verfolgte LANGE das erklärte Ziel, den Gelehrten zukünftig zur Aufgabe seiner philosophischen und zur Beschränkung auf mathematisch-naturwissenschaftliche Vorlesungen zu zwingen. Bei dieser Attacke wie in der grundsätzlichen Ablehnung der Aufklärung konnte LANGE auf die ausdrückliche Unterstützung durch A. H. FRANCKE rechnen. König FRIEDRICH WILHELM I., von LANGE durch fortgesetzte Denunziation CHR. WOLFFS mit dem Vorwurf der Religionsverachtung für seine Sache gewonnen und in die Auseinandersetzung eingeschaltet, befahl daraufhin 1723 dem Philosophen per Kabinettsordre, Preußen innerhalb von 48 Stunden bei Strafe des Stranges zu verlassen. Diese weitergehende Maßregelung scheint selbst LANGE überrascht zu haben, wie es ihm offenbar auch peinlich war, daß sein Sohn J. J. LANGE als Philosophieprofessor an die Stelle CHR. WOLFFS gesetzt wurde. Dessen Vertreibung blieb freilich ein Pyrrhussieg des halleschen Pietismus über die Aufklärung und markiert seinen einsetzenden geistigen Niedergang. Als FRIEDRICH II. 1740 CHR. WOLFF von Marburg, wo er ungestört den Zenit seines Ruhmes erreicht hatte, nach Halle zurückholt, wird LANGE, der zwischen 1723 und 1736 den Streit um dessen Philosophie auf literarischem Gebiet weitergeführt hatte, ausdrücklich jede weitere Polemik untersagt. Deutlicher ließ sich der Sieg der Aufklärung im deutschen Geistesleben kaum dokumentieren.

LANGE hat ein immenses literarisches Werk hinterlassen, dessen Gesamtwürdigung bis heute noch aussteht und dessen sachgemäße Beurteilung kaum so negativ ausfallen dürfte, wie es zumeist geschieht. An ihm wird erkennbar, daß sich seine Interessen keineswegs in der Polemik erschöpft haben. In Fortsetzung der FRANCKEschen Verbesserung der Bibelübersetzung M. LUTHERs und aus Freude an der Bibelexegese verfaßte er ein umfangreiches, siebenbändiges Bibelwerk, das unter dem Titel *Biblisches Licht und Recht* zwischen 1729 und 1738 erschien. Es enthält alle biblischen Bücher und bietet neben Erklärungen umfangreiche Einleitungen in jede einzelne Schrift. Seine philologischen Studien finden u.a. ihren Niederschlag in einer lateinischen Grammatik, die allein seit 1707 bis zu seinem Tod in sechsundzwanzig Auflagen erschien und danach ins Dänische und Russische übersetzt wurde. Von den zahlreichen Liedern, die LANGE dichtete, hat sich *O Jesu, süßes Licht* bis heute im Kirchengesangbuch erhalten (EKG 490). LANGE war auch der ausgewiesenste Philosoph unter den halleschen Pietisten.

Im letzten Jahrzehnt seiner halleschen Wirksamkeit vereinsamt der einst von Hunderten von Studenten gefeierte Professor. Seit 1730 hat er offenbar nur noch vor fast leeren Bänken gelesen. Für einen Wechsel nach Kopenhagen, wohin er 1740 einen Ruf erhalten hatte, fühlte er sich bereits zu alt. Wie kaum ein anderer hat LANGE an der eigenen Person den Niedergang des Pietismus und den Aufstieg der Aufklärung mit ihrer Anziehungskraft für die Studierenden erfahren müssen, nicht zuletzt durch den Eintritt des theologischen Wolffianers S. J. BAUMGARTEN 1734 als Ordinarius in die Fakultät.

LANGE, der zweimal das Amt des Rektors der Universität bekleidet und kurz vor seinem Tod mit der Abfassung einer Autobiographie begonnen hatte, starb als Senior seiner Fakultät am 7. Mai 1744.

Grabstätte: Stadtgottesacker, Bogen 72.
Grabinschrift: nicht mehr erhalten.

*Werke:* Medicina mentis, 1705. – Antibarbarus orthodoxiae dogmatico-hermeneuticus, 1709–1711. – Historia ecclesiastica veteris et novi testamenti, 1722. – Causa Dei adversus atheismum, 1723. – Des Herrn Doct. und Prof. Joachim Langens oder: der Theologischen Facultaet zu Halle Anmerckungen über des Herrn Hoff-Raths und Professor Christian Wolffens Metaphysicam von denen darinnen befindlichen so genannten der natürlichen und geoffenbarten Religion und Moralität entgegen stehenden Lehren. Nebst beygefügter Hr. Hoff-R. und Prof. Christian Wolffens gründlicher Antwort, 1724 (Nachdr. 1980). – Oeconomia salutis, 1728. $^2$1730. – Biblisches Licht und Recht oder richtige und erbauliche Erklärung der Heiligen Schrifft, altes und neues Testaments, mit einer ausführlichen Einleitung, 7 Bde., 1730–1736. – Autobiographie: Dr. Joachim Langes Lebenslauf, zur Erweckung seiner in der evangelischen Kirche stehenden und ehemals gehabten vielen und werthesten Zuhörer von ihm selbst verfaßt, 1744. – *Bibliographie:* Teilüberblicke: BBKL 4 (1992) 1101–1104. – Zur Erg. H. Doering: Theologen II, 253–55.

*Literatur:* B. Bianco: Libertà e fatalismo. Sulla polemica tra Joachim Lange e Christian Wolff. Verifiche 15 (1986) 43–89; dt. Übers.: Zentren der Aufklärung I. Halle. Aufklärung und Pietismus, hg. v. N. Hinske, Heidelberg 1989, 111–155 (Wolfenbütteler Studien zur Aufklärung, 15). – R. Dannenbaum: Joachim Lange als Wortführer des Halleschen Pietismus gegen die Orthodoxie, Diss. Theol. Göttingen 1952. – H. Doering: Theologen II, 251–255. – W. Gaß: Geschichte III, 23–37. – G. W. Goetten: Das jetztlebende gelehrte Europa I, Braunschweig $^2$1735 = DBA, Fiche 736, 172–205. – C. Hinrichs: Preußentum und Pietismus, Göttingen 1971, 388–441. – E. Hirsch: Geschichte II, 186–191. – Jöcher/Adelung III, 1205–1211. – J. J. Moser: Beytrag zu einem Lexico der jetzlebenden Lutherisch- und Reformirten Theologen, Züllichau 1740 = DBA, Fiche 736, 172–205. – H.-M. Rotermund, Orthodoxie und Pietismus. V. E. Löschers „Timotheus verinus" in der Auseinandersetzung mit der Schule A. H. Franckes, Berlin 1959 (ThA 13). – W. Schrader: Geschichte I, 133–135. 200–219. 316–320. – ADB 17 (1883) 634f. (P. Tschackert). – BBKL 4 (1992) 1097–1104. – NDB 13 (1982) 548f. (J. Alwast). – RE$^3$ 11 (1902) 261–264 (G. Müller). – RGG$^1$ 3 (1912) 1962. – RGG$^2$ 3 (1929) 1483. – RGG$^3$ 4 (1960) 226.


# JOHANN HEINRICH MICHAELIS (1668–1738)

Am 15. nach dem Julianischen bzw. am 26. Juli 1668 nach dem Gregorianischen Kalender als Sohn eines Gutspächters in Klettenberg in der Grafschaft Hohnstein (Südharz) geboren, erhielt MICHAELIS von früher Kindheit an Privatunterricht in der lateinischen Sprache. Seit dem elften Lebensjahr besuchte er die Schule in Ellrich, dem angestammten Wohnort der Familie. In seiner geistlichen Entwicklung war er vom erbaulichen Vorbild seiner Mutter geprägt, die ihn im Sinne von J. ARNDTs *Paradiesgärt-*

*lein* erzog. Vom Vater zum Kaufmann bestimmt, begann MICHAELIS 1683 eine Händlerlehre in Braunschweig, die ihm freilich von Anfang an gründlich mißfiel. Die Eltern entsprachen seiner eindringlichen Bitte, stattdessen die dortige St. Martins-Schule besuchen zu dürfen. Schwer erkrankt mußte er Braunschweig jedoch bereits nach wenigen Monaten wieder verlassen. Nach einer längeren Rekonvaleszenz besuchte er nun die Lateinschule in Nordhausen, die damals in hohem Ansehen stand.

1688 begann MICHAELIS in Leipzig Philosophie und Theologie zu studieren. Seine theologischen Lehrer waren J. B. CARPZOV und J. OLEARIUS. Größeres Interesse zeigte er jedoch für das Studium der orientalischen Sprachen bei J. E. MÜLLER sowie des Talmudischen und Rabbinischen bei A. CHRISTIANI, einem aus Mähren stammenden jüdischen Proselyten. Nach einem kurzen Arbeitsaufenthalt in Halle kehrte er 1693 auf Wunsch der Familie nach Ellrich zurück, um im eigenen Haus Familienangehörige zu unterrichten.

1694 reiste er jedoch erneut nach Halle, um an der neugegründeten Universität A. H. FRANCKE und J. J. BREITHAUPT zu hören, eigene philologische Untersuchungen zu beginnen und, wie schon in Leipzig, daneben Unterricht in Griechisch, Hebräisch und Chaldäisch zu erteilen. Im selben Jahr erwarb er sich die philosophische Magisterwürde mit einer Arbeit *Conamina brevionis manducationis ad doctrinam de accentibus Ebraeorum prosaicis*. Die Disputation fand unter Leitung A. H. FRANCKES statt und verlief so erfolgreich, daß ihm die für solche Verfahren übliche Gebühr erlassen wurde. Seitdem hielt er als Magister vielbesuchte Vorlesungen über hebräische Literatur und semitische Sprachen.

Als sich 1698 der berühmte Orientalist und Begründer der wissenschaftlichen Äthiopistik HIOB LUDOLF auf einer Durchreise in Halle aufhielt, lud er MICHAELIS ein, ihn nach Frankfurt am Main zu begleiten und ihm bei der Edition einer amharischen und äthiopischen Grammatik sowie entsprechender Lexika behilflich zu sein. Für MICHAELIS bot sich damit eine willkommene Gelegenheit, seine orientalischen Sprachkenntnisse beträchtlich zu erweitern.

1699 erreichte MICHAELIS der Ruf aus Halle, die Nachfolge A. H. FRANCKES als ordentlicher Professor für Griechisch und orientalische Sprachen an der Philosophischen Fakultät anzutreten. H. LUDOLF ließ ihn nur ungern ziehen; beide verband seitdem ein reger Briefwechsel und eine lebenslange Freundschaft. MICHAELIS, der 1707 mit der Aufsicht über die Universitätsbibliothek betraut wurde, wechselte 1709 als ordentlicher Pro-

fessor in die Theologische Fakultät, nachdem J. J. BREITHAUPT unter Beibehaltung seiner Professur Abt des Klosters Bergen bei Magdeburg geworden und seitdem für längere Zeiträume sich dort aufzuhalten verpflichtet war. MICHAELIS gehört damit zu den Gründervätern des hallischen Pietismus an der Universität. Als einer der engsten Mitarbeiter A. H. FRANCKES beteiligte er sich beim Aufbau des 1702 gegründeten Collegium orientale theologicum, für dessen Arbeit er die Pläne entwarf und ihr die fachspezifische Prägung gab. Er las vorzugsweise über das Alte Testament, ersatzweise für seinen Vorgänger gelegentlich auch Kirchengeschichte.

Ungeachtet seiner tiefen Verwurzelung im Pietismus räumte MICHAELIS in der wissenschaftlichen Arbeit dem kritischen Verstand sein methodisches Recht ein und vermochte deshalb in der Auslegung biblischer Texte neue Akzente zu setzen. Bis zu seinem Tod hat er mit der Konzentration auf die Kenntnis und Auslegung des Alten Testaments erste entscheidenden Schritte zur Entwicklung einer Fachwissenschaft unternommen, die dazu geführt haben, daß das Alte Testament als ein Spezialgebiet der Theologie und Bibelwissenschaft begriffen und fortan als solches bearbeitet wurde. Seine intensiven bibelwissenschaftlichen Studien mußte er jedoch seiner angegriffenen Gesundheit wegen, zu deren Wiederherstellung er in das Berliner Haus des Freiherrn C. H. v. CANSTEIN eingeladen war, von 1713 bis 1717 unterbrechen,

Als er 1717 nach Halle zurückkehrte, verlieh ihm die Fakultät anläßlich der Luther-Feiern die theologische Doktorwürde. MICHAELIS trieb mit neuer Energie die Arbeiten voran, die seinem bedeutendsten Werk galten und mit dem er sich seit 1703 befasste: der Herausgabe einer neuen *Biblia Hebraica ex aliquot manuscriptis … etc.* (der vollständige Titel in der Oktavausgabe ist 23 Zeilen lang!). Dieses Unternehmen, bei dem er tatkräftig von seinem Schüler J. J. RAMBACH und seinem Neffen CHR. B. MICHAELIS unterstützt wurde, bleibt bedeutsam, da MICHAELIS auf der Grundlage der Textausgabe D. E. JABLONSKIS von 1699 nicht nur die Lesarten von 19 gedruckten Textausgaben, sondern auch von fünf bisher unbekannten Erfurter Handschriften berücksichtigt und somit 24 Textzeugen in einem textkritischen Apparat zusammengestellt hat. Die Ränder dieser ersten textkritischen Ausgabe des Alten Testament enthalten bewußt kurz gehaltene, pietistisch-exegetische Marginalien, um eine continua lectio des gesamten Alten Testaments nicht zu erschweren. Diesem Werk war ein großer Erfolg beschieden, und es hat mehrfache Auflagen erlebt.

MICHAELIS, der zu den Vätern der halleschen orientalistischen und alttestamentlichen Wissenschaft gezählt werden darf, starb als Senior der Fakultät und Inspektor des Theologischen Seminars am 10. März 1738.

Grabstätte: Stadtgottesacker, Bogen 92.
Grabinschrift: nicht mehr erhalten.

*Werke:* Erleichterte Hebräische Grammatik in teutscher Sprache, 1702. [6]1739. – Dissertatio de textu Novi Testamenti graeco, 1707. – Erleichterte Chaldäische Grammatik in teutscher Sprache, 1708. – Hg. (zusammen mit Chr. B. Michaelis u. J. J. Rambach): Uberiores annotationes philologico-exegeticae in Hagiographos Veteris Testamenti libros, 3 Bde., 1719–1720. – Biblia Hebraica ex aliquot manuscriptis … etc., 3 Bde., 1720. – *Bibliographie:* Teilüberblick: Jöcher/Adelung IV, 1675f.

*Literatur:* H. Doering: Theologen II, 519–521. – G. W. Goetten: Das jetzt lebende gelehrte Europa I, Braunschweig [2]1735, 407–419 = DBA, Fiche 844, 29–41. – Fr. C. G. Hirsching: Historisch-literarisches Handbuch berühmter und denkwürdiger Personen, welche im 18. Jahrhundert gestorben sind V/1, Leipzig 1800 = DBA, Fiche

844, 44f. – Jöcher/Adelung IV, 1674–1676. – O. Podczeck: Die Arbeit am Alten Testament in Halle zur Zeit des Pietismus. Das Collegium orientale theologicum A. H. Franckes. In: WZ (H).GS VII/5 (1958) 1059–1074. – K. H. Rengstorf: Johann Heinrich Michaelis und seine Biblia Hebraica von 1720. In: Zentren der Aufklärung I. Halle. Aufklärung und Pietismus, hg. v. N. Hinske, Heidelberg 1989, 15–64 (Wolfenbütteler Studien zur Aufklärung, 15). – W. Schrader. Geschichte I, 110. 132. 275. – E. Würthwein: Der Text des Alten Testaments, Stuttgart ⁴1973, 40f. 43. – ADB 21 (1885) 681–683 (C. Siegfried).- RE³ 13 (1903) 53 (R. Kittel). – RGG² 4 (1930) 4.

## CHRISTIAN BENEDICT MICHAELIS (1680–1764)

MICHAELIS wurde am 26. Januar 1680 in Ellrich in der Grafschaft Hohnstein (Südharz) geboren, wo er bis 1694 auch die Schule besuchte. Als sein Onkel J. H. MICHAELIS 1694 endgültig nach Halle ging, nahm er seinen Neffen mit und brachte ihn im neugegründeten Pädagogium der Franckeschen Stiftungen unter. Schon hier fiel er durch seine außergewöhnliche Sprachbegabung auf. Er verließ Halle 1697, um die Schulbildung in Gotha zu beenden.

1699 begann MICHAELIS in Halle Theologie und Orientalia zu studieren, über Jahre großzügig mit einem Stipendium des Freiherrn C. H. v. CANSTEIN unterstützt. Bei seinem Onkel und den anderen Orientalisten der Universität erwarb er sich nicht nur gründliche Kenntnisse der Bibel in ihrem Urtext, sondern er vertiefte sich auch in das Studium des Talmud und der Rabbinen. Wie schon J. H. MICHAELIS, durfte auch er 1701 HIOB LUDOLF in Frankfurt am Main behilflich sein, äthiopische Quellentexte zur Herausgabe vorzubereiten.

Nach Halle zurückgekehrt, besuchte er den Arabischunterricht bei S. NEGRI. In diesem Zusammenhang trat MICHAELIS dem Collegium orientale theologicum bei, dessen Arbeit er in den folgenden Jahren mit bestimmt hat.

Nachdem sich MICHAELIS 1706 mit der Dissertation *De historia linguae arabicae* die Magisterwürde erworben hatte, wurde er 1708 zum Adjunkt an der Philosophischen Fakultät bestellt. In seinen Vorlesungen wußte er mit originellen Ideen auf sich aufmerksam zu machen und gehörte bald zu den beliebtesten Dozenten der Universität. MICHAELIS, der zielgerichtet in die Fußstapfen seines Onkels trat, blieb zunächst dieser Fakultät verbunden, die ihn 1713 zum außerordentlichen, ein Jahr darauf zum ordentlichen Professor ernannte. 1715 übernahm er von J. H. Michaelis die Leitung der Universitätsbibliothek, deren Bestände er in ersten Katalogen erfaßte.

Nach dem Weggang J. J. Rambachs nach Gießen wurde Michaelis 1731 zum ordentlichen Theologieprofessor, nach dem Tod seines Onkels 1738 auch zum Professor für Griechisch und orientalische Sprachen und Literatur berufen. Er gehört damit in die Reihe der zweiten Generation in der pietistischen Fakultät, die sich die Ausführung von A. H. Franckes Reformprogramm angelegen sein ließ, es aber nicht verhindern konnte, daß die einsetzende Aufklärung auch an der Theologischen Fakultät die Studenten in ihren Bann zog. Trotzdem gehört Michaelis zu den Theologen, die durch die Verbindung von orientalistischer und bibelwissenschaftlicher Gelehrsamkeit über ihre Zeit Bleibendes geleistet und die Arbeit am Text des Alten und Neuen Testaments nachhaltig gefördert haben. Bis ins hohe Alter konnte er sich großer Wertschätzung erfreuen.

In seinen Vorlesungen konzentrierte sich Michaelis fast ausschließlich auf das Alte Testament sowie angrenzende Disziplinen und setzte damit den von J. H. Michaelis eingeleiteten Prozeß zur Spezialisierung eines theologischen Fachgebietes fort. So las er über den hebräischen Urtext der Bibel, den arabischen Text des Korans, syrische Literatur und hielt sogenannte Rabbinische und Chaldäische Collegia. Bekannt waren seine Anleitungen zur Auslegung der Heiligen Schrift, die sich auch auf das Neue Testament erstreckten und die Evangelien einschlossen. Auf kirchengeschichtlichem Gebiet trat er dagegen nur am Rande in Erscheinung.

Abgesehen von einer Fülle grundlegender alttestamentlicher und orientalistischer Abhandlungen, erwarb sich Michaelis besondere Verdienste durch die Mitarbeit an der ersten textkritischen Edition der *Biblia Hebraica*, die sein Onkel J. H. Michaelis begonnen hatte und für die er die Apparate und Marginalien zu mehreren Prophetenbüchern und Psalmen beisteuerte. Bleibende Bedeutung behielten ferner seine Untersuchungen zur semitischen Wortforschung, mit denen Michaelis auch kontrovers in die zu seiner Zeit von H. von der Hardt aufgeworfene Debatte eingriff und dessen Versuche zurückwies, das Hebräische und die ihm verwandten semitischen Idiome aus dem Griechischen als Ursprache herleiten zu wollen. Mit der Abhandlung *De seminibus biliteris et significatu vocum Hieroglyphico* trat er schließlich 1709 den Versuchen C. Neumanns erfolgreich entgegen, der die Bedeutung hebräischer Wörter aus einem vermeintlich hieroglyphischen Sinn ihrer einzelner Buchstaben zu entwickeln versuchte.

Für jede weitere Arbeit am Neuen Testament erhielt sein *Tractatus criticus de variis lectionibus Novi Testamenti* grundlegenden Wert, in dem er, nicht ohne Spitzen gegen J. A. Bengels Textausgabe, mögliche Varianten zum Neuen Testament aus orientalischen Übersetzungen beigebracht und auf ihre kritische Verwendung geprüft hat.

Einen Monat vor seinem Tod konnte er unter großer öffentlicher Anteilnahme als erster Professor der neuen Universität sein fünfzigjähriges Amtsjubiläum als Lehrstuhlinhaber und herausragender Orientalist begehen, dessen Erbe sein Sohn J. D. Michaelis, eine der gefeiertsten Persönlichkeiten seiner Zeit, an der Georgia Augusta in Göttingen fortzusetzen begonnen hatte.

Michaelis, dem 1739 die theologische Doktorwürde verliehen worden war und der als langjähriger Ephorus die königlichen und halberstädtischen Freitische in den Franckeschen Stiftungen betreut hatte, starb am 22. Februar 1764.

Grabstätte: Stadtgottesacker, Bogen 92.
Grabinschrift: nicht mehr erhalten.

*Werke:* De historia linguae arabicae, 1706. – De Muhammedismi laxitate morali, 1708. – De vaticinio Amosi prophetae, 1736. – De homine facto. 1737. – De punctorum ebraicorum antiquitate, 1739. – Syriasmum, id est grammaticam linguae syriacae, 1741. – Tractatus criticus de variis lectionibus Novi Testamenti caute colligendis et dijudicandis, 1749. – Hg. (zusammen mit J. H. Michaelis u. J. J. Rambach): Uberiores annotationes philologico-exegeticae in hagiographos Veteris Testamenti libros, 3 Bd., 1719–1720. – *Bibliographie:* Teilüberblick: H. Doering: Theologen II, 500–502.

*Literatur:* C. Denina : La Prusse littéraire sous Frédéric II., Bd. 3, 1792 = DBA, Fiche 842, 433. – H. Doering : Theologen II, 498–502. – Fr. C. G. Hirsching: Historisch-literarisches Handbuch berühmter und denkwürdiger Personen, welche in dem 18. Jahrhunderte gestorben sind V/1, Leipzig 1800 = DBA, Fiche 842, 434–436. – Jöcher/Adelung IV 1654. – J. G. Meusel: Lexikon IX = DBA, Fiche 842, 437–441. – J. J. Moser: Beytrag zu einem Lexico der jetzlebenden Lutherisch- und Reformirten Theologen, Züllichau 1740 = DBA, Fiche 842, 430–432. – W. Schrader: Geschichte I, 139. 275f. – ADB 21 (1885) 676f. (C. Siegfried). – RE[3] 13 (1903) 53f. (R. Kittel). – RGG[2] 4 (1930) 3.

# AUGUST HERMANN NIEMEYER (1754–1828)

Niemeyer, der den Weltruf der Franckeschen Stiftungen neu begründet und sich in der napoleonischen Zeit als Neuorganisator der Universität bleibende Verdienste erworben hat, gehört zu den herausragenden Gestalten, die an der halleschen Alma mater gewirkt haben.

Niemeyer wurde am 1. September 1754 als jüngster Sohn des Archidiakonus an der Marktkirche St. Marien J. C. Ph. Niemeyer in Halle geboren. Als Urenkel stand Niemeyer mit A. H. Francke verwandtschaftlich in Verbindung; seine Mutter war die Tochter J. A. Freylinghausens. Früh verwaist und im Haus einer Arztwitwe aufgenommen, erhielt Niemeyer seine Vorbildung am Pädagogium der Franckeschen Stiftungen. Von 1771 an studierte er in Halle Theologie bei seinem Onkel G. A. Freylinghausen und J. J. Griesbach. Einfluß auf ihn gewannen jedoch J. S. Semler und J. A. Nösselt, die seine eigentlichen akademischen Lehrer wurden und in deren aufgeklärtem Geist er seinen Weg über fünf Dezennien ging.

Nach seiner Promotion und Habilitation an der Philosophischen Fakultät begann Niemeyer 1777 als Privatgelehrter philosophische Vorlesungen zu halten, vor allem über die griechischen Klassiker. Auch nach seiner Ernennung zum außerordentlichen Professor und Inspektor an der Theologi-

schen Fakultät 1779 blieb er zunächst diesem Gegenstand seines Interesses verpflichtet und besorgte anerkannte Ausgaben der Werke HOMERS und SOPHOKLES'. Überhaupt ist NIEMEYER Zeit seines Lebens auch als Dichter und Literat, der in F. G. KLOPSTOCK sein Vorbild gefunden hatte, einer größeren Öffentlichkeit bekannt geworden: mit religiösen Dramen, Oden, Oratorien und einer Vielzahl an Kirchenliedern, die in ganz Deutschland Eingang in die zeitgenössischen Gesangbücher gefunden hatten. Seinen Lehrern G. A. FREYLINGHAUSEN und J. A. NÖSSELT, aber auch J. WESLEY hat er Biographien gewidmet, sich in mehreren Flugschriften zu regionalen Gegenwartsfragen geäußert und in dem von ihm begründeten „Hallischen patriotischen Wochenblatt", das annähernd einhundert Jahre bestehen sollte, eine breite publizistische Wirksamkeit entfaltet.

1784 wurde NIEMEYER zum ordentlichen Professor für Theologie ernannt. Er trat damit an die Seite von G. CHR. KNAPP, J. S. SEMLER und J. A. NÖSSELT. In seinen stark besuchten Vorlesungen behandelte er vorzugsweise christliche Moral, Einleitung in das Alte Testament, das Leben Jesu, Homiletik, biblisch-praktische Theologie und nicht zuletzt auch Pädagogik, für die er 1787 einen besonderen Lehrauftrag erhielt und eigens dafür ein pädagogisches Seminar unter seiner Leitung einrichten konnte. Seither bilden Vorlesungen und Abhandlungen zur Theorie des Unterrichts und der Erziehung den Schwerpunkt seiner akademischen Tätigkeit. Obwohl die wissenschaftliche Form, die er der Praktischen Theologie als ganzer gegeben hat, schon bald heftig kritisiert worden ist, hat NIEMEYER als Systematiker der Pädagogik und Kenner pädagogischer Techniken über seine Zeit Bleibendes geleistet.

Sein Engagement für die Belange der Pädagogik, deren Bedeutung er schon frühzeitig durch die häusliche Erziehung in den Traditionen A. H. FRANCKES und vollends als Zögling der Anstalten schätzen gelernt hatte, ließen NIEMEYER bald auch in die Leitung der Franckeschen Stiftungen eintreten. Bereits nach Abschluß seiner Studien hatte er an der Latina und den deutschen Schulen zu unterrichten begonnen. Im Jahr seiner Ernennung zum ordentlichen Professor übernahm er zunächst das Amt des Inspektors am königlichen Pädagogium, um 1785 neben G. CHR. KNAPP zum Kondirektor der Stiftungen ernannt zu werden. Seit 1799 haben beide als gleichberechtigte Direktoren das Erbe A. H. FRANCKES mit Umsicht verwaltet, es in den Kriegswirren vor größeren inneren und äußeren Beschädigungen zu bewahren verstanden und in den Anstalten einem neuen, aufgeklärten Geist zum Durchbruch verholfen.

In den Schriften, die er in beträchtlicher Zahl hinterlassen hat, tritt uns NIEMEYER als ein humanistischer Denker entgegen, der im Sinne der Neologie mit einem gemäßigten Rationalismus die biblisch-theologischen Wahrheiten am Kriterium der Vernunft mißt und sie unter dem Gesichtspunkt ihres moralischen Zwecks beurteilt. Die sittliche Erziehung des Menschen auf christlicher Grundlage war sein vornehmstes Ziel. Ohne die Entwicklung zu einem konsequenten Rationalismus im Sinne I. KANTS mitvollziehen zu können, hat sich NIEMEYER vom Humanitätsideal J. G. HERDERS, mit dem er persönlich bekannt war, und von dessen ästhetischer Bibelbetrachtung und seelischem Einfühlungsvermögen gegenüber den biblischen Gestalten angezogen gefühlt. Auch von daher mag es ihm nicht schwer gefallen zu sein, zu FR. D. E. SCHLEIERMACHER, der von 1804 bis 1807 in Halle gelehrt hatte, in ein freundschaftliches Verhältnis zu treten. Er folgt ihm freilich nicht, als er 1807 einen gleichlautenden Ruf an die neugegründete Universität Berlin und zur Leitung des öffentlichen Unterrichtswesens im preußischen Kultusministerium erhalten hatte.

Weil er sich in seinen geistig-theologischen Auffassungen mit seinen akademischen Lehrern J. S. SEMLER und J. A. NÖSSELT aufs engste verbunden wußte, geriet auch NIEMEYER in das Visier der restriktiven Maßnahmen, die seit dem Wöllnerschen Religionsedikt von 1788 die Fakultät zunehmend betrafen. Auf Grund einer Klage der von ihm eingesetzten Examinationskommission verbot der Minister des Geistlichen Departements NIEMEYER 1792, seine *Populäre und praktische Theologie* weiterhin in den Vorlesungen zu verwenden, so daß er schließlich seine dogmatischen Vorlesungen überhaupt aufgab. Da NIEMEYER jedoch zu keiner Zeit an seinem Mißfallen über die administrativ verfügte Einschränkung der akademischen Lehrfreiheit einen Zweifel aufkommen ließ, dem Minister gegenüber mehr als einmal Widerspruch äußerte und auf seinen theologischen Überzeugungen beharrte, wurde ihm 1794 wie auch J. A. NÖSSELT mittels eines königlichen Reskripts mit Kassation gedroht, sollte er weiterhin neologische Positionen vertreten. Mit dem Regierungsantritt FRIEDRICH WILHEMS III. 1797 änderte sich die Situation sofort: J. CHR. WÖLLNER wurde als Minister entlassen und das Edikt de facto außer Kraft gesetzt. NIEMEYER gehörte fortan zu den kirchlichen und pädagogischen Ratgebern des Königs und wurde 1804 zum Mitglied des Berliner Oberschulkollegiums ernannt. Daß NIEMEYER darüber hinaus auch enge Verbindungen zu kirchenleitenden Behörden pflegte, zeigt seine zeitgleiche Ernennung zum Oberkonsistorialrat und 1816 zum Mitglied des Konsistoriums in Magdeburg.

In den Jahren der Napoleonischen Wirren nimmt NIEMEYER, der sich durch diplomatische Begabungen auszeichnet und mittlerweile über weitreichende Beziehungen in der gelehrten und politischen Welt verfügt, das Geschick der gesamten Universität und der Franckeschen Stiftungen maßgeblich in seine Hände. Nachdem im Oktober 1806 durch den in der Stadt weilenden NAPOLEON die Universität aufgehoben und die Studenten aus Halle gewiesen waren, finden wir NIEMEYER unter den fünf Honoratioren der Stadt, die Pfingsten 1807 als Geiseln nach Pont-à-Mousson an der Mosel deportiert wurden. Die halbjährige Gefangenschaft nutzt er dazu, um sich an verschiedenen Stellen in Paris für die Wiedereröffnung der Universität einzusetzen und für die Franckeschen Stiftungen notwendige Unterstützungen zu erlangen. Wofür er sich bei einflußreichen Staatsmännern Frankreichs verwendet hatte, erfüllte sich bald: Infolge des Friedensschlusses von Tilsit war Halle von Preußen abgetrennt worden und gehörte nun für kurze Zeit zum Königreich Westfalen, dem der Bruder NAPOLEONS, JÉRÔME BONAPARTE, von Kassel aus als Regent vorstand. Dem König empfohlen, setzte er NIEMEYER nach einem Huldigungseid per Cabinets-Ordre zum Jahresbeginn 1808 als Kanzler und Rector perpetuus ein und ließ im Frühjahr die Universität wieder öffnen.

Mancherlei Verstimmungen jedoch, hervorgerufen durch mißgünstige Denunziationen und eine offen demonstrierte, antifranzösische Haltung in der Studentenschaft und der Bevölkerung, ließen JÉRÔME auf Anraten NAPOLEONS nach einer Durchreise im Sommer 1813, bei der er schon nicht mehr wie sonst im Haus des Kanzlers abgestiegen war, die erneute Aufhebung der Universität befehlen und NIEMEYER mit dem Galgen drohen. Doch bereits im darauffolgenden Oktober erschienen preußische Truppen in der Stadt, und im Hause NIEMEYERS logierte am Vorabend der Leipziger Völkerschlacht der Generalfeldmarschall G. L. FÜRST BLÜCHER. Noch im November dieses Jahres öffnete die Universität ihre Pforten.

Als man 1815, wieder unter preußischer Regierung, daran ging, die Universität neu zu organisieren und die Vereinigung mit der Universität in Wittenberg ins Auge zu fassen, führte NIEMEYER den Vorsitz in allen entscheidenden Kommissionen. Das Amt des Rektors legte er 1816 im Zusammenhang mit der neuen Universitätsordnung nieder; als Kanzler behielt er freilich bis zu seinem Tod die Oberaufsicht über die äußere Verwaltung und betrieb mit Energie die Konsolidierung der durch die Befreiungskriege geschwächten Universität.

NIEMEYER, dessen Haus Mittelpunkt eines regen geistigen Lebens war und in dem nicht nur J. W. v. GOETHE und FR. SCHILLER, sondern führende Köpfe der gelehrten Welt und Vertreter des deutschen und europäischen Adels zu Gast waren, beging 1827 unter größter Anteilnahme – selbst FR. D. E. SCHLEIERMACHER kam aus Berlin angereist – sein fünfzigjähriges Dienstjubiläum. Aus diesem Anlaß sagte ihm der König den Neubau eines Universitätsgebäudes zu, den der Jubilar lange Zeit gewünscht hatte. Daß die Theologische Fakultät in seinem Todesjahr mit annähernd eintausend Theologiestudenten eine seitdem nie wieder erlangte Studentenzahl erreichen konnte, hat sie auch dem organisatorischen und akademischen Lebenswerk NIEMEYERS zu verdanken.

Als ein glücklicher Greis, wie er sich selbst bezeichnet hat, ist NIEMEYER am 7. Juli 1828 gestorben.

Grabstätte: Stadtgottesacker, Bogen 15 (zerstört).
Grabinschrift: nicht mehr erhalten. (verschollen seit 1992)

[August Hermann Niemeyer,
* 1. Septbr. 1754,
† 7. Juli 1828.]

*Werke:* Charakteristik der Bibel, 5 Bde., 1775–1782. ⁵1794. – Religiöse Gedichte, 1814. – Philotas, ein Versuch zur Belehrung und Beruhigung für Leitende, 3 Bde., 1779–1791. ³1808. – Timotheus, zur Erweckung und Beförderung der Andacht nachdenkender Christen, 3 Bde., 1783, ²1789–1790. – Gesangbuch für höhere Schulen und Erziehungsanstalten, 1785. ¹⁰1825. – Handbuch für christliche Religionslehrer, 2 Bde., 1790–1792. ⁶1827. – Grundsätze der Erziehung und des Unterrichts, 1796. ⁸1825; unveränd. Nachdr., hg. v. H.-H. Groothoff u. U. Hermann 1970. – Briefe an christliche Religionslehrer, 3 Bde., 1796–1799. ²1803. – Lehrbuch für die oberen Religionsklassen in Gelehrtenschulen, 1801. ¹⁵1827. – Leben, Charakter und Verdienste Johann August Nösselts, 1809. – Die Universität Halle, 1817. – Beobachtungen auf Reisen in und außer Deutschland, 4 Bde., 1820–1826. – *Bibliographie:* A. Jacobs u. J. G. Gruber: A. H. Niemeyer, 432–452. – K. Menne: A. H. Niemeyer, 121–128.

*Literatur:* H. Doering: Die deutschen Kanzelredner des 18. und 19. Jahrhunderts, Neustadt a. d. Orla 1830 = DBA, Fiche 900, 183–208. – W. Fries: Die Franckeschen Stiftungen, 10–116. – G. Chr. Hamberger/J. G. Meusel: Das gelehrte Teutschland oder Lexikon der jetzt lebenden teutschen Schriftsteller, Lemgo, V (1797) 436–440. XI (1805) 580. XIV (1810) 666f. XVIII (1821) 846–848. – A. Jacobs u. J. G. Gruber: August

Hermann Niemeyer. Zur Erinnerung an dessen Leben und Wirken, Halle 1831. – K. Menne: August Hermann Niemeyer. Sein Leben und Wirken, Halle 1928 (Beiträge zur Geschichte der Universität Halle-Wittenberg 1); Neudr. 1995. – Rundes Chronik, 506–508. – A. Schmidt u. B. Fr. Voigt (Hg.): Neuer Nekrolog der Deutschen VI, Ilmenau/Weimar 1828 (1829) = DBA, Fiche 900, 164–182. – W. Schrader: Geschichte I, 395. 485–496. II, 8f. 12–15. 40–45. 92. 420 Anlage 27. 532 Anlage 39. – ADB 23 (1886) 677–679 (Binder). – RE³ 14 (1904) 54–58 (Chr. D. Fr. Palmer/E. Hennecke). – RGG² 4 (1930) 549f.

## HERMANN AGATHON NIEMEYER (1802–1851)

NIEMEYER wurde am 5. Januar 1802 als jüngster Sohn von fünfzehn Kindern des Theologieprofessors und Universitätskanzlers A. H. NIEMEYER in Halle geboren. Nachdem er seit 1810 im Pädagogium seine Vorbildung erhalten hatte, begann er 1819 mit dem Studium der Theologie und Philologie an der heimatlichen Universität. 1823 promovierte er mit einer Abhandlung *De docetis* zum Dr. phil. und habilitierte sich darauf 1825 mit einer in Göttingen angefertigten Schrift über ISIDOR von Pelusium. Noch in diesem Jahr siedelte NIEMEYER nach Jena um, wohin er einen Ruf als Extraordinarius erhalten hatte und wo sich ihm in angenehmen Verhältnissen eine glänzende wissenschaftliche Laufbahn bot. Das nahe Weimar brachte anregende Abwechslungen, wo J. W. v. GOETHE dem Sohn des befreundeten Kanzlers stets aufgeschlossen begegnete. Zum fünfzigjährigen Amtsjubiläum seines Vaters 1827 wurde ihm – wohl mehr als Aufmerksamkeit für den Jubilar gedacht – die theologische Ehrendoktorwürde der Universität Göttingen verliehen.

1829 kehrte NIEMEYER jedoch schweren Herzens nach Halle zurück, um als Extraordinarius an der Theologischen Fakultät und als Kondirektor der Franckeschen Stiftungen, auf Weisung FRIEDRICH WILHEMS III. seit 1830 als ihr Direktor die beschwerliche Nachfolge seines Vaters anzutreten. In seinen akademischen Vorlesungen behandelte NIEMEYER neben der biblischen Exegese, neutestamentlichen Apologetik und Einleitungswissenschaft sowie Teilen der älteren Kirchengeschichte seit 1832, als er die Leitung des pädagogischen Instituts übernahm, auch Pädagogik und allgemeine wissenschaftliche Themen. Nach G. CHR. KNAPP, K. THILO und neben J. A. L. WEGSCHEIDER hielt er an der Tradition des Collegium biblicum fest und hat sich erst später wie FR. A. G. THOLUCK auf die Auslegung einzelner biblischer Bücher verlegt.

Niemeyer, der die theologischen Positionen eines gemäßigten Rationalismus mit seinem Vater teilte, sie auch gegen den Widerstand des einflußreicheren Fr. A. G. Tholuck und des Ministers J. A. Eichhorn weiterhin fortzusetzen gedachte, der mit der Bewegung der „Lichtfreunde" sympathisierte und wohl aus diesen Gründen auch nie in ein Ordinariat aufstieg, hat mehrere Schriften seines Vaters neu herausgegeben, vor allem pädagogischen Inhalts. Überhaupt zeichnete sich auch der Sohn durch größere pädagogische Neigungen und Fähigkeiten aus, die dem Doppelamt zugute kamen: Engagiert betrieb er den Ausbau und weitere Reformen an den Erziehungseinrichtungen der Franckeschen Stiftungen, obwohl infolge der Choleraepedemien 1831/1832 und 1849 Halle in den Ruf eines ungesunden Ortes geriet und der Zustrom auswärtiger Schüler deshalb erheblich nachließ. Das führte zu einem beträchtlichen Einnahmeausfall, der umso schwerer wog, als gleichzeitig auch die Erträge der Buchhandlung und der Waisenhausapotheke zurückgingen. Trotzdem erlebte die Bautätigkeit unter seiner zielgerichteten Leitung einen letzten Höhepunkt; die Organisation der Schulen mit nunmehr zehn selbständigen Anstalten wurde Ende der vierziger Jahre abgeschlossen, das Verhältnis zu den vorgesetzten Behörden neu geregelt und die Verfassung des Anstaltskomplexes auf der Grundlage der bisherigen Gepflogenheiten festgestellt, aber den veränderten Zeitverhältnissen angepaßt.

Für literarische Arbeit blieb Niemeyer, der seit 1839 auch als langjähriger Vorsitzender der Stadtverordnetenversammlung und 1848 als Abgeordneter der konstituierenden Nationalversammlung sowie als Mitglied ihrer Verfassungskommission in Erscheinung trat, nur wenig Zeit. Als Direktor der Ostindischen Missionsgesellschaft gab er vierteljährlich ihre Missionsnachrichten heraus. Grundlegende Bedeutung erhielt die kritische Ausgabe der Bibelübersetzung M. Luthers, nach der letzten Originalausgabe von 1545 die erste ihrer Art, die er zusammen mit dem Universitätsbibliothekar H. E. Bindseil für eine Revision der Cansteinschen Bibelausgabe besorgte.

Die Fertigstellung des Werkes erlebte er jedoch selbst nicht mehr. Noch nicht fünfzigjährig starb Niemeyer am 6. Dezember 1851.

Grabstätte: Stadtgottesacker, Bogen 15 (zerstört).
Grabinschrift: nicht mehr erhalten.

*Werke:* De docetis, 1823. – De Isidori Pelusiotae vita, scriptis et doctrina commentatio historico-theologica, 1825. – Collectio confessionum in ecclesiis reformatis publicatarum, 1840. – Hg.: Die Bibelübersetzung D. M. Luthers, 7 Bde., 1845–1855. – *Bibliographie:* Teilüberblick: W. Fries: Die Franckeschen Stiftungen, 132. 159–161.

*Literatur:* W. Fries: Die Franckeschen Stiftungen, 130–163. – J. Günther: Lebensskizzen der Professoren der Universität Jena seit 1558 bis 1858, Jena 1858 = DBA, Fiche 900, 244. – A. Schmidt u. B. Fr. Voigt (Hg.): Neuer Nekrolog der Deutschen XXIX, Ilmenau/Weimar 1851 (1853) = DBA, Fiche 900, 240–243. – W. Schrader: Geschichte II, 62f. – W. Wiefel: Arbeit, 13. – ADB 23 (1886) 682–687 (O. Nasemann). – RE³ 14 (1903) 58f. (E. Hennecke).

# JOHANN AUGUST NÖSSELT (1734–1807)

Als Sohn eines pietistischen Kaufmanns und Pfänners wurde NÖSSELT am 2. Mai 1734 in Halle geboren. Seine Vorbildung erhielt er seit 1744 in der Lateinschule der Franckeschen Stiftungen. Ab 1751 studierte er an der halleschen Universität Philosophie, Philologie und Theologie, wo S. J. BAUMGARTEN, der ihn schon als Primaner in seinen Bann gezogen hatte, großen Einfluß auf ihn gewann und unter dessen Leitung er 1755 promoviert wurde. Um andere bedeutende Universitäten und ihre Gelehrten kennenzulernen, unternahm NÖSSELT im selben Jahr eine ausgedehnte Bildungsreise, die ihn über Altdorf, Tübingen, Straßburg, von dort auch in die Schweiz nach Basel, Bern und Genf und schließlich bis nach Paris führte. Der Ausbruch des siebenjährigen Krieges 1756 nötigte ihn, diese Reise vorzeitig abzubrechen und nach Halle zurückzukehren.

Nach seiner Habilitation über ein patristisches Thema begann NÖSSELT 1757 an der Theologischen Fakultät als Magister Vorlesungen zu halten, zunächst über die römischen Klassiker, später vermehrt über Themen des Neuen Testaments und der Kirchengeschichte. 1760 wurde er zum außerordentlichen, 1764 angesichts eines Rufes nach Göttingen zum ordentlichen Professor ernannt. Seit 1779 leitete er an Stelle des als Direktor amtsenthobenen J. S. SEMLER das Theologische Seminar, jedoch unter der Bedingung, daß das damit verbundene Gehalt dem gemaßregelten Amtsvorgänger erhalten bliebe. NÖSSELT, der seine theologischen Kollegs stets im Ornat zu lesen und mit einem Gebet zu beginnen pflegte, hat spätere

D.IO. AUGUST NOESSELT.
*Theol. in Acad. Halens. Professor. Nat. d. 11 Maii. A. MDCCXXXIV.*

Berufungen nach Gießen, Helmstedt und Göttingen, die in gewisser Regelmäßigkeit an ihn ergingen, stets abgelehnt.

In der Fakultät stand Nösselt, der vor allem auf dem Gebiet des Neuen Testaments und in der Dogmatik ein halbes Jahrhundert zunehmenden Einfluß auf die Ausbildung der preußischen Theologen ausgeübt hat, entschieden an der Seite J. S. Semlers und seines einstigen Schülers A. H. Niemeyer. Mit ihnen wußte er sich theologisch am engsten verbunden. Im Sinne einer maßvollen Neologie hielt Nösselt als einer der Ersten Vorlesungen über Apologetik, die in seiner mehrfach aufgelegten Schrift über die *Verteidigung der Wahrheit und Göttlichkeit der christlichen Religion* zusammengefaßt erschienen. Im Gegensatz zu seinem Fakultätskollegen J. F. Gruner blieb Nösselt darauf bedacht, im Sinne seines Lehrers S. J. Baumgarten und seines Kollegen J. S. Semler die Gefahren der auch von ihm anerkannten Kritik für die Grundlagen des Glaubens abzuwenden und die Offenbarung als vernunftgemäß theologisch zu rechtfertigen. Es gehört zu diesem Bild Nösselts, daß ihn die Angriffe auf das Christentum in den von G. E. Lessing herausgegebenen „Wolfenbüttler Fragmenten" zutiefst geschmerzt haben, zumal er mit ihm persönlich bekannt war und ihn als Literat hoch schätzte. In seiner Dogmatik hält NÖSSELT in den ersten drei Dezennien seines akademischen Amtes unverändert am orthodoxen Lehrbegriff der Kirche fest. Erst in den späteren Jahren dringt er zu entschiedeneren dogmatischen Reduktionen vor, so in der Anthropologie und unter dem Einfluß J. J. SPALDINGS in der Gnaden- und Versöhnungslehre. In seinen Äußerungen zur christlichen Moral blieb NÖSSELT seinem Prinzip eines geläuterten Eudämonismus treu, ungeachtet aller ihn umgebenden Versuche, die neuen Denkansätze I. KANTS in dieser Sache zu rezipieren.

Als Exeget sucht NÖSSELT im Gegensatz zu einer moralischen Schriftauslegung den grammatischen und historischen Sinn der biblischen Überlieferung herauszustellen. In der streng historisch-philologischen Interpretation neutestamentlicher Texte bewegt er sich in den Bahnen von J. A. ERNESTI, der lange Jahre als Rektor der Thomasschule in Leipzig J. S. BACHS Weggefährte war und der als Theologieprofessor der historisch-philologischen Methode in der exegetischen Arbeit zum Durchbruch verholfen hatte. Mit ihm stand NÖSSELT in einem regen Briefverkehr.

In seinem literarischen Werk, das sich neben neutestamentlichen und dogmatischen auch praktisch-theologischen Fragen widmet, nimmt NÖSSELTS Ausgabe von Schriften THEODORETS von Cyrus mit dessen Kommentar der Paulusbriefe eine beachtliche Sonderstellung ein: sie ist bis heute kaum überholt.

Weil NÖSSELT trotz seiner Abneigung dem Rationalismus und theologischen Radikalismus gegenüber, die für jedermann in seiner Polemik gegen den zu gleicher Zeit in Halle lehrenden C. FR. BAHRDT ersichtlich wurde, stets unbeirrt für die Freiheit der Theologischen Fakultäten und das Recht zu freier theologischer Wissenschaft eingetreten ist, waren er und A. H. NIEMEYER vom Wöllnerschen Religionsedikt 1788 in besonderem Maße betroffen. So wird ihnen noch 1794 in einem eigens an sie gerichteten königlichen Reskript mit „unvermeidlicher Cassation" gedroht, falls sie weiterhin „neologische principia" äußern würden. NÖSSELT blieb jedoch unbeugsam und kritisierte mehr als einmal die staatlichen Reglementierungsversuche: 1789 protestierte er als Dekan im Auftrag der Fakultät bzw. des Senats freilich erfolglos gegen die Unterstellung der Universität unter das königliche Oberschulkollegium in Berlin; 1790 befand er in einem eingeforderten Fakultätsgutachten den als verbindlich vorgesehenen Landeskatechismus als ungeeignet und 1794 schließlich wehrte er sich gegen die Übergriffe der im-

mediaten Examinationskommission. Der Regierungsantritt Friedrich Wilhelms III. und die damit verbundene Entlassung J. Chr. Wöllners verbes-
serte zwar augenblicklich die akademischen Möglichkeiten Nösselts. Infolge seines hohen Alters war er jedoch bereits sehr geschwächt, um von ihnen
noch einmal neuen Gebrauch machen zu können. Die Einnahme der Stadt
durch französische Truppen 1806 und die verfügte Aufhebung der Universität sowie die Ausweisung der Studenten blieben zudem nicht ohne weitere resignative Wirkung auf den gealterten Gelehrten.

Die Urteile von Zeitgenossen über Nösselt sind bezeichnend für den
Wandel in der Theologie dieser Jahrzehnte: Hielt G. E. Lessing ihn noch
für ein „reiches Geschenk" und einen „Theologen wie er sein sollte", so galt
Nösselt für Fr. D. E. Schleiermacher bereits als ein Mann ohne jeden
„religiösen Sinn".

Nösselt, dem persönlich späte Ehrungen durch den König zuteil wurden und der noch kurz vor seinem Tod eine Fragment gebliebene Autobiographie begonnen hatte, starb am 11. März 1807.

Grabstätte: Stadtgottesacker, Bogen 26 (zerstört).
Grabinschrift: nicht mehr erhalten.

[Weil es Tag war hat er gewirket, doch
als die Nacht kam
Schied er von uns und wirkt drüben
im Reich des Lichts.

JOHANN AUGUST NÖSSELT
K. Geh. R. Doct. u. Prof. d. Theol.
geb. d. 2. May 1734
entschlafen den 11. März 1807.

Er ist in Ruhe
Wir sind in Thränen,
Wehmuthsthränen um uns
Freudenthränen für Ihn.]

(überliefert bei A. H. Niemeyer: Leben, 71)

*Werke:* Verteidigung der Wahrheit und der Göttlichkeit der christlichen Religion, 1766.
[5]1783. – Über die Erziehung zur Religion, 1775. – Anweisung zur Kenntnis der besten
allgemeinern Bücher in allen Teilen der Theologie, 1779. [4]1799. – Anweisung zur Bil-

dung angehender Theologen, 1785. [3]1818–1819. – Opuscula ad interpretationem Sacrarum Scripturarum, 3 Bde. 1772–1817. – Erklärung der theologischen Fakultät zu Halle über Dr. Bahrdts Appelation an das Publikum, 1785. – Exercitationes ad Sacrarum Scripturarum interpretationem, 1803. – Hg.: Theodoreti opera omnia ex recensione Jac. Sirmondi, tom. III, 1771. – *Bibliographie:* H. Doering: Theologen III, 94–96. – A. H. Niemeyer: Leben, 237–256.

*Literatur:* K. Aner: Theologie, 90–95. – E. Barnikol: Johann August Nösselt 1734–1807. In: 250 Jahre Universität Halle, 77–81. – H. Doering: Theologen III, 82–96. – G. Chr. Hamberger/J. G. Meusel: Das gelehrte Teutschland oder Lexikon der jetzt lebenden teutschen Schriftsteller V, Lemgo 1797, 450–453. – Jöcher/Adelung V, 774–778. – A. H. Niemeyer: Leben, Charakter und Verdienste Johann August Nösselts. Nebst einer Sammlung einiger zum Teil ungedruckten Aufsätze, Briefe und Fragmente, Halle/Berlin 1809. – Rundes Chronik, 509f. – W. Schrader: Geschichte I, 280. 301–303. 481–485. 519–527. II 480 Anlage 27. – ADB 24 (1887) 25–27 (G. Frank). – RE[3] 14 (1903) 149f. (H. Doering).

# EDUARD KARL AUGUST RIEHM (1830–1888)

RIEHM wurde am 20. Dezember 1830 als Sohn eines Pfarrers in Diersburg bei Offenburg im Mittelrheinkreis des Großherzogtums Baden geboren. In Pforzheim, wohin die Familie übergesiedelt war, besuchte er das Pädagogium, seit 1845 den „Salon" in Ludwigsburg und das Lyzeum in Karlsruhe. 1848 beginnt RIEHM an seiner Heimatuniversität Heidelberg Theologie und Philologie zu studieren. An der Theologischen Fakultät ist es zunächst der ehemalige hallesche Professor K. ULLMANN, der eine größere Anziehungskraft auf ihn ausübt. Nachhaltiger hat ihn in der Folgezeit K. B. HUNDESHAGEN beeinflußt, der in Halle selbst ein Schüler K. ULLMANNs geworden und der 1847 aus Bern nach Heidelberg berufen worden war. In ihm findet RIEHM vorgebildet, was zu seinem eigenen Lebensprinzip werden sollte: die Verbindung von wissenschaftlicher Arbeit mit praktischer Lebensbezogenheit. Unter seinem Einfluß scheint RIEHM den Entschluß gefaßt zu haben, Theologie als Haupt- und Berufsstudium zu wählen.

1850 geht RIEHM für vier Semester nach Halle, wo das klassisch-philologische Studium in den Hintergrund tritt. Er hört vor allem bei FR. A. G. THOLUCK, J. MÜLLER und H. E. F. GUERICKE. Besonderen Anschluß aber fand er an W. GESNIUS' Nachfolger, den Alttestamentler

H. Hupfeld, der ihn in jene theologische Disziplin eingeführt hat, die zum Hauptgegenstand seiner weiteren theologischen Arbeit werden sollte. Er regte ihn nicht nur zu eigenen alttestamentlichen Studien an, sondern motivierte ihn auch, sich mit dem Arabischen, Syrischen und der Hieroglyphik zu befassen.

1852 kehrt Riehm nach Heidelberg zurück, um seine Studien abzuschließen und um sich durch den Besuch des Predigerseminars auf die Übernahme eines Pfarramtes vorzubereiten. Das Jahr 1853 ist reich an rasch aufeinanderfolgenden Ereignissen: nach dem Examen erfolgt die Aufnahme unter die Pfarramtskandidaten des Großherzogtums Baden, wenig später die Erstanstellung als Stadtvikar in Durlach. Ende dieses Jahres erwirbt sich Riehm den Licentiatengrad an der Theologischen Fakultät Heidelberg. 1854 übernimmt er die Stelle eines Garnisonspredigers in Mannheim. Nebenbei widmet er sich weiterhin alttestamentlichen Studien, deren Ergebnisse er in zwei Monographien 1854 und 1858/59 der Öffentlichkeit vorstellt. Daraufhin habilitiert er sich 1858 in Heidelberg und beginnt als Privatdozent erste Vorlesungen zu halten.

1861 zum außerordentlichen Professor ernannt, ergeht an Riehm 1862 der Ruf in eine ordentliche Professur nach Greifswald. Als er wenige Tage später durch H. Hupfeld Kenntnis erhält, er sei in Halle für die Stelle eines Extraordinarius vorgesehen, verzichtet Riehm auf das Greifswalder Ordinariat, in das er bereits eingewilligt hatte, und bittet den preußischen Kultusminister H. v. Mühler um Entpflichtung. Noch im selben Jahr zieht er an die Saale. Riehm, der 1866 zusammen mit K. Schlottmann, dem Nachfolger H. Hupfelds, zum ordentlichen Professor ernannt wurde, blieb trotz mehrfacher Aufforderungen zum Wechsel, so 1862 nach Kiel und 1879 nach Tübingen bzw. in die Generalsuperintendentur Westpreußens, bis zu seinem Lebensende mit Halle und seiner Universität verbunden, die er 1881/1882 als Rektor vertrat.

In seiner akademischen Wirksamkeit als Universitätslehrer und Forscher hat sich Riehm ausschließlich auf das Gebiet des Alten Testaments konzentriert, dessen Spezialisierung unter den anderen theologischen Fachgebieten am weitesten vorangeschritten war. Auch in seinem literarischen Werk behandelte Riehm allein Fragen und Probleme der alttestamentlichen Exegese, Einleitungswissenschaft und Theologie. Dabei wendet er dem philologisch-historischen Detail kritische Aufmerksamkeit zu. Trotzdem bleibt es für seine Arbeiten charakteristisch, daß Riehm die religiös-sittlichen Aspekte der alttestamentlichen Literatur, ihrer Lebensformen und Institutionen zu unterstreichen und zu erweisen sucht, wie er die Religion Israels konsequent als göttliche Offenbarungsreligion versteht.

Weil die theologische Wissenschaft ihren Zweck nicht in sich selbst, sondern zum Wachstum der Gemeinde Christi beizutragen habe, muß nach RIEHMS Ansicht auch die alttestamentliche Wissenschaft diesem Ziel dienstbar gemacht werden. Dieser Auffassung entsprechend ist seiner Wirksamkeit ein praktischer Zug eigen: Mit einer Vielzahl an allgemeinverständlichen Vorträgen, Ansprachen und einer Reihe populärer bibelwissenschaftlicher Abhandlungen hat sich RIEHM an seine Zeitgenossen gewandt.

1874 beginnt er die Herausgabe seines umfassendsten Werkes, das ihn zehn Jahre in Anspruch nehmen sollte: das *Handwörterbuch des biblischen Altertums*, ein Kompendium, das für den gebildeten Bibelleser gedacht ist und ihn in die Welt des biblischen Altertums führen will. Gemeinsam mit seinem unmittelbaren Fachkollegen K. SCHLOTTMANN hat RIEHM über zwei Dezennien als Mitglied der Kommission zur Revision der Bibelübersetzung M. LUTHERS sein Fachwissen eingebracht und dafür *Das erste Buch Mosis* beigesteuert.

RIEHM, von dem im Raum der Kirche als Prediger, Synodaler auf Kreis- und Provinzialebene, als Vorstand des Diakonissenhauses und als Förderer der Goßner-Mission sowie der Sonntagsschule eine vielfältige Ausstrahlung

ausging, ist kirchenpolitisch auch mit der Geschichte des „Evangelischen Bundes" verflochten. Gemeinsam mit dem eigentlichen Begründer und Fakultätskollegen W. Beyschlag hatte er zu den grundlegenden Beratungen nach Erfurt eingeladen, dafür die richtungsweisende „Denkschrift" mit verfaßt und an dessen konstituierenden ersten Generalversammlung im August 1887 in Frankfurt am Main teilgenommen. Theologisch und kirchenpolitisch als ein Mann der Mitte, hat Riehm als Persönlichkeit und in seiner gelehrten Arbeit im Spektrum der möglichen Positionen im Sinne der Vermittlungstheologie gewirkt, äußerlich daran erkennbar, daß er seit 1865 neben seinem Lehrer K. B. Hundeshagen zum Mitherausgeber ihres Organs, der „Theologischen Studien und Kritiken", berufen wurde.

Riehm, der langjährige Ephorus des Schlesischen Konviktes, starb nach schwerer Krankheit am 5. April 1888.

Grabstätte: Stadtgottesacker, Feld III, Weg 1, erste Belegungsreihe.
Grabinschrift:

Ich werde bleiben im Hause des Herrn<br>
immerdar.      Ps. 23, 6.<br>
Hier ruhen in Gott:<br>
D. Eduard C. Aug. Riehm,<br>
Professor der Theologie,<br>
geb. d. 20. Dec. 1830, gest. d. 5. April 1888

(und weitere Angehörige)

*Werke:* Die Gesetzgebung Mosis im Lande Moab, 1854. – Der Lehrbegriff des Hebräerbriefes, 2 Bde., 1858–1859. ²1867. – D. Herm. Hupfeld, Lebens- und Charakterbild eines deutschen Professors, 1867. – Neubearbeitung von Hupfelds Psalmenkommentar, 1867–1871. – Die Cherubim in der Stiftshütte und im Tempel, 1871. – Zur Erinnerung an D. Carl Bernhard Hundeshagen, 1874. – Messianische Weissagung, 1875. ²1883. – Der Begriff der Sühne im Alten Testament, 1876. – Zur Revision der Lutherbibel, 1882. – Luther als Bibelübersetzer, 1884. – Handwörterbuch des biblischen Altertums, 1884. – Einleitung in das Alte Testament, 2 Bde., 1889–1890. – Alttestamentliche Theologie, 1889. – *Bibliographie:* Teilüberblick: RE³ 16 (1905) 776–783.

*Literatur:* J. Köstlin: Zum Gedächtnis D. Eduard Riehms. In: ThStKr 61 (1888) 625–642. – Fr. v. Weech: Badische Biographien IV, Heidelberg/Karlsruhe 1891. = DBA, Fiche 1037, 216f. – ADB 30 (1890) 72–74 (E. Kautzsch).- RE³ 16 (1905) 776–783 (K. H. Pahncke). – RGG² 4 (1930) 2032.

# JOHANN LUDWIG SCHULZE (1734–1799)

Am 17. Dezember 1734 als Sohn des Professors der Medizin, Altertumskunde und Beredsamkeit J. H. Schulze in Halle geboren, erhielt Schulze seine Vorbildung an den Lehranstalten der Franckeschen Stiftungen. Während seines Theologiestudiums an der halleschen Universität erwarb er sich vor allem gründliche philologische Kenntnisse, insbesondere der orientalischen Sprachen.

Nachdem er am Ende seiner Studienzeit die philosophische Magisterwürde erlangt hatte, wurde Schulze 1760 zum außerordentlichen, 1765 zum ordentlichen Professor des Griechischen und der orientalischen Sprachen an die Philosophische Fakultät berufen. 1769 verlieh ihm die Theologische Fakultät die Doktorwürde und berief ihn zum ordentlichen Theologieprofessor.

Schulze, der seiner Gewandtheit in den Fakultätsgeschäften wegen sehr geschätzt wurde, scheint als Dozent jedoch nicht über die Anziehungskraft verfügt zu haben wie seine bekannteren Fakultätskollegen J. S. Semler, J. A. Nösselt oder A. H. Niemeyer. Gemeinsam mit G. A. Freylinghausen vertrat Schulze in der Fakultät die Richtung des alten Pietismus. Beide hatten sich zu kollegialer Zusammenarbeit mit den Vertretern der Aufklärungstheologie bereit gefunden. Wie seine Bibliographie verrät, galt sein wissenschaftliches Interesse vornehmlich der patristischen Literatur. Vor allem die von ihm besorgte neue textkritische Ausgabe der Schriften Theodorets von Cyrus, in der er auf der Textgrundlage J. Sirmondis wichtige Textvarianten hinzugefügt hat, galt lange Zeit als Standardwerk. Daß Schulze auch auf dem Gebiet des Alten Testaments wirksam geworden ist, zeigt die *Chaldaicorum Danielis et Esrae capitum interpretatio hebraica*, sein wichtigster Beitrag zur alttestamentlichen Textkritik.

1771 trat Schulze als Kondirektor neben G. A. Freylinghausen in die Leitung der Franckeschen Stiftungen ein. Als dieser 1785 starb, übernahm er nicht nur dessen Direktorenamt, sondern gab fortan auch die *Geschichte der evangelischen Missionsanstalten zur Bekehrung der Heiden in Ostindien* heraus. Zu gleichberechtigten Kondirektoren ernannte er neben G. Chr. Knapp auch A. H. Niemeyer, der ihm vom Minister K. A. v. Zedlitz für dieses Amt nachdrücklich empfohlen war.

Schulze starb am 1. Mai 1799.

Grabstätte: Stadtgottesacker, Bogen 82.
Grabinschrift: nicht mehr erhalten.

*Werke:* Specimen observationum miscellanearum in Suidam, 1762. – Theodoreti Episcopi Cyri Opera omnia, 5 Bde., 1768–1772. – Chaldaicorum Danielis et Esrae capitum interpretatio hebraica, 1782. – Handbuch der symbolischen Theologie, zum academischen Gebrauch, 1790. – Hg.: Geschichte der evangelischen Missionsanstalten zur Bekehrung der Heiden in Ostindien 29–52, 1785–1798. – (zusammen mit A. H. Niemeyer u. G. Chr. Knapp) A. H. Franken's Stiftungen. Eine Zeitschrift zum Besten vaterloser Kinder, 3 Bde., 1792–1796. – *Bibliographie:* Teilüberblick: H. Doering: Theologen IV, 85f.

*Literatur:* S. Baur: Allgemeines historisches Handwörterbuch aller merkwürdiger Personen, die in dem letzten Jahrzehend des 18. Jahrhunderts gestorben sind, 1803 = DBA, Fiche 1152, 309. – H. Doering: Theologen IV, 84–86. – W. Fries: Die Franckeschen Stiftungen 40–50. – G. C. Hamberger/J. G. Meusel: Das gelehrte Teutschland oder Lexikon der jetzt lebenden teutschen Schriftsteller, Lemgo, VII (1798) 379–381. X (1803) 641. – Fr. C. G. Hirsching: Historisch-literarisches Handbuch berühmter und denkwürdiger Personen, welche im 18. Jahrhunderte gestorben sind XI/2, Leipzig 1808 = DBA, Fiche 1152, 310. – J. G. Meusel: Lexikon XII = DBA, Fiche 1152, 314–317. – W. Schrader: Geschichte I, 276. 393f.

## JOHANN SALOMO SEMLER (1725–1791)

SEMLER, der die historische Wende von der alt- zur neuprotestantischen Theologie heraufgeführt hat, darf als einer der bedeutendsten deutschen Theologe des 18. Jahrhunderts gelten. Über sein Leben und Wirken im Spannungsfeld von Pietismus, Aufklärung und preußischer Religionspolitik sind wir dank seiner zweibändigen *Lebensbeschreibung* ausführlich informiert.

SEMLER wurde am 18. Dezember 1725 in Saalfeld als Sohn eines Archidiakonus und späteren Superintendenten geboren. Während seiner Schulzeit vollzog sich in Sachsen-Coburg-Saalfeld der von Herzog ERNST CHRISTIAN begünstigte Übergang von der lutherischen Orthodoxie zum Pietismus. Durch den Vater zur Teilnahme an pietistischen Erbauungsstunden gedrängt, sagte sich SEMLER als Student von dieser Frömmigkeitsrichtung los, weil er sich durch sie in seinen wissenschaftlichen Studien gehemmt und in seiner Frömmigkeit verletzt fühlte.

Schon als Schüler sprachbegabt und an historischen Fragen interessiert, begann SEMLER 1743 in Halle zunächst klassische Sprachen, Geschichte, Lyrik und Mathematik zu studieren. Ein Jahr später wandte er sich der Theologie zu, wo es S. J. BAUMGARTEN verstand, ihn in seinen Bann zu ziehen. Er förderte den Studenten, nahm ihn als Lehrer seiner Kinder in sein Haus auf, ließ ihn die Bibliothek ordnen und benutzen und regte ihn zu eigenen wissenschaftlichen Arbeiten an. Nachdem SEMLER 1750 unter seiner Leitung mit einer gegen den englischen Textkritiker W. WHISTON gerichteten Dissertation sein philologisches Magisterexamen bestanden hatte, verließ er Halle und übernahm die Stelle eines Redakteurs der „Coburger Staats- und Gelehrten-Zeitung". Gleichzeitig unterrichtete er als Lehrer für arabische Sprache am akademischen Gymnasium in Coburg.

Bereits ein Jahr später wird SEMLER zum Professor der Historie und lateinischen Poesie an der Philosophischen Fakultät an der Universität der Reichsstadt Nürnberg in Altdorf ernannt. Aber auch diese Anstellung war nur von kurzer Dauer: Auf Betreiben S. J. BAUMGARTENs erreichte SEMLER 1752 die Berufung zum ordentlichen Professor nach Halle, der er nach anfänglichem Zögern 1753 folgt. Neben G. A. FREYLINGHAUSEN, J. F. GRUNER, J. A. NÖSSELT, den beiden KNAPP und seinem Schüler A. H. NIEMEYER lehrt SEMLER hier in kritischer Distanz zu seinen pietistisch gesonnenen Fakultätskollegen bis zu seinem Lebensende, andere Berufungen immer wieder ausschlagend. Schon kurz nach dem Tod seines Lehrers S. J. BAUMGARTEN (1757), dessen literarischen Nachlaß er später herausgibt, gilt SEMLER aufgrund seiner umfangreichen Forschungen als der bedeutendste Vertreter der Fakultät. Da er mit zahlreichen ausländischen Gelehrten aus fast allen europäischen Ländern in regem Briefwechsel stand, erwarb er sich während seiner 38jährigen Lehrtätigkeit zudem eine beachtliche internationale Reputation.

Eine der herausragendsten wissenschaftlichen Leistungen SEMLERs liegt auf dem Gebiet der Hermeneutik. In Überwindung einer mystischen und erbaulichen, aber auch der dogmatisch gebundenen, sich auf die Verbalinspiration berufenden orthodoxen Schriftauslegung ist er zum Begründer der historisch-kritischen Theologie im Protestantismus geworden. Als Neologe der gemäßigten Richtung vertrat er gegenüber der Übergangstheologie eine „theologia liberalis". Durch seine Unterscheidung von Theologie und Religion, zeitbedingter Formulierung und Glaube, überwand er die altprotestantische Auffassung der Theologie und gab ihr die bis in die Gegenwart gültige Aufgabe einer Fachwissenschaft.

Daß die sachbezogene Arbeit einer historisch-kritischen Theologie und der Vorrang der wissenschaftlichen Ausbildung dem christlichen Glauben und der persönlichen Frömmigkeit in keiner Weise entgegensteht, hat SEMLER, der sich selbst als lutherischer Theologe und seine Arbeit als konsequente Fortführung reformatorischer Schrifttheologie verstanden hat, dadurch zum Ausdruck gebracht, sonntags für seine Studenten zu predigen und selbst auch Erbauungsstunden zu halten.

Während seiner akademischen Wirksamkeit hat sich SEMLER mit fast allen Gebieten der Theologie näher befaßt. Zunächst las er über Hermeneutik und Kirchengeschichte, später über Dogmatik, Moral, Polemik und Reformationsgeschichte. Wie seine umfangreiche Bibliographie zeigt, ist er darüber hinaus auch auf den Gebieten der Archäologie, Numismatik, Textkritik, Exegese und Patristik hervorgetreten. Seinem Interesse und weitreichenden Kontakten verdankt die zeitgenössische Theologie die genaue Kenntnis bedeutender Werke englischer, französischer und holländischer Autoren, die SEMLER übersetzt oder kommentiert herausgegeben hat und durch die die Ergebnisse der kritischen westeuropäischen Bibelwissenschaft Eingang in die deutsche Theologie gefunden haben.

Die besonderen Verdienste, die sich SEMLER als Exeget erworben hat, sind in erster Linie darin zu sehen, daß er neben die grammatisch korrekte eine historische Interpretation stellt, die den biblischen Text aus seiner eigenen Zeit und ihren Umständen zu verstehen sucht. Auch auf dem Gebiet der Dogmengeschichte trat SEMLER bahnbrechend hervor, indem er nicht nur nach der zeitbedingten Entstehung und Entwicklung einzelner Lehrsätze gefragt, sondern sie zugleich traditionskritisch auf ihre Schriftgemäßheit hin geprüft hat.

Mit seiner vierbändigen *Abhandlung von freier Untersuchung des Canon,* die als Markstein zwischen der alt- und neuprotestantischen Bibelwissenschaft zu den wichtigsten Werken der Theologie des 18. Jahrhunderts zählt, hat SEMLER lang anhaltenden Einfluß ausgeübt und dem historischen Denken in der Theologie zum Durchbruch verholfen. In ihr führt er den entscheidenden Nachweis, daß der biblische Kanon eine historisch gewachsene Sammlung unabhängig voneinander entstandener Schriften darstellt und sich somit das formalistische und gesetzliche Kanonverständnis der Orthodoxie als unhaltbar erweist. Damit vollzieht SEMLER den Bruch mit dem altprotestantischen Schriftprinzip und seiner Inspirationslehre; die Gleichsetzung von Bibel und Wort Gottes ist von jetzt an aufgehoben, wobei er die Freigabe der Bibel an die kritische und historische Forschung nicht als Preisgabe der Offenbarung verstanden wissen will. Denn die nach wissenschaftlichen Methoden verfahrende historische Schriftinterpretation schließt nicht aus, daß der im biblischen Text ergehende Anspruch des Wortes Gottes wahrgenommen und gegenwartsbezogen als auch individuell angeeignet wird.

Die Reaktion des orthodoxen Lagers ließ nicht lange auf sich warten: 1775 wurde SEMLER von dem Kasseler Gymnasialprofessor J. R. A. PIDERIT beim Corpus Evangelicorum, der Vertretung der evangelischen Stände beim „immerwährenden Reichstag" in Regensburg, verklagt, mit dem Erfolg, daß sein Name nun in aller Munde war und infolge dessen seine Hörerzahlen sprunghaft anstiegen.

Seine ausgedehnte akademische Tätigkeit hat SEMLER jedoch nicht daran gehindert, engagiert in die religionspolitischen und theologischen Kontroversen seiner Zeit einzugreifen. Als G. E. LESSING die von H. S. REIMARUS stammenden *Fragmente eines Ungenannten* (1774–1778) herausgegeben hatte, in deren siebter die Entstehung des Christentums auf einen Betrug der Jünger Jesu zurückgeführt wird, hat SEMLER mit einer Gegenschrift unter dem Titel *Beantwortung der Fragmente eines Ungenannten, insbesondere vom Zweck Jesu und seiner Jünger* reagiert und die historische Zuverlässigkeit der neutestamentlichen Berichte über Tod und Auferstehung Jesu Christi verteidigt. Diese Schrift fand weite Beachtung und hat wesentlich dazu beigetragen, daß die historisch-kritische Aufklärungstheologie nicht in das Fahrwasser des extremen Rationalismus abglitt. Daß SEMLER in einem ironischen Anhang zu dieser Erwiderung mittels einer fingierten Rede den Herausgeber der „Wolfenbütteler Fragmente" als einen Geisteskranken bezeichnet, der eigentlich ins Tollhaus gehöre, hat ihm die Feindschaft G. E. LESSINGS eingebracht, mit dem ihn zuvor das gemeinsame Vorgehen gegen die Orthodoxie verbunden hatte.

Wenig später sehen wir SEMLER in der Auseinandersetzung mit dem zeitgenössischen Deismus und Naturalismus, wie er vor allem von C. FR. BAHRDT und dessen Freund J. B. BASEDOW vertreten wurde. SEMLER veröffentlichte mehrere Streitschriften, in denen er sich zur geschichtlichen Offenbarung Gottes in Jesus Christus bekannte und an der durch ihn bewirkten Versöhnung zwischen Gott und Mensch festhielt. Auch auf diese Weise hat er seine eigene historisch-kritische Theologie vor Mißverständnissen zu bewahren und von radikaleren theologischen Bemühungen abzugrenzen versucht, die die neutestamentliche Heilsbotschaft zugunsten eines ausschließlichen Vernunftglaubens weitgehend preisgegeben und die Bedeutung Jesu Christi auf die eines Morallehrers reduziert hatten.

Nachdem sich SEMLER gemeinsam mit seinen Fakultätskollegen der beabsichtigten Ernennung C. FR. BAHRDTs zum Theologieprofessor in Halle erfolgreich widersetzt hatte, entzog ihm 1779 der Kultusminister K. A. v. ZEDLITZ, selbst ein Förderer der Aufklärung, die Direktion des Theologischen Seminars, das er mehr als zwanzig Jahre geleitet hatte. Schweigend ertrug SEMLER diese offizielle Maßregelung.

Als J. CHR. WÖLLNER, Nachfolger K. A. v. ZEDLITZ' im Ministeramt, 1788 sein umstrittenes Religionsedikt in Kraft setzte, war es SEMLER, der sich veranlaßt sah, dieses Religionsgesetz in der Überzeugung zu verteidigen, daß die kirchliche Verkündigung mit den geltenden Bekenntnissen in Übereinstimmung stehen müsse. Diese unerwartete Haltung entsprang seiner aus der Unterscheidung zwischen „öffentlicher" und „privater" Religion gewonnenen theologischen und politischen Überzeugung, das staatliche Edikt garantiere auf seine Weise die „öffentliche Religion" und damit den Fortbestand der drei Hauptkonfessionen sowie ihr friedliches Zusammenleben innerhalb des preußischen Staatsverbandes. Die „private Religion" des persönlichen Glaubens, die allein das Gewissen bindet, sah SEMLER davon nicht betroffen.

Die einsame Position, die SEMLER in diesem Konflikt einnahm und für die möglicherweise auch die persönliche Bekanntschaft mit seinem einstigen halleschen Kommilitonen J. CHR. WÖLLNER von Bedeutung gewesen sein mag, hat ihm nicht nur die Kritik seiner Fakultätskollegen eingetragen. Auch in weiteren Kreisen bis hin zu den liberal gesonnenen Oberkonsistorialräten J. J. SPALDING, W. A. TELLER oder FR. S. SACK, die in dieser Gesetzgebung eine inakzeptable staatliche Einschränkung der religiösen Gewissenfreiheit sahen, hat sich SEMLER dadurch isoliert und um zahlreiche Sympathien gebracht.

Im letzten Lebensjahrzehnt hat sich SEMLER neben seinen theologischen Studien auch mit naturwissenschaftlichen Experimenten beschäftigt und eigene Beobachtungen publiziert. In Anerkennung dieser Tätigkeit wurde er zum Ehrenmitglied der „Hallischen Gesellschaft der Naturforscher" ernannt.

SEMLER, der noch ein Jahr vor seinem Tod zum dritten Mal zum Rektor der Universität gewählt worden war, starb am 14. März 1791.

Grabstätte: Stadtgottesacker, Bogen 53.
Grabinschrift:

> Joh. Sal. Semler'n
>
> dem Allbeweinten Edeln
> dem Besten Gatten u. Vater,
> ein Denkmal Ihrer Thränen
> von seiner Gattinn
> [und seinen] Kinder[n]
> Er starb d. [14. März 1791]

(Sockel stark verwittert; ergänzt nach C. G. Dähne: Neue Beschreibung, 101)

*Werke:* Abhandlung von freier Untersuchung des Canon, 4 Bde., 1771–1775. – Versuch eines fruchtbaren Auszugs der Kirchengeschichte, 3 Bde., 1773–1778. – Versuch einer freiern theologischen Lehrart, 1777. – Beantwortung der Fragmente eines Ungenannten insbesondere von Zweck Jesu und seiner Jünger, 1779. – Antwort auf das Bahrdtische Glaubensbekenntnis, 1779. – Lebensbeschreibung von ihm selbst abgefaßt, 2 Teile, 1781–1782. – Versuch die gemeinnüzige Auslegung und Anwendung des neuen Testaments zu befördern, 1786. – Vorbereitung auf die Königlich Großbritannische

Aufgabe von der Gottheit Christi, 1787. – Zur Revision der kirchlichen Hermeneutik und Dogmatik, 1788. – Neue Versuche die Kirchenhistorie der ersten Jahrhunderte mehr aufzuklären, 1788. – Johann Salomo Semlers letztes Glaubensbekenntnis über natürliche und christliche Religion, hg. v. Ch. G. Schütz, 1792. – Hg.: S. J. Baumgartens Evangelische Glaubenslehre, 3 Bde., 1759–1760. – *Bibliographie:* G. Hornig: Anfänge, 251–283. – Ders.: Johann Salomo Semler, 313–338.

*Literatur:* K. Aner: Theologie, 98–111 u. ö. – E. Barnikol: Johann Salomo Semler 1725–1791. In: 250 Jahre Universität Halle, 70–76. – K. Barth: Theologie, 148–150. – W. Gaß: Geschichte IV, 26–67. – W. Gericke: Theologie, 115–120. – E. Hirsch: Geschichte IV, 48–89. – H. Hoffmann: Die Theologie Semlers, Leipzig 1905. – G. Hornig: Die Anfänge der historisch-kritischen Theologie, Göttingen 1961. – Ders.: Johann Salomo Semler. Studien zu Leben und Werk des Hallenser Aufklärungstheologen. Tübingen 1996 (Hallesche Beiträge zur europäischen Aufklärung, 2). – Ders.: Johann Salomo Semler. Eine biographische Skizze. In: Ders.: Johann Salomo Semler, 1–85. – Ders.: Johann Salomo Semler: Gestalten der Kirchengeschichte. VIII. Aufklärung, hg. v. M. Greschat, Stuttgart 1983, 267–279. – Ders.: Hermeneutik und Bibelkritik bei J. S. Semler: Historische Kritik und biblischer Kanon in der deutschen Aufklärung, hg. v. H. Graf Reventlow, Wolfenbüttel 1988, 219–236 (Wolfenbütteler Forschungen, 41). – Ders.: Wahrheit und Historisierung in Semlers kritischer Theologie. In: ThLZ 116 (1991) 721–730. – H.-J. Kraus: Biblische Theologie 196–198. – Ders.: Geschichte (§30) 103–113. – P. Meinhold: Geschichte der kirchlichen Historiographie II, Freiburg/München 1967, 39–65 (OA III/5). – Ph. Schäfer: Johann Salomo Semler (1725–1791): Klassiker der Theologie II, hg. v. H. Fries u. G. Kretschmar, München 1983, 39–52. – W. Schmittner: Kritik und Apologetik in der Theologie J. S. Semlers, München 1963. – W. Schrader: Geschichte I, 278–280. 294–301. 473–481. – H. H. R. Schulz: J. S. Semlers Wesensbestimmung des Christentums, Würzburg 1988. – Rundes Chronik, 519f. – J. Wallmann: J. S. Semler und der Humanismus: Aufklärung und Humanismus, hg. v. R. Toellner, Heidelberg 1980, 201–217. – RE³ 18 (1906) 203–209 (C. Mirbt). – RGG³ 5 (1961) 1696f.

# FRIEDRICH AUGUST GOTTREU THOLUCK (1799–1877)

Nach einer biographischen Skizze seines bedeutendsten Schülers, M. KÄHLER, wurde der Erweckungstheologe THOLUCK ein „Kirchenvater des 19. Jahrhunderts" genannt. Dank seiner Persönlichkeit und Anziehungskraft, mit der er über ein halbes Jahrhundert als akademischer Lehrer, Universitätsprediger und Seelsorger in Erscheinung getreten ist, hat die Theologische Fakultät ihre unverwechselbare Prägung erhalten und ihren Ruf als eine der ersten unter den Fakultäten Deutschlands neu begründet.

THOLUCK wurde am 30. März 1799 als neuntes von siebzehn Kindern in einer Handwerkerfamilie in Breslau geboren. Schon in seiner Jugend zeichnete er sich durch eine ungewöhnliche Sensibilität für geistige und religiöse Phänomene aus. Durch seine außerordentliche Sprachbegabung – mit siebzehn Jahren soll er neunzehn Sprachen mehr oder weniger gut beherrscht haben – erschließt sich ihm zeitig die gesamte fremdsprachige Literatur, wobei ihn besonders religiös-mystische Schriften aus allen Kulturkreisen fesselten. Nach dem Besuch des Magdalenengymnasiums beginnt THOLUCK, noch nicht achtzehnjährig, in Breslau ein Philologiestudium und wendit sich zunächst ganz den orientalischen Sprachen zu. 1817 wechselt er nach Berlin, wo er Hausgenosse und Mitarbeiter des Orientalisten H. F. v. DIETZ wird. Die Begegnung mit dessen biblischem Christentum hat vermutlich dazu geführt, daß THOLUCK sich in der Theologischen Fakultät immatrikulierte, wo er FR. D. E. SCHLEIERMACHER, W. M. L. DE WETTE und J. A. W. NEANDER hört.

Neben dem Kirchenhistoriker NEANDER, der ihm als Student ein väterlicher Freund und Förderer wurde und mit dem er lebenslang eng verbunden blieb, ist es vor allem der Kontakt zum Kreis der Berliner Erweckungsbewegung, der sich um den politisch konservativen und einflußreichen Baron H. E. v. KOTTWITZ gesammelt hatte und dem er prägenden Einfluß verdankt. In diesem geistigen und geistlichen Milieu beginnt THOLUCKs Bekehrung, die er als Entwicklungsprozeß hin zu einem reifen Christenleben versteht.

Bereits als Student im fünften Semester erhielt THOLUCK durch die Vermittlung des Breslauer Alttestamentlers J. G. SCHEIBEL einen Ruf als Extraordinarius für orientalische Sprachen und alttestamentliche Exegese an die Universität Dorpat. Allein Krankheitsgründe haben diese Pläne zunichte gemacht. 1820 promovierte THOLUCK in Berlin zum Licentiaten. Kurz darauf habilitierte er sich mit einer Arbeit über den persischen Sufismus für Altes Testament, offensichtlich gegen die Bedenken des Dekans der Fakultät, FR. D. E. SCHLEIERMACHER, aber protegiert von dem Erweckungstheologen J. A. W. NEANDER und vor allem durch den Kultusminister K. v. ALTENSTEIN. Dieser hatte THOLUCK die Professur von W. M. L. DE WETTE zugedacht, der seinen Lehrstuhl verloren hatte, nachdem er einen Trostbrief an die Mutter des Theologiestudenten K. L. SAND geschrieben hatte, der wegen des Attentats auf den Schriftsteller A. v. KOTZEBUE hingerichtet worden war.

1820 beginnt THOLUCK kaum besuchte Nebenvorlesungen zu halten, die zunächst noch alle Gebiete der Theologie umfassen und in denen er sich erst später bevorzugt dem Alten Testament und orientalistischen Themen zuwendet. Größere Resonanz fanden degegen seine Collegia pietatis, die er mit den Studierenden hielt. Wie die meisten Vertreter der Erweckungsbewegung engagierte sich THOLUCK, der 1823 zum Extraordinarius ernannt worden war, neben seiner akademischen Tätigkeit im christlichen Vereinsleben, so in der damals schon nicht unumstrittenen „Berliner Gesellschaft zur Beförderung des Christentums unter den Juden". Mit J. A. W. NEANDER gehörte THOLUCK zudem zu den Begründern der „Berliner Gesellschaft zur evangelischen Mission unter den Heiden". 1821 bis 1825 stand er als Direktor der 1814 gegründeten preußischen Hauptbibelgesellschaft vor.

Von seinem Gönner, dem preußischen Minister K. v. ALTENSTEIN, war THOLUCK unterdessen als ordentlicher Professor für Halle vorgesehen worden, um „die Vorherrschaft des dortigen Rationalismus zu brechen". Die

Theologische Fakultät hat gegen seine Berufung geschlossen Einspruch erhoben. Anlaß dafür waren Äußerungen Tholucks während eines Aufenthaltes in London, in der er den theologischen Geist der halleschen Fakultät scharf kritisiert hatte. Erst nachdem sich Tholuck in einer öffentlichen Erklärung gegen Mystizismus, Pietismus und Separatismus ausgesprochen hatte, erhielt er 1825 den in Aussicht gestellten Ruf nach Halle. 1826 begann Tholuck hier als Nachfolger G. Chr. Knapps seine akademische Wirksamkeit, die er nur einmal unterbrach, um 1828 für ein Jahr in Nachfolge R. Rothes als Gesandtschaftsprediger an der Seite des preußischen Diplomaten Chr. K. J. Freiherr v. Bunsen nach Rom zu gehen.

In den ersten halleschen Jahren hat es an Konflikten zwischen den letzten Vertretern des Rationalismus und Tholuck nicht gefehlt. In diesen Auseinandersetzungen hat Tholuck auf der Grundlage seiner biblisch-positiven Überzeugungen deutlich Position bezogen und die nicht zuletzt von G. W. Fr. Hegel während eines Abschiedsmahles in ihn gesetzten Erwartungen zu erfüllen gesucht, „ein Pereat dem alten hallischen Rationalismus" zu bringen, damit wie in Berlin, so auch in Halle das 18. Jahrhundert abzulösen und einer dem deutschen Bürgertum konforme, von Romantik, Idealismus und betont protestantischer Ausrichtung bestimmten Geisteshaltung Platz zu schaffen. Indem er sich bei anstehenden Berufungen personalpolitisch durchzusetzen vermochte und dem Rationalismus mit dem von ihm 1830 begründeten „Litterarischen Anzeiger für christliche Theologie und Wissenschaft überhaupt" die bisher unbestrittene Vorherrschaft auf dem Gebiet der Buchbesprechung entriß, standen die folgenden Dezennien der Fakultätsgeschichte nun ganz im Zeichen seiner, die Studenten von überallher anziehenden Persönlichkeit.

Vor allem als Universitätsprediger auf der Kanzel des Doms hat Tholuck seit 1839 die akademische Öffentlichkeit und darüber hinaus die Bevölkerung der Stadt bis in Handwerkerkreise hinein erreicht. Er, der selbst niemals Homiletik gelesen oder eine Predigtlehre veröffentlicht hat, kann als einer der wirkungsmächtigsten Prediger seiner Zeit gelten. Gedruckt gingen seine Predigten an eine weite Lesergemeinde weit über Deutschland hinaus bis in die Vereinigten Staaten. Zumeist als Themapredigten angelegt, wollten sie der katechetischen Unterweisung der Gemeinde in den Hauptstücken des christlichen Glaubens dienen. Mit Bibelstunden, Frauenkreisen und Collegia pietatis mit den Studenten hat Tholuck diesen Einfluß zu verstärken gewußt.

Tholuck, dem das erbauliche und seelsorgerliche Moment in der Theologie mehr galt als das wissenschaftlich-methodische und der es deshalb als seine Hauptaufgabe angesehen hatte, die Theologiestudenten zu einem bewußt erlebten und in Entschiedenheit gelebten christlichen Glauben zu führen, hat neben der Predigt besonders als Studentenseelsorger und geistlicher Erzieher eine bis dahin unvergleichliche Anziehungskraft und nachhaltige Wirkung auf mehrere Theologengenerationen ausgeübt. Der intensiven seelsorgerlichen Begleitung, die in der Geschichte der deutschen theologischen Fakultäten ohne Beispiel ist, hat Tholuck seine gesamte Freizeit gewidmet. Sie blieb dem Gespräch und dem gemeinsamen Gebet bis hin zu erbetenen und zuweilen nicht erbetenen Besuchen bei ratbedürftigen Studenten vorbehalten. Die auf Wanderungen, Spaziergängen und Reisen geknüpften Beziehungen wurden durch einen immensen Briefwechsel lebendig erhalten und haben oft bis in sein hohes Alter angedauert.

Noch kurz vor seinem Tod gelingt es ihm, von seiner zweiten Frau tatkräftig unterstützt, ein geeignetes Grundstück zu erwerben und ein Studenten-Konvikt einzurichten, dem er testamentarisch seine bedeutende Bibliothek vermacht hat. 1871 ziehen die ersten acht Studenten gegen ein bescheidenes Entgelt ein, zusammen mit einem Inspektor, der die tägliche Morgenandacht und wöchentlich eine wissenschaftliche Übung hält. In diesem praktischen Engagement zeigt sich eine Grundüberzeugung Tholucks, nach der sich lebendiges Christentum in der Praxis zu erweisen habe. Schon 1857 hatte er mit der Gründung einer Diakonissen-Krankenstation auf dem Weidenplan für die von häufigen Choleraepedemien heimgesuchte Stadt ein lebensnotwendiges Zeichen gesetzt.

Tholuck ist in seiner über fünf Dezennien dauernden akademischen Wirksamkeit auf verschiedenen theologischen Gebieten in Erscheinung getreten: Alttestamentliche, kirchen- und theologiegeschichtliche, systematische, ethische und praktische Themen waren Gegenstand seines wissenschaftlichen Interesses. In den über 90 halleschen Semestern behandelte er mit Ausnahme der Apokalypse sämtliche neutestamentliche Schriften, wobei er zunächst an der stofflich extensiven Darbietung nach Art des alten Collegium biblicum festhielt und erst später ausschließlich einem Gegenstand gewidmete Vorlesungen hielt. Wirkliche Bedeutung erlangte Tholuck für die neutestamentliche Exegese, in der er an altkirchliche (Chrysostomos und Augustin) und reformatorische Theologen anknüpft und eigene, einer „biblisch-rechtgläubigen" Auslegung verpflichtete Kommentarwerke verfasst, die sich auf der Grenze zwischen wissenschaftlicher und erbaulicher Auslegung bewegen und über Generationen den Geistlichen im Amt jeden Geschmack an rationalistischer Bibelauslegung verdorben haben. Seine eigenen Auffassungen fand er zur Verwunderung mancher Zeitgenossen in J. CALVINs „historisch-biblischer Exegese" bestätigt, dessen Kommentare zu den biblischen Büchern er siebenbändig herausgab, wie er auch eine Neuauflage des dogmatischen Hauptwerks des Genfer Reformators, der *Institutio christianae religionis*, besorgte. In seiner exegetischen Arbeit hat THOLUCK eine wissenschaftlich nun nicht mehr haltbare Verbalinspirationslehre stets abgelehnt und der historisch-kritischen Interpretation zugestimmt, die ihm zur Bestätigung der biblischen Fundamentalwahrheiten und der Zuverlässigkeit ihrer Überlieferung dient.

Seine Frömmigkeit war im Gegensatz zu manchen Vertretern der Erweckungsbewegung kaum subjektivistisch und blieb daher auf Kirche und Bekenntnis bezogen. Wo die Tradition zur Behauptung der evangelischen Kirche dienen konnte, hat sich THOLUCK auf sie berufen, so in seiner Wertschätzung der Confessio Augustana bei der Abwehr freireligiöser Bestrebungen und Initiativen in den späteren Jahren.

Als THOLUCK am 10. Juni 1877 starb, verlor die Fakultät einen akademischen Lehrer, der wie kein anderer evangelischer Theologe auf einem deutschen Universitätskatheder die Forderungen PH. J. SPENERs zu erfüllen gesucht hat, als Professor Seelsorger der Studierenden zu sein, in der Theologie zu apostolischer Schlichtheit zurückzukehren, Collegia pietatis einzurichten und im akademischen Unterricht bloße Gelehrsamkeit zugunsten der Behandlung von Glaubens- und Lebensfragen zurückzustellen.

Grabstätte: Stadtgottesacker, Feld II, Weg 2 (Mitte).
Grabinschrift:

Die Liebe
höret nimmer auf!
1. Cor. 13, 8.

Die Lehrer werden leuchten
wie des Himmels Glanz, und
die, so viele zur Gerechtigkeit
weisen, wie die Sterne immer
und ewiglich.
Daniel 12, v. 3.

Hier ruht in Gott
DD. Friedr. August
Tholuck
geb. 30. März 1799,
gest. 10. Iuni 1877.

Ich bin die Auferstehung
und das Leben. Wer an mich
glaubt, der wird leben, ob er
gleich stürbe.
Ioh. 11, v. 25.

*Werke:* Dr. August Tholuck's Werke, 11 Bde, 1862–1873. – Die Lehre von der Sünde und vom Versöhner oder die wahre Weihe des Zweiflers, 1823. [9]1871 (Nachdr. 1977). – Blütensammlung aus der morgenländischen Mystik, 1825. – Das Alte Testament im Neuen Testament, 1836. [7]1877. – Stunden christlicher Andacht, 1839–1840. [8]1870. – Das akademische Leben im 17. Jh., 2 Bde., 1853–1854. – Vorgeschichte des Rationalismus, 4 Bde., 1853–1862. – Geschichte des Rationalismus, 1865. – Lebenszeugen der lutherischen Kirche, 1861. – Kommentare: Römerbrief, 1824. – Johannesevangelium, 1827. – Bergpredigt, 1833. – Hebräerbrief, 1836. – Psalmen, 1843. [2]1873. – *Bibliographie:* L. Witte: Leben I, 473f. II, 534–543.

*Literatur:* K. Barth: Theologie (§16) 459–468. – E. Hirsch: Geschichte V, 103–115. – M. Kähler: August Tholuck. Ein Lebensabriß, Halle 1877. – P. Keyser: Friedrich August Gottreu Tholuck 1799–1877: 250 Jahre Universität Halle, 91–93. – Sung-Bong Kim: „Die Lehre von der Sünde und vom Versöhner" – Tholucks theologische Entwicklung in seiner Berliner Zeit, Frankfurt am Main (u. a.) 1992 (EHS.T 440). – H.-W. Krumwiede: August G. Tholuck: Gestalten der Kirchengeschichte. IX/I. Die neueste Zeit I, hg. v. M. Greschat, Stuttgart 1985, 281–292. – M. Lehmann (Hg.): Tholuck der lebendige und fromme Christ. Ausstellungskatalog zum 200. Geburtstag Friedrich August Gottreu Tholucks, Halle 1999. – M. Schellbach: Tholucks Predigt. Ihre Grundlage und ihre Bedeutung für die heutige Praxis, Berlin 1956. – W. Schrader: Geschichte II, 144–165. – Studien- und Lebensgemeinschaft unter dem Evangelium. Beiträge zur Geschichte und zu den Perspektiven des Evangelischen Konvikts in den Franckeschen Stiftungen zu Halle, hg. v. Fr. de Boor und M. Lehmann, Halle 1999. – W. Wiefel: Arbeit, 7–16. – L. Witte: Das Leben D. Friedrich August Gottreu Tholuck's, 2 Bde., Bielefeld/Leipzig 1884–1886. – W. Zilz: August Tholucks Leben und Selbstzeugnisse, Gießen/Basel [2]1962.- RE[3] 19 (1907) 695–702 (M. Kähler). – RGG [1] 5 (1913) 1221f. – RGG[2] 5 (1931) 1149f. – RGG[3] 5(1961), 854f.

# JOHANN LIBORIUS ZIMMERMANN (1702–1734)

In jeder der wenigen biographischen Skizzen über ZIMMERMANN, der 1731 anstelle des nach Gießen berufenen J. J. RAMBACH als Theologieprofessor nach Halle kam, wird der studentische Scherz kolportiert: „Der Zimmermann mache zwar gute Arbeit, aber der Tischler habe sie feiner verfertigt". J. J. RAMBACH, der Nachfolger A. H. FRANCKEs in der Fakultät, war nicht nur Sohn eines Tischlers, er hatte dieses Handwerk auch selbst gelernt. Offenbar hat ZIMMERMANN, auch angesichts seines unerwartet frühen Todes, die Lücke nicht auszufüllen vermocht, die durch den Weggang seines ungleich profilierteren Vorgängers entstanden war.

Am 14. November 1702 als Sohn eines Bäckers in Wernigerode geboren, besuchte ZIMMERMANN zunächst die Schule seiner Geburtsstadt, später die Domschule in Halberstadt. Ab 1721 studierte er in Jena Philologie, Philosophie und Theologie, wo J. G. WALCH und J. FR. BUDDEUS seine Lehrer wurden. Letzterer riet ihm auch zur akademischen Laufbahn, die ZIMMERMANN mit dem Erwerb der Magisterwürde 1725 betrat. Seitdem las er in Jena über Weltweisheit und verschiedene theologische Themen – „mit Beifall", wie seine Biographen vermerken. Auch seine literarische Hinterlassenschaft beginnt mit Publikationen, die von diesem Jahr an entstanden.

1728 beruft ihn Graf CHRISTIAN ERNST ZU STOLBERG-WERNIGERODE zum Hofprediger und Konsistorialrat zurück in die Vaterstadt Wernigerode. Drei Jahre später folgt er unter Beibehaltung der Verpflichtungen im heimatlichen Konsistorium dem Ruf der Theologischen Fakultät in Halle, wo ihm freilich nur noch eine kurze Wirksamkeit an der Seite von G. A. FRANCKE, J. LANGE und den beiden MICHAELIS beschieden war. ZIMMERMANN gehört somit zur zweiten Generation der pietistischen Universitätstheologen, die zwar die alten Traditionen fortzusetzen gedachten, es aber nicht vermochten, den im Niedergang begriffenen Pietismus so zu beleben, daß er für S. J. BAUMGARTEN und der mit ihm einsetzenden Aufklärungstheologie noch eine ernsthafte Konkurrenz dargestellt hätte.

ZIMMERMANN starb 31jährig am 2. April 1734.

Grabstätte: Stadtgottesacker, Bogen 16 (zerstört).
Grabinschrift: nicht mehr erhalten.

*Werke:* De imperfectione mundi existentis, 1725. – Natürliche Erkenntniss Gottes, der Welt und des Menschen, oder Metaphysik, 1728. – Das evangelische Predigtamt. Eine

Antrittspredigt, 1728. – Die Seligkeit der Kinder Gottes in ihren Leiden und Trübsalen, 1729. – Kurzer Abriss einer vollständigen Vernunftlehre in Tabellen nebst einem Anhange von eigenem Nachsinnen, 1730. – Die überschwengliche Erkenntniss Jesu Christi, 1732. – *Bibliographie:* Teilüberblick: J. G. W. Dunkel: Historisch-kritische Nachrichten = DBA, Fiche 1414, 103.

*Literatur:* S. J. Baumgarten: Programma funebre in obitum J. L. Zimmermann, Halle 1734. – J. G. W. Dunkel: Historisch-kritische Nachrichten von verstorbenen Gelehrten und deren Schriften III, T. 3, 1759, Nr. 2748 = DBA, Fiche 1414, 102f. – Hamburger Berichte 1734, Nr. 46, 388f. – Chr. Fr. Kesselin: Nachrichten von Schriftstellern und Künstlern der Grafschaft Wernigerode vom Jahre 1074 bis 1855, Wernigerode 1856 = DBA, Fiche 1414, 105. – Rundes Chronik, 551. – W. Schrader: Geschichte I, 275.

# Laurentiusfriedhof

## ERNST BARNIKOL (1892–1968)

In Wuppertal-Barmen am 21. März 1892 als Sohn eines Fabrikanten geboren, wuchs BARNIKOL im Geist des reformierten Pietismus seiner rheinländischen Heimat auf. Im Anschluß an den Besuch des Gymnasiums in Barmen studierte er seit 1910 in Tübingen, Marburg und Berlin Philologie und Theologie. Nach Abschluß seiner Studien verbrachte er zwei Jahre als Studienstipendiat in Utrecht. In Marburg, wo K. BUDDE, H. HERMELINK und M. RADE lehrten, wurde BARNIKOL nachhaltig durch den

Neutestamentler W. HEITMÜLLER geprägt. H. BOEHMER führte ihn in die reformationsgeschichtliche Arbeit ein. W. HERRMANN bezeichnete BARNIKOL später ausdrücklich als seinen Lehrer. In Marburg promovierte er 1915 zum Dr. phil. und legte 1920 seine theologische Licentiatendissertation vor, die während seines Pfarramtes entstanden war, das er von 1917 bis 1924 in der von ihm begründeten Gemeinde in Wesseling bei Bonn versah.

Nach seiner Habilitation 1921 begann BARNIKOL neben seinen Verpflichtungen im Pfarramt an der Theologischen Fakultät in Bonn als Privatdozent zunächst für Neues Testament, seit 1922 auch für Kirchengeschichte Vorlesungen und Seminare anzukündigen. Im selben Jahr, in dem ihm durch die Bonner Theologische Fakultät die Ehrendoktorwürde verliehen wurde, folgte BARNIKOL 1928 einem Ruf als ordentlicher Professor für Kirchengeschichte und Geschichte des Urchristentums an die Theologische Fakultät der Universität Kiel.

Ein Jahr darauf verließ BARNIKOL Kiel bereits wieder, um zum Wintersemester 1929/1930 in Halle die respektable Nachfolge des Kirchen- und Dogmenhistorikers FR. LOOFS anzutreten. Die vorangegangenen Berufungen von E. SEEBERG und H. DÖRRIES hatten sich als nur einjährige Zwischenspiele erwiesen. Für BARNIKOL bedeutete dieser Ruf zweifellos den Höhepunkt seiner akademischen Laufbahn. Wie schon in Kiel, hatte er sich auch in Halle neben dem von ihm zu vertretenden Hauptfach Kirchengeschichte ausdrücklich auch die Lehrverpflichtung für Religionsgeschichte des Urchristentums gesichert, ein Forschungsgebiet, das ihm seit seiner Marburger Studienzeit und den dort lebendigen Traditionen der religionsgeschichtlichen Schule besonders am Herzen lag.

Um die Öffentlichkeit mit den Ergebnissen seiner vielfältigen Forschungen auf dem Gebiet der apostolischen Frühzeit bekannt zu machen, begann BARNIKOL 1929 eine eigene Publikationsreihe, die „Forschungen zur Entstehung des Urchristentums, des Neuen Testaments und der Kirche" herauszugeben, wie er überhaupt in den folgenden Jahren als Herausgeber mehrerer wissenschaftlicher Reihen in Erscheinung trat. Wie man seiner umfangreichen Bibliographie entnehmen kann, bildet die gelehrte Arbeit zur Geschichte des Urchristentums jedoch nur einen kleinen Ausschnitt im Repertoire der Themen, denen er seine Aufmerksamkeit geschenkt hat. Sein auf die sozialen Wirkungen des Evangeliums gerichtetes Interesse hat sich in zahlreichen Studien zur Kirchen- und Geistesgeschichte des 19. Jahrhunderts niedergeschlagen. Sie und die Arbeiten zu Person und Werk

M. Luthers als auch zur Geschichte der spiritualistisch-oppositionellen Bewegungen in der Vorreformationszeit, vor allem zu der der Brüder vom gemeinsamen Leben, haben Barnikol weit über Halle hinaus bekannt gemacht und ihm einen festen Platz in der Geschichte der Kirchengeschichtsschreibung gesichert.

Obwohl er sich selbst nicht zur Bewegung der religiösen Sozialisten zählte, trat Barnikol für eine praktische Synthese zwischen dem sozialen Gehalt sozialistischer Ideen, in denen er urchristliche Absichten und Zustände zu erkennen meinte, und einem kulturprägenden Christentum ein. Den atheistischen Marxismus und die mit ihm verbundenen politischen Kräfte konsequent ablehnend, sah er in den Gestalten des religiösen und atheistischen Frühsozialismus sein Ideal von Christentum und Frömmigkeit am ehesten verwirklicht, das sich durch Welt- und Kulturoffenheit auszeichnet, an soziale Aufträge gebunden ist und eine einfache, echte Volksfrömmigkeit fördert.

Im Zentrum seines theologischen Denkens steht der Begriff der Heilsgeschichte, die Barnikol als ein zeitlich fest umgrenztes Geschehen versteht. Von den Propheten vorbereitet, ist es die Geschichte Jesu Christi als die Offenbarungsgeschichte Gottes, die durch die Erneuerung der Offenbarung in der Reformation M. Luthers neu entdeckt ist. Sie hat das von Gott bewirkte menschliche Heil zum Ziel und vollzieht sich zunächst im Individuellen und Verborgenen. Da sie kein rational erfahrbares Geschehen darstellt, tritt sie darin der Profangeschichte gegenüber. Sie ist schlicht und allgemein verständlich, undogmatisch und überkonfessionell. Sie wendet sich an das Herz des Menschen, nicht an seinen Verstand. Erst im nachhinein wird sie geschichtlich faßbar und damit in gewissen Grenzen erforschbar. In seinem letzten großen Werk *Das Leben Jesu der Heilsgeschichte* hat Barnikol diese Konzeption seiner positiv begründeten heilsgeschichtlichen Theologie entworfen und ausgeführt.

Barnikol, der für eine geeinte nationale Volkskirche eintrat und sich deshalb keiner kirchenpolitischen Gruppierung zuordnen ließ, sah sich schon allein wegen der Beschäftigung mit dem Sozialismus sowohl zur Zeit der Weimarer Republik als auch nach 1933 häufig Angriffen ausgesetzt. Obgleich er noch 1952 auch mit Blick auf die Zeit des Nationalsozialismus für sich in Anspruch nahm, „der älteste amtierende demokratische Ordinarius" in Halle zu sein, ist Barnikols Beharren auf originellen theologischen und politischen Positionen auch nach 1945 in der Universitätsöffentlichkeit mehr als einmal auf Unverständnis und Ablehnung gestoßen.

Daß BARNIKOL sein akademisches Amt in einem lebendigen Kontakt zur christlichen Gemeinde versah, davon zeugt die Fülle seiner Studien und Äußerungen zur kirchlichen Gegenwartslage, sein Auftreten als Prediger und seine langjährige Tätigkeit in der Synode der Kirchenprovinz Sachsen.

BARNIKOL, der fakultätspolitisch mittels seiner berühmt gewordenen Separatvoten in Berufungsfragen meist eigene Interessen verfolgte und seine Fachkollegen mit den umstrittensten Thesen zu überraschen wußte, der die Arbeiten K. BARTHS, R. BULTMANNS und E. LOHMEYERS als „dialektische und gnostische Produkte" leidenschaftlich bekämpfte, hat Zeit seines Lebens heftigen Widerspruch hinnehmen müssen. Trotzdem, oder vielleicht gerade deshalb, vermochte er die theologische Wissenschaft vor eine Reihe unerledigter Fragen zu stellen und so manche Anregung zu geben, für die ihm ein freilich klein gebliebener Schülerkreis noch heute dankbar ist. 1960 emeritiert, starb BARNIKOL am 4. Mai 1968.

Grabstätte: Laurentiusfriedhof, Feld IV, Reihe 2, 6. Grabstelle v. r.
Grabinschrift:

Joh. 8, 31b–32
D. Dr. Ernst Barnikol
Professor der Theologie
+ 21. 3. 1892 † 4. 5. 1968

*Werke:* Studien zur Geschichte der Brüder vom gemeinsamen Leben, 1917. – Das Brüderhaus in Magdeburg, 1917. – Das entdeckte Christentum im Vormärz. Bruno Bauers Kampf gegen Religion und Christentum und Erstausgabe seiner Kampfschrift, 1927. – Weitling, der Gefangene und seine „Gerechtigkeit", 1929. – Mensch und Messias, 1932. – Geschichte des religiösen und atheistischen Frühsozialismus, 1932. – Apostolische und neutestamentliche Dogmengeschichte als Vor-Dogmengeschichte, 1938. – Luther als Katechet und Seelsorger, 1952. – Luther in evangelischer Sicht, 1955. – Das Leben Jesu der Heilsgeschichte, 1958. – *Bibliographie:* U. Meckert: Bibliographie Ernst Barnikol. 1916–1964, Halle 1964.

*Literatur:* H. Eberle: Martin-Luther-Universität, 270f. – G. Ott: Ernst Barnikol zum 70. Geburtstag. In: Freies Christentum 14 (1962) 40ff. – F. Schilling: Das kirchen- und gesellschaftskritische Engagement Ernst Barnikols unter Berücksichtigung seines theologischen Denkens in der Weimarer Republik und im NS-Staat (1918–1945), KG-Hauptseminararbeit, Halle 1990 (masch.). – Wer ist's? Unsere Zeitgenossen X, hg. v. H. A. L. Degener, Berlin 1935 = DBA, N. F., Fiche 67, 374. – W. Wiefel: Zeichen, 10f. – … und fragten nach Jesus. Beiträge aus Theologie, Kirche und Geschichte. FS E. Barnikol, hg. v. U. Meckert, G. Ott u. B. Satlow, Berlin 1964. – Nachrufe und

Gedenkvorlesung für E. Barnikol in: E. Barnikol: Ferdinand Christian Baur als rationalistisch-kirchlicher Theologe, hg. v. G. Wallis, E. Peschke u. W. Gericke, Berlin 1970, 45–62 (AVTRW 49). – BBKL 1 (1976) 377f. – KDGK 7 (1950) 71f. – RGG³ RegBd., 1965, 12f.

## WILLIBALD BEYSCHLAG (1823–1900)

Am 5. September 1823 als Sohn eines Bankbeamten in einer pietistischen Familie in Frankfurt am Main geboren, studierte BEYSCHLAG von 1840 bis 1844 in Bonn und Berlin Theologie. In Berlin fand er bald Kontakt zu AUGUST HEINRICH HOFFMAN V. FALLERSLEBEN, J. BURCKHARDT und dem Kreis um B. V. ARNIM. Unter den akademischen Lehrern war es neben FR. D. E. SCHLEIERMACHER und E. W. HENGSTENBERG vor allem der Erweckungstheologe J. A. W. NEANDER, der größeren Einfluß auf ihn gewann.

In Bonn trat BEYSCHLAG zunächst zu dem Dichter und revolutionären Rebell G. KINKEL in ein freundschaftliches Verhältnis, der ihn an den Ereignissen des Vormärz Anteil nehmen ließ; später schloß er sich dem Vermittlungstheologen C. I. NITZSCH an, den er neben SCHLEIERMACHER und

NEANDER als „die großen Lehrer seines Lebens und Geistes" zu bezeichnen pflegte.

Nach seiner Kandidatenzeit in Frankfurt am Main wird BEYSCHLAG 1849 als Hilfsprediger in Koblenz angestellt. 1850 übernimmt er ein Pfarramt in Trier und wird 1856 schließlich zum Hofprediger in Karlsruhe ernannt. Von dort beruft ihn 1861 der der Erweckungsbewegung nahestehende preußische Kultusminister M. A. v. BETHMANN-HOLLWEG auf Vorschlag der Fakultät, besonders des Neanderschülers J. JACOBI, nach Halle, um als ordentlicher Professor für Praktische Theologie die Nachfolge für K. B. MOLL anzutreten. Für die Fakultätsgeschichte bedeutet diese Berufung eine deutliche Zäsur, denn mit BEYSCHLAG hatte man eine Persönlichkeit gewinnen können, die als geistiger Führer der einsetzenden halleschen Vermittlungstheologie dazu bestimmt war, die Ära des alternden FR. A. G. THOLUCK abzulösen und im Geist des Kompromisses der theologischen und kirchlichen Position der Mitte eine unüberhörbare Stimme zu geben. Äußerlich wird diese Entwicklung am deutlichsten daran erkennbar, daß BEYSCHLAG nach dem Ausscheiden THOLUCKs 1874 dessen Lehrstuhl mit dem Schwerpunkt Neues Testament übernimmt und seinem rheinländischen Freund A. WOLTERS zur Nachfolge in das eigene praktisch-theologische Ordinariat verhilft.

Als Vertreter der vermittlungstheologischen Richtung findet BEYSCHLAG in E. HAUPT seinen engsten Mitstreiter, wie er sich zeitlebens mit M. KÄHLER, als Dogmatiker und Nonkonformist sein einziger entschiedener Gegner in der Fakultät, kontrovers auseinandersetzen sollte. Theologisches und kirchenpolitisches Profil gewann BEYSCHLAG mit einem Vortrag auf dem Kirchentag 1864 in Altenburg unter dem Thema „Welchen Gewinn hat die evangelische Kirche aus den neuesten Verhandlungen über das Leben Jesu zu ziehen?", in dem er mit schroffer Abgrenzung gegen „links" und „rechts" die theologischen Ansätze und Positionen von D. FR. STRAUSS, E. RENAN und D. SCHENKEL attackiert und gleichermaßen die Zweinaturenlehre sowie die persönliche Präexistenz Christi abgelehnt hat. Als Versuch einer Standortbestimmung im Spektrum zwischen kirchlich-orthodoxer und liberaler Theologie beabsichtigt, hat BEYSCHLAG, nun als „Altenburger Ketzer" stigmatisiert, damit eine heftige Debatte ausgelöst. Die ihm zuteil gewordene Resonanz scheint ihn dazu geführt zu haben, die im Vortrag gebotenen Thesen der wissenschaftlichen Diskussion zu stellen. Die ein Jahr darauf erschienene *Christologie des Neuen Testaments* bietet deshalb im wesentlichen die Aus- und Weiterführung seiner Altenburger Gedanken.

Trotz bleibender Verpflichtungen auf dem Gebiet der praktischen Theologie, besonders in der Homiletik, hat Beyschlag seine Aufmerksamkeit bevorzugt dem Neuen Testament zugewendet. So zeigt er bis 1896 alle üblichen neutestamentlichen Vorlesungen an, wobei die Synoptiker und das Leben Jesu eine gewisse Bevorzugung erfahren. Ein besonderes Verdienst erwirbt sich Beyschlag dadurch, daß er zusammen mit J. Köstlin der Vorlesung über neutestamentliche Theologie zur Durchsetzung verhilft und ihr einen festen Platz im Lehrbetrieb der Fakultät einräumt. Die Summe seiner neutestamentlichen Studien legt er nach jahrzehntelanger Vorarbeit in den zwei großen Lehrbüchern *Das Leben Jesu* und *Neutestamentliche Theologie* vor, zwei Werke, die jedoch aufgrund des Aufstiegs der sich an der Schule A. Ritschls orientierenden Theologie nur kurze Zeit Resonanz fanden.

Beyschlag, der sich auch mit dichterischen, allgemein schriftstellerischen und mit zahlreichen Predigtbänden zu seiner Zeit Gehör verschaffen konnte, hat Bedeutung vor allem auf kirchenpolitischem Gebiet erlangt. An den Vorgängen um das Frankfurter Parlament 1848 nimmt er vom konservativen Standpunkt aus lebhaften Anteil. Auf der Sandhof-Konferenz in Frankfurt am Main im Juni desselben Jahres zur Vorbereitung des Wittenberger Kirchentages ist Beyschlag Schriftführer. Seit der Berliner Oktoberversammlung 1871 beteiligt er sich an der Ausgestaltung der Preußischen Kirchenverfassung. Von Halle aus tritt er nicht nur als Gründer der wenig später bedeutsamen „Evangelischen Vereinigung" (1873) in Erscheinung, der er als Mittelpartei in der Evangelischen Kirche der altpreußischen Union zusammen mit seinem Freund A. Wolters durch die Begründung der „Deutsch-evangelischen Blätter" 1872 zudem ein eigenes, sich in den Auseinandersetzungen mit der Berliner Hofpredigerpartei, der „Positiven Union", als besonders schlagkräftig erweisendes Organ in die Hand gibt.

Auch als maßgeblicher Mitbegründer des „Evangelischen Bundes zur Wahrung der deutsch-protestantischen Interessen" (1886/1887) tritt uns Beyschlag entgegen, der zur Gründungsvorbereitung und aktiven Mitarbeit die Fakultätskollegen G. Warneck, Th. Förster und E. K. A. Riehm gewonnen hatte. Bestimmt von der Sorge um Kirche und Staat gedachte dieser freie Verband, der sein organisatorisches Zentrum bis 1912 in Halle hatte, in der für ihn charakteristischen Verbindung von rechtsbürgerlicher Politik und innerprotestantischer Toleranz gegen den wachsenden katholischen Einfluß in Gesellschaft und Politik, ultramontane Bestrebungen und die Annäherung von protestantischer Orthodoxie und Katholizismus sowie für die Fortsetzung des Kulturkampfes des Reichskanzlers BISMARCK anzutreten. Die bleibende, z. T. schroffe Kritik am Katholizismus, wofür eigene Erfahrungen mit dem aggressiven Katholizismus während seiner Trierer pfarramtlichen Tätigkeit mit verantwortlich sein dürften, hat BEYSCHLAG nicht daran gehindert, den Altkatholizismus dagegen als Ausdruck des wahren und eigentlichen katholischen Glaubens zu würdigen und zu befürworten, zumal er ihm als Hilfe erschien, Deutschland von seinen Bindungen an Rom zu lösen.

BEYSCHLAG, der sich zu einem der überzeugtesten und überzeugendsten Vertreter des Unionsgedankens mit dem Ziel einer evangelischen Einheitskirche entwickelt hatte und der die Anfänge der „Evangelischen Allianz" lebhaft begrüßte, war in seinem Denken ganz auf die Versöhnung von Christentum und Kultur, gläubiger Theologie und gebildeter Gemeinde, von Evangelium und Deutschtum bedacht, um dem Ideal einer Vereinheitlichung des gesamten deutschen Geisteslebens im Sinne des Kulturprotestantismus näher zu kommen.

Zum Inbegriff eines Nationalliberalen geworden, genoß BEYSCHLAG im öffentlichen Leben von Kirche und Gesellschaft höchste Anerkennung. Seine Wortgewandtheit trug ihm den Ruf eines der ersten Redners Deutschlands ein. Es verwundert deshalb nicht, wenn ihn die Universität in den beiden Jubiläumsjahren 1867 (50 Jahre Vereinigung mit der Universität Wittenberg) und 1894 (200 Jahre Universität Halle) zu ihrem Rektor ernannte. Noch heute trägt eine hallesche Straße seinen Namen.

Als BEYSCHLAG am 25. November 1900 starb, ging mit ihm die letzte Epoche in der Fakultätsgeschichte zu Ende, die zumindest bis zum Ende der achtziger Jahre im Zeichen einer einzelnen Persönlichkeit gestanden hatte.

Grabstätte: Laurentiusfriedhof, Feld V, Reihe 7, 6. Grabstelle v. l.
Grabinschrift:

Hier ruht
in Gott
D. Willibald Beyschlag
Professor der Theologie
* 5. Septbr. 1823
† 25. Novbr. 1900.

Ich schäme mich des Evangeliums
von Christo nicht.

*Werke:* Predigten aus siebenjähriger Amtsführung in der rheinisch-preußischen Kirche, 1857. – Aus dem Leben eines Frühvollendeten, des Pfarrers Franz Beyschlag, 1858. 71895. – Predigten aus der Schloßkirche zu Karlsruhe, 1861. – Christologie des Neuen Testaments, 1865. – Akademische Predigten, 1867. – Karl Immanuel Nitzsch, eine Lichtgestalt der neueren deutschen-evangelischen Kirchengeschichte, 1872. [2]1882. – Erkenntnispfade zu Christo, 2 Bde., 1877–1889. – Erinnerungen an Albrecht Wolters, 1880. – Der Altkatholizismus. Eine Denk- und Schutzschrift an das evangelische Deutschland, 1882. [3]1883. – Das Leben Jesu, 2 Bde., 1885. [5]1912. – Neutestamentliche Theologie, 2 Bde., 1892. [2]1895. – Aus meinem Leben, 2 Bde., 1896–1898. – *Bibliographie:* Teilüberblick: RE[3] 23 (1913) 192–203.

*Literatur:* E. Barnikol: Willibald Beyschlag 1823–1900. In: 250 Jahre Universität Halle, 97–101. – A. Bettelheim: Biographisches Jahrbuch und Deutscher Nekrolog V, Berlin 1903 = DBA, Fiche 97, 410–412. – W. Fleischmann-Bisten u. H. Grote: Protestanten auf dem Wege. Geschichte des Evangelischen Bundes, Göttingen 1986, 9–40 (BenshH 65). – A. Hinrichsen: Das literarische Deutschland, Berlin [2]1891 = DBA, Fiche 97, 408f. – K. H. Pahncke: Willibald Beyschlag, Tübingen 1905. – Fr. v. Weech: Badische Biographien V, Heidelberg 1906 = DBA, Fiche 97, 414–427. – W. Wiefel: Arbeit, 16–25. – E. Winkler: Willibald Beyschlag – Leben und Werk. In: Materialdienst des konfessionskundl. Inst. Bensheim 51 (2000) 103–107. – BBKL 1 (1976) 571f. – NDB 2 (1955) 209f. (P. Meinhold). – RE[3] 23 (1913) 192–203 (K. H. Pahncke).- RGG[2] 1 (1927) 972f. – RGG[3] 1 (1957) 1116f.


# GERHARD DELLING (1905–1986)

DELLING wurde am 10. Mai 1905 im sächsischen Ossa geboren. Nach Abschluß seiner theologischen Studien veröffentlichte er seine viel beachtete Erstlingsarbeit über *Paulus' Stellung zu Frau und Ehe,* auf die hin er 1930 an der Theologischen Fakultät in Leipzig zum Licentiaten promoviert wurde. Kurz darauf holte ihn G. KITTEL als Assistent nach Tübingen. Für die laufenden Arbeiten an dem von KITTEL herausgegebenen „Theologischen Wörterbuch zum Neuen Testament" angestellt, steuert DELLING vom ersten Band an selbst zahlreiche Artikel für dieses Werk bei und blieb ständiger Mitarbeiter. Die Beschäftigung mit der Lexikographie bildet fortan einen Schwerpunkt seiner wissenschaftlichen Arbeit und hat zu mehreren selbständigen Veröffentlichungen geführt.

1933 kehrte DELLING in seine sächsische Heimat zurück, um ein Pfarramt in Glauchau zu übernehmen. Er wechselte 1938 die Pfarrstelle und ging nach Leipzig. Auch während dieser Zeit des pfarramtlichen Dienstes

führte DELLING seine wissenschaftlichen Studien weiter. Ein Ergebnis dieser Arbeitsphase ist die Monographie über *Das Zeitverständnis des Neuen Testaments*.

Nach seiner Rückkehr aus der Gefangenschaft in einem dänischen Internierungslager, von dem aus er sich als ehemaliger Militärgeistlicher auch um die Seelsorge an deutschen Flüchtlingen bemüht hatte, übernahm DELLING 1947 einen neutestamentlichen Lehrauftrag zur Lehrstuhlvertretung an der Theologischen Fakultät in Greifswald. Dort habilitierte er sich 1948 mit der Schrift *Der Gottesdienst im Neuen Testament*, mit der er in der Fachwissenschaft allgemein bekannt wurde.

1950 nach Halle berufen, wird DELLING zum Professor ernannt, zunächst mit Lehrauftrag, seit 1952 mit vollem Lehrauftrag. Sieht man von der nur ein Semester dauernden Wirksamkeit des 1952 plötzlich verstorbenen H. PREISKER ab, übernahm DELLING 1953 als Ordinarius in Nachfolge von E. FASCHER auch dessen Lehrstuhl für Neues Testament, den er bis zu seiner Emeritierung 1970 innehatte und auf dem ihm sein Schüler T. HOLTZ folgen sollte.

Abgesehen von einer umfangreichen Rezensententätigkeit in den unterschiedlichsten theologischen Fachzeitschriften verrät die Bibliographie

DELLINGS spätestens seit seiner Berufung nach Halle ein doppeltes Arbeits- und Forschungsgebiet. Auf der einen Seite wahrt er sein Interesse für grundsätzliche neutestamentlich-theologische Themen. In Monographien und mit einer Vielzahl von Aufsätzen widmet er sich mit gründlicher Textanalyse besonders der Gestalt und Theologie des gemeindlichen Lebens, der Taufe und des Abendmahls im Urchristentum.

Daneben tritt die intensive Beschäftigung mit dem Spätjudentum, die zu einer Reihe von Veröffentlichungen geführt hat, in denen er Fragen zur Theologie und Literatur des hellenistischen Judentums behandelt. In dieses Forschungsgebiet weist auch DELLINGS Engagement, das von E. v. DOBSCHÜTZ begonnene hallesche Unternehmen, die Arbeit am jüdisch-hellenistischen Teil des Corpus Hellenisticum zum Neuen Testament in dem von ihm 1963–1971 geleiteten Institut für spätantike Religionsgeschichte fortzuführen.

Mit seinen Forschungsergebnissen hat DELLING, für dessen Arbeit die philologisch exakte und den Kontext des gesamtbiblischen Zeugnisses beachtende Exegese des Neuen Testaments charakteristisch war und in die wissenschaftliche Modetrends keinen Eingang finden konnten, nie im Rampenlicht der Öffentlichkeit gestanden, wie seine Ergebnisse kaum Anlaß zu kontroversen Diskussionen gegeben haben. Die in der Stille geleistete immense Arbeit, die sich in einer kaum zu überschauenden Anzahl von Einzelbeiträgen niedergeschlagen hat, zeigt ein wissenschaftlich in sich geschlossenes Bild und verrät die Energie, mit der ihr Verfasser bis in sein hohes Alter gearbeitet hat.

DELLING, der als langjähriger Ephorus des Sprachenkonviktes auch um die unmittelbare fachliche und menschliche Betreuung der Studierenden bemüht war, starb am 18. Juni 1986.

Grabstätte: Laurentiusfriedhof, Feld V, Reihe 1, 3. Grabstelle v. l.
Grabinschrift:

D. GERHARD DELLING
PROF. DER THEOLOGIE
* 10. 5. 1905 † 18. 6. 1986

MEINE ZEIT STEHT IN
DEINEN HÄNDEN

Psm 31. 16

*Werke:* Paulus' Stellung zu Frau und Ehe, 1931. – Ernst Moritz Arndt. Heimkehr zum Christusglauben, 1937. – Das Zeitverständnis des Neuen Testaments, 1940. – Der Gottesdienst im Neuen Testament, 1940. = Worship in the New Testament, 1962. – Die Zueignung des Heils in der Taufe, 1961. – Römer 13, 1–7 innerhalb der Briefe des Neuen Testaments, 1962. – Die Taufe im Neuen Testament, 1963. – Jesus nach den ersten drei Evangelien, 1964. – Die Botschaft des Paulus, 1965. – Wort und Werk Jesu im Johannesevangelium, 1966. – Jüdische Lehre und Frömmigkeit in den paralipomena Jeremiae, 1967. – Studien zum Neuen Testament und zum hellenistischen Judentum. GAufs. hg. v. F. Hahn, T. Holtz u. N. Walter, 1970. – Der Kreuzestod Jesu in der urchristlichen Verkündigung, 1971. – (zusammen mit W. H. Schmidt) Wörterbuch zur Bibel, 1971. – *Bibliographie:* ThLZ 90 (1965) 555–558; 95 (1970) 628; 100 (1975) 397–400; 105 (1980) 397–400.

*Literatur:* Gerhard Delling zum 60. Geburtstag. In: ThLZ 90 (1965) 553–556. – K.-W. Niebuhr: Der Neutestamentler Gerhard Delling (1905–1986) als Erforscher des Frühjudentums. In: U. Schnelle (Hg.): Reformation und Neuzeit, 73–86. – RGG³ RegBd., 1965, 43.

## ERNST VON DOBSCHÜTZ (1870–1934)

Am 9. Oktober 1870 wurde v. Dobschütz als Sproß einer alten schlesischen Adelsfamilie in Halle geboren. Wie viele seiner Vorfahren seit der Zeit Friedrichs II. diente auch sein Vater dem preußischen Staat als Offizier. E. v. Dobschütz blieb dieser Herkunft seiner Mentalität nach zeitlebens verbunden, wie er gelegentlich auch hervorhob, daß sich unter den Vorfahren seiner Mutter der bekannte Staatsmann und erste Kanzler der Universität Halle, V. L. v. Seckendorff, befindet.

In Wiesbaden, wohin sich der Vater nach seinem Abschied zurückgezogen hatte, besuchte v. Dobschütz das Gymnasium, das er 1888 als Primus omnium verließ. In den Jahren 1888 bis 1892 studierte er Theologie, zunächst in Leipzig bei Chr. E. Luthardt, C. R. Gregory, F. Delitzsch und Th. Brieger, seit 1890 in Halle, wo M. Kähler einen tiefen Eindruck auf ihn hinterließ. Hatte er bei C. R. Gregory die Probleme der neutestamentlichen Textkritik kennengelernt, so war es in Halle die Zusammenhangsexegese, die ihm M. Kähler in einem Seminar über die Thessalonicherbriefe nahegebracht hat. Ein mehrsemestriger Aufenthalt in Berlin, an dessen Ende die Licentiatenpromotion über *Das Kerygma Petri* stand, bildete den Abschluß seiner Studien. Hier war es vor allem der der älteren historisch-kritischen Richtung verpflichtete A. v. HARNACK, der ihm Lehrer und Doktorvater wurde.

1893 begann v. DOBSCHÜTZ, erst 23jährig, seine akademische Laufbahn als Privatdozent in Jena, wo er 1898 zum außerordentlichen Professor für Neues Testament ernannt wurde. 1904 erhielt er einen Ruf an die Reichsuniversität Straßburg, um als Ordinarius die Nachfolge von H. J. HOLTZMANN anzutreten. Hier begegnete er im Kollegenkreis J. FICKER, mit dem er ab 1919 wieder in Halle zusammentreffen sollte. Von ihm lernt er, daß die Geschichte nicht allein aus literarischen Dokumenten, sondern auch aus ihren Monumenten zu erheben sei. Diesen Grundsatz aufgreifend, gilt v. DOBSCHÜTZ' Interesse seitdem auch der Geschichte der kulturellen, insbesondere der ikonographischen Nachwirkungen des Neuen Testaments, das sich nirgendwo deutlicher zeigt als in seinem letzten großen Werk *Der Apostel Paulus. Seine weltgeschichtliche Bedeutung. Seine Darstellung in der Kunst.*

1910 wechselt v. Dobschütz als Ordinarius nach Breslau, der Heimat seiner Familie. Doch schon 1913 folgt er, der bereits 1910 neben P. Feine auf dem Listenvorschlag der Fakultät für die Nachfolge von E. Haupt gestanden hatte, dem Ruf an die Universität seiner Geburtsstadt nach Halle. Nach dem plötzlichen Tod M. Kählers 1912 hatte die Fakultät die Lehrstühle neu zu ordnen: W. Lütgert, der das Erbe M. Kählers nach außen antreten sollte und bis zu dessen Tod ungeachtet seiner systematischen Begabungen vorzugsweise als Neutestamentler gewirkt hatte, ging nun auf dessen systematischen Lehrstuhl über. Damit wurde das zweite neutestamentliche Ordinariat frei. Daß die Wahl diesmal auf v. Dobschütz fiel, war keineswegs zufällig: Die Fakultät, auf das Gleichgewicht zwischen „positiver" und „liberaler" Theologie bedacht, entschied sich nun für ihn, der damit dem „positiven" P. Feine als Gegenüber zur Seite gestellt werden konnte.

Das wissenschaftliche Werk, das der Textkritiker und Kenner der neutestamentlichen Zeitgeschichte und frühchristlichen Kunst v. Dobschütz hinterlassen hat, läßt sich annähernd in drei große Themenfelder ordnen: Sind es unter dem Einfluß A. v. Harnacks anfänglich Studien zur Überlieferung der neutestamentlichen Apokryphen und der frühchristlichen Legendenbildung, Themen also aus dem Grenzgebiet zur Älteren Kirchengeschichte, folgen solche, die die religionsgeschichtliche Erforschung der Frühgeschichte des Christentums zum Inhalt haben. In behutsamer Nachbarschaft zur religionsgeschichtlichen Schule ist v. Dobschütz, der sich selbst als ein „Mann der breiten Mittelstraße" verstand, eigene Wege gegangen: Um die Komplexität religionsgeschichtlicher Phänomene verstehen zu können und um seinem Forschungsziel, der Erkenntnis der religiös-sittlichen Einheit der urchristlichen Botschaft näher zu kommen, versucht er Kult und Institution, Frömmigkeit und Dogma, religionspsychologische und sittengeschichtliche Aspekte in ihrer wechselseitigen Wirkung zueinander zu begreifen und darzustellen, wobei er fremde Einflüsse zurückhaltend beurteilt.

Ein dritter Themenkreis, dem er sich bereits als Privatdozent in Jena zugewandt hatte, beinhaltet eine Reihe textkritisch-exegetischer Studien, von denen die Auslegung des 1. Thessalonicherbriefes als ein Höhepunkt dieser Arbeiten gilt. Als Krone aller exegetischen Arbeit verstand v. Dobschütz die Biblische Theologie, die ihm als übersichtliche Zusammenfassung des gesamten durch die Einzelexegese erarbeiteten Stoffes ein wichtiges Anliegen war, und für die er mehrere Beiträge beigesteuert hat.

Es gehört zu den bleibenden Verdiensten v. Dobschütz', daß er, eine entsprechende Anregung des Leipziger Neutestamentlers G. Heinrici aufgreifend, das Projekt eines Corpus Hellenisticum maßgeblich inauguriert hat, ein Werk, das als „neuer Wettstein" die Parallelen zum Neuen Testament aus der griechischen, vor allem aber der hellenistischen Literatur zusammenstellt. Dieses Großunternehmen, an dem später die Fakultätskollegen E. Klostermann, H. Windisch, E. Fascher sowie die Mitarbeiter O. Michel und H. Braun mitgewirkt haben, hat seit den ersten Überlegungen 1915 bis in die Gegenwart mehrere Forschergenerationen beschäftigt und wird seit 1945 in internationaler Arbeitsteilung weitergeführt.

E. v. Dobschütz, der unter schwierigen Verhältnissen 1922 bis 1923 das Amt des Rektors und Prorektors der Universität bekleidete, begann in den Jahren der Weimarer Republik eine zunehmende öffentliche Rolle zu spielen. Bereits 1916 gewann er in der Fakultätspolitik über die Grenze der halleschen Universität hinaus Bedeutung, als er sich in der Frage der Reform theologischer Promotionen zu Wort meldete. Seine Beziehungen zur angelsächsischen Welt, besonders zu den USA, wo er noch kurz vor Ausbruch des Ersten Weltkrieges ein Semester als Gastdozent verbringen konnte, bedeuten einen besonderen Aspekt in diesem Gelehrtenleben. Kirchenpolitisch stand er der Mittelpartei, der „Evangelischen Vereinigung", nahe, in deren Blättern er sich gelegentlich geäußert hat.

In den letzten Lebensjahren durch ein schweres Augenleiden in seinem literarischen Schaffen stark behindert, starb v. Dobschütz kurz nach Rückkehr von einer Studienreise, die ihn noch einmal nach Griechenland geführt hatte, am 20. Mai 1934.

Grabstätte: Laurentiusfriedhof, Feld IVa, Friedhofsecke.
Grabinschrift:

ICH BIN DER WEINSTOCK, IHR SEID DIE REBEN.
WER IN MIR BLEIBET UND ICH IN IHM,
DER BRINGET VIEL FRUCHT. EV. JOH. 15, 5.

ERNST v. DOBSCHÜTZ. PROF. D. THEOL.
* 9. 10. 1870          † 20. 5. 1934

(teilweise stark verwittert)

*Werke:* Das Kerygma Petri kritisch untersucht, 1893. – Christusbilder. Untersuchungen zur christlichen Legende, 1899. – Die urchristlichen Gemeinden. Sittengeschichtliche

Bilder, 1902. – Ostern und Pfingsten. Eine Studie zu 1. Kor. 15, 1903. – Das apostolische Zeitalter, 1904. ²1917. – The eschatology of the gospels, 1910. – The influence
of the Bible on civilization, 1914. – Der Apostel Paulus. Seine weltgeschichtliche Bedeutung. Seine Stellung in der Kunst, 2 Bde., 1926–1928. – Das Apostolicum in bib-
lisch-theologischer Beleuchtung, 1932. – Kommentare: 1. und 2. Thessalonicherbrief,
⁷1907 (KEK). – *Bibliographie:* E. Stange (Hg.): Selbstdarstellungen IV, 59–62. – Forts.
bei E. Klostermann: In memoriam E. v. Dobschütz. In: ThStKr 106 (1935) 4–8.

*Literatur:* H. Eberle: Martin-Luthr-Universität, 272. – O. Eißfeldt: Ernst von Dob-
schütz †. Saale-Zeitung, Halle 31. August 1934 = KS II, Tübingen 1963, 61–63. –
E. Fascher: Ernst von Dobschütz 1870–1934. In: 250 Jahre Universität Halle, 109–112.
– E. Klostermann: In memoriam Ernst von Dobschütz. In: ThStKr 106 (1935) 1–8. –
E. Stange (Hg.): Selbstdarstellungen IV, 31–62. – W. Wiefel: Spezialisierung, 25–28. –
Ders.: Zeichen, 5–7. – BBKL 1 (1976) 1339. – NDB 4 (1959) 7f. (A. Adam).

## OTTO EISSFELDT (1887–1973)

EISSFELDT wurde am 1. September 1887 als Sohn eines Juristen in Nort-
heim im Hannoverschen geboren. Nach dem Abitur am Gymnasium in
Duisburg studierte er zwischen 1905 und 1908 Theologie und orientalische

Sprachen in Göttingen und Berlin. In Göttingen begegnete er den Lehrern, die seinen weiteren Weg bestimmen sollten: R. Smend und J. Wellhausen, deren literarkritische Arbeit am Alten Testament und Aufgeschlossenheit für die altvorderorientalische Religionsgeschichte ihn in ihren Bann zogen. In Berlin waren es H. v. Soden, W. W. Graf Baudissin, H. Gunkel, der Semitist F. Delitzsch, A. v. Harnack und U. v. Wilamowitz-Moellendorff, von denen er prägende Anregungen empfing. Daneben hat der Semitist und Kenner des Orients E. Littmann als enger Freund beträchtlichen Einfluß auf Eissfeldt gewonnen und ihn später zu eigenen Orientreisen motiviert.

Von 1908 bis zu seinem zweiten theologischen Examen 1912 steht Eissfeldt als Senior dem Theologischen Studienhaus „Johanneum" in Berlin vor. An der Jerusalems- und Neuen Kirche wirkt er von 1912 bis 1922 als Frühprediger. 1911 promoviert Eissfeldt in Berlin zum Licentiaten. Nach seiner Habilitation 1913 lehrt er an der Theologischen Fakultät als Privatdozent, seit 1918 als Titularprofessor.

1922 folgt Eissfeldt dem Ruf aus Halle auf den Lehrstuhl für Altes Testament und Semitische Religionsgeschichte, den er bis zu seiner Emeritierung 1957 innehatte und bis 1959 weiter vertrat. 34jährig steht er an der Seite seines Berliner Lehrers H. Gunkel, mit dem ihn enge persönliche Beziehungen verbinden. Sieht man von dem kurzen Intermezzo A. Alts 1921/1922 ab, verfügte die Fakultät damit wieder über zwei alttestamentliche Lehrstühle, nachdem das persönliche Ordinariat von E. K. A. Riehm 1888 formal an den Neutestamentler E. Haupt übergegangen war und seitdem neben dem Inhaber des verbliebenen Ordinariates nur noch außerordentliche Professoren tätig wurden (F. Baethgen, J. W. Rothstein, C. Steuernagel, G. Hölscher).

In Halle beginnt Eissfeldt eine überaus rege wissenschaftliche Wirksamkeit als Hochschullehrer und Verfasser zahlreicher Studien, die ihn von Anfang an den intensiven Austausch mit der internationalen Wissenschaft suchen läßt. Das hindert ihn nicht, hohe akademische Ämter zu übernehmen. Zweimal steht er als Rektor der Alma mater halensis vor, jeweils in besonders schwieriger Zeit. 1929 kandidiert er zum ersten Mal für dieses Amt, obwohl er zur selben Zeit einen Ruf nach Gießen erhalten hatte. Daß er Halle damals nicht verlassen wollte, lag wohl auch an der Krise, in der sich die Fakultät damals befand und die 114 Studierende dazu bewog, in einer Bittschrift sein Bleiben in Halle zu fordern. Offensichtlich warfen schon nationalistische Unruhen unter den Studierenden ihre Schatten voraus, die sich dann im „Fall Dehn" ungehindert entluden; EISSFELDT hat diese Ereignisse als Prorektor 1930–1932 unmittelbar miterlebt.

Da EISSFELDT an seiner demokratischen Gesinnung und an seiner Abneigung gegenüber dem nationalsozialisten Geist nie einen Zweifel aufkommen ließ, konnte er seit 1932 kein akademisches Amt mehr übernehmen. Er nutzt diese Zeit intensiv für die gelehrte Arbeit. Es entsteht die *Einleitung in das Alte Testament*, die sich mit ihrem enzyklopädischen Charakter bis in die Gegenwart den Ruf als Standardwerk bewahrt hat und in mehrere Sprachen übersetzt wurde. 1936 folgt EISSFELDT im Zuge der kirchlichen Neuordnung nach dem Zusammenbruch des Kirchenregimentes der Deutschen Christen einer Berufung in das Nebenamt eines theologischen Konsistorialrates der Kirchenprovinz Sachsen, das er bis zur Altersgrenze wahrnimmt und in dem er als Dezernent die drei Kirchenkreise Mühlhausen, Bleicherode und Eichsfeld zu betreuen hat.

Unmittelbar nach dem Ende des Zweiten Weltkrieges beginnt EISSFELDT, die abgebrochenen Beziehungen zur internationalen Wissenschaft neu zu knüpfen, um die in der Zwischenzeit gewonnenen Forschungsergebnisse wieder in die internationale gelehrte Arbeit einzubringen. Daß ihm aufgrund seiner Haltung in den vergangenen Jahren im Ausland großes Vertrauen und Anerkennung entgegengebracht wird, lassen die Verleihung der Ehrendoktorwürde renommierter europäischer Universitäten wie seine Berufung in mehrere Akademien des In- und Auslandes erkennen.

Das gleiche Vertrauen sprachen ihm auch der Senat und das Wahlgremium aus, als sie 1945 EISSFELDT ein zweites Mal zum Rektor wählten. Es ist vor allem seiner vermittelnden Persönlichkeit und Autorität zu danken, daß die geistig und organisatorisch zum Erliegen gekommene Universität neu geordnet und unter den Bedingungen der Nachkriegszeit am 1. Februar 1946 wieder eröffnet werden konnte. EISSFELDT, der dieses Amt bis 1948 innehatte, setzte auch in diesen Jahren seine wissenschaftliche Forschungsarbeit und Herausgebertätigkeit ungemindert fort.

Das literarische Werk, das EISSFELDT hinterlassen hat, ist außerordentlich reich und vielgestaltig. Neben zahlreichen Monographien und Lehrbüchern besteht es aus einer kaum zu überschauenden Anzahl von Aufsätzen und Artikeln in den verschiedensten Fachzeitschriften und Sammelwerken. EISSFELDT, dessen Stärke die akribische Detailforschung blieb, hat auf jedem Hauptgebiet der alttestamentlichen Bibelwissenschaft mitgewirkt. So war er nicht nur als Mitherausgeber an den kritischen Textausgaben des Alten Testaments beteiligt (BHK und BHS), er trat auch als

Übersetzer in Erscheinung, der auf eine möglichst getreue Wiedergabe des Originals Wert legte und dabei auf die Schönheit der Übersetzung zu achten wußte. Meisterwerke dieser Art sind seine *Hexateuch-Synopse* sowie der Komplex der Königsbücher und die in andere Arbeiten eingefügten Psalmen.

Im Zentrum seiner Untersuchungen steht freilich die literarkritische Analyse, besonders des Hexateuchs, des Richterbuches und der Samuelbücher. Auch wenn er quellenkritisch hier eigene Wege geht, erweist er sich in diesen Arbeiten als der letzte große Vertreter der literarkritischen Schule, der die Traditionen seiner Göttinger Lehrer J. WELLHAUSEN und R. SMEND fortzuführen gedachte.

Alle analytischen Bemühungen um Text- und Literarkritik sind für EISSFELDT jedoch nichts anderes als unumgängliche Voraussetzungen für die Darstellung einer israelitischen Profan- und Religionsgeschichte, die ihm letztlich am Herzen lag. Dabei verschließt sich EISSFELDT neuen Methoden nicht, sondern prüft sie, wie beispielsweise die von H. GUNKEL eingebrachte Form und Gattungsgeschichte, auf ihre Tragfähigkeit für die eigene exegetische Arbeit. Ein besonderes Augenmerk richtete er in diesem Zusammenhang auf die vorderorientalische Archäologie, deren Ergebnisse EISSFELDT dann entschieden aufgriff, wo sie zur Erhellung alttestamentlicher Sachverhalte beizutragen versprachen. Auch der weitere Schwerpunkt im Werk EISSFELDTs, die semitische Religionsgeschichte, ist zunächst ganz auf das Ziel hin fixiert, die Geschichte Israels umfassend darzustellen.

Als 1929 im nordsyrischen Ras Schamra (Ugarit) phönizisch-kanaanäische Originaltexte in einem alphabetischen Keilschriftsystem ausgegraben wurden, erweiterte sich die Quellenlage für das geplante Vorhaben. Angeregt durch die Freundschaft mit dem halleschen Semitisten H. BAUER, dem es unabhängig von E. P. DHORME in Paris gelang, die bis dahin unbekannte ugaritische Schrift zu entziffern, hat sich EISSFELDT von Anfang an um die Erforschung und Interpretation der Ugarit-Texte gekümmert und verdient gemacht. Eine beachtliche Reihe von Studien sind diesem Gegenstand gewidmet, die erkennen lassen, wie sich für EISSFELDT die Anfänge der israelitischen Religionsgeschichte nun in einem neuen Licht darzustellen scheinen.

EISSFELDT, der als Wissenschaftler stets seinen eigenen Weg gegangen ist und einer Bindung an Schulmeinungen und wissenschaftlichen Modeerscheinungen skeptisch gegenüber stand, starb am 23. April 1973.

Grabstätte: Laurentiusfriedhof, Feld III, Reihe 3, 8. Grabstelle v. r.
Grabinschrift:

D. Dr. OTTO EISSFELDT D.D.
PROFESSOR DER THEOLOGIE
+ 1. 9. 1887     † 23. 4. 1973

PSALM 31. 15

*Werke:* Hexateuch-Synopse, 1922. (Nachdr. 1962). – Die Quellen des Richterbuches, 1925. – Die Komposition der Samuelisbücher, 1931. – Baal Zaphon, Zeus Kasios und der Durchzug der Israeliten durchs Meer, 1932. – Der Gottesknecht bei Deuterojesaja (Jes 40 bis 55) im Lichte der israelitischen Anschauung von Gemeinschaft und Individuum, 1933. – Einleitung in das Alte Testament, 1934. [2]1956. – Molk als Opferbegriff im Punischen und Hebräischen und das Ende des Gottes Moloch, 1935. – Philister und Phönizier, 1936. – Ras Schamra und Sanchunjaton, 1939. – Tempel und Kulte syrischer Städte in hellenistisch-römischer Zeit, 1940. – Die ältesten Traditionen Israels, 1950. – El im ugaritischen Pantheon, 1951. – Der Gott Karmel, 1953. – Psalm 80, 1953. – Die Genesis der Genesis. Vom Werdegang des 1. Buches der Bibel, 1958. [2]1961. – Der Beutel des Lebendigen, 1960. – Adonis und Adonaj, 1970. – Kleine Schriften, hg. v. R. Sellheim u. R. Maaß, 6 Bde., Tübingen 1962–1979. – Kleine Schriften zum Alten Testament (Auswahlband), hg. v. K.-M. Beyse u. H.-J. Zobel, Berlin 1971. – *Bibliographie:* KS V, 222–287. VI, 15–18 (K.-M. Beyse).

*Literatur:* K.-M. Beyse: Otto Eißfeldts Forschungsarbeiten in den wissenschaftlichen Akademien der DDR. In: WZ(H).GS 26 (1977) 83–99. – H. Eberle: Martin-Luther-Universität, 273. – J. Fück (Hg.): FS O. Eißfeldt, Halle 1947. – J. Hempel u. L. Rost (Hg.): Von Ugarit nach Qumran. FS O. Eißfeldt, Berlin 1958 (BZAW 77). ²1961. – Gottes ist der Orient, FS O. Eißfeldt, Berlin 1959. – A. Meinhold: Ugarit und Halle. Zur Bedeutung von Hans Bauer und Otto Eißfeldt für Ugaritologie und Theologie. In 500 Jahre Theologie, 143–160. – R. Meyer: Otto Eißfeldt. In: JSAW 1976, 324–329. – E. Poppe u. G. Wallis: In Memoriam Otto Eißfeldt. Zwei Reden aus Anlaß des ersten Todestages, Halle 1974 (HUR. Wiss. Beitr. 9/2). – G. Wallis: Otto Eißfeldt (1887–1973). In: Professoren der Martin-Luther-Universität Halle-Witten-berg im Dienst einer humanistischen und fortschrittsfördernden Wissenschaft, hg. v. H. Hübner, Halle 1986, 50–58 (Wiss. Beitr. 1986/60 T62). – Ders. (Hg.): Otto Eißfeldt-Ehrung 1987. Wissenschaftliche Konferenz der Martin-Luther-Universität Halle-Wittenberg. 30.9.–1.10.1987, Halle 1988 (Wiss. Beitr. 1988/36 A108). – H.-J. Zobel: Otto Eißfeldt als Theologe. In: Ders.: Altes Testament – Literatursammlung und Heilige Schrift. GAufs., hg. v. J. Männchen u. E.-J. Waschke, Berlin/New York 1993, 267–292. – TRE 9 (1982) 482–486 (H.-J. Zobel).

## PAUL FEINE (1859–1933)

Feine wurde am 9. September 1859 in Golmsdorf bei Jena als Sohn eines Schulrektors geboren. Nach dem Besuch des Gymnasiums in Eisenach studierte er seit 1879 in Jena und Berlin hauptsächlich klassische Philologie. In die Theologie wurde er durch die Vorlesungen der Jenaer Professoren K. v. Hase, R. A. Lipsius und P. W. Schmiedel eingeführt. In Berlin beeindruckte ihn der konservativ-royalistische Hof- und Domprediger A. Stoecker, mit dem er später in eine persönliche Beziehung treten sollte, in seiner kirchlichen und sozialen Wirkung. Doch die Entscheidung, sich zukünftig ganz der theologischen Wissenschaft zuzuwenden, erfolgte erst nach der Promotion zum Dr. phil. in Jena 1883. Zunächst arbeitete Feine als Gymnasialprofessor und Hauslehrer: 1884 in Jena, seit 1886 als Erzieher der Fürstlich Wiedischen Prinzen in Neuwied (Rhein), ab 1889 in Göttingen. Diese Tätigkeit verband er mit intensiven Studien, deren Ergebnisse er von 1885 an in dichter Folge publizierte. Nach seiner Habilitation 1893 begann Feine, der selbst nie in einer theologischen Fakultät inskribiert gewesen war und deshalb auch kein kirchliches Examen abgelegt hatte, seine akademische Laufbahn zunächst als Privatdozent für Neues Testament in Göttingen. Bereits ein Jahr später folgte er einem Ruf als ordentlicher Professor für Neues Testament nach Wien, damals die kleinste Theologische Fakultät im deutschsprachigen Raum.

Galten FEINES Arbeiten der Frühzeit vornehmlich Problemen der neutestamentlichen Einleitungswissenschaft und Quellenkritik, in denen er
sich als ein ausgewiesener Philologe zu erkennen gibt, veröffentlichte er
während der Wiener Jahre fast ausnahmslos Beiträge zu Gestalt und Lehre
des Apostels Paulus, dem zweiten großen Thema seines Lebenswerkes. Der
im ganzen bei aller Vermittlung zur kritischen Theologie konservative
Grundzug seiner theologischen Arbeiten und sein Eintreten für einen reformatorisch verstandenen Paulinismus, das offenbar vor dem Hintergrund
seiner ihm zugefallenen Rolle als Sprecher der protestantischen Minderheit
im katholischen kaiserlichen Österreich und in ständigen Konflikten mit
einer national-völkischen Studentenschaft erwachsen war, hat FEINE für seine Berufung nach Halle interessant gemacht. FEINE, der 1907 von Wien
nach Breslau gewechselt war, tritt hier im Sommersemester 1910 die Nachfolge des überraschend verstorbenen E. HAUPT an, nachdem deutlich war,
daß der Favorit der Fakultät, A. SCHLATTER, Tübingen wie schon 1901
auch diesmal nicht verlassen würde.

In vielfacher wissenschaftlicher Auseinandersetzung mit der historisch-
kritischen und religionsgeschichtlichen Schule der Zeit zwischen 1895 und

1925 gilt Feines Interesse dem Nachweis der Geschlossenheit und Eigenständigkeit der neutestamentlichen Botschaft, deren Überlieferung er im
ganzen als zuverlässig beurteilt. Die paulinische Theologie versteht er als
eine Ausprägung der Verkündigung der Urgemeinde, die ihm als geradlini-
ge Fortsetzung der Botschaft Jesu gilt; der geschichtliche Jesus und der Jesus des urchristlichen Glaubens sind für ihn identisch. Obwohl Feine an-
erkennt, daß bestimmte neutestamentliche Vorstellungen unter
außerpalästinischem Einfluß stehen, gilt ihm der des Alten Testaments als
weitaus bedeutsamer.

In Halle schreibt Feine, gleichsam als Höhepunkt seines Lebenswerkes,
zwei Lehrbücher, die zu den erfolgreichsten der neutestamentlichen Wissenschaft in diesem Jahrhundert zählen: die *Theologie des Neuen Testaments*,
ein Werk, das von allen bekannten „Neutestamentlichen Theologien" die
meisten Auflagen erlebt hat und deshalb seinen Platz als meistbenutztes
Lehrbuch lange Zeit zu behaupten vermochte. Nicht weniger erfolgreich
blieb Feines *Einleitung in das Neue Testament*, die trotz notwendig gewor-
dener Umarbeitung und Neugestaltung bis in jüngste Zeit als Standardwerk
galt. Im Jahr seiner Emeritierung 1927 erscheint seine letzte große Veröffentlichung unter dem Titel *Der Apostel Paulus*, ein Alterswerk und die Zusammenfassung seines Lebenswerkes, das parallel zur Paulusdarstellung seines neutestamentlichen Gegenübers in der Fakultät, E. v. Dobschütz,
entstand und dem Feine die meiste Arbeitskraft der letzten Jahre gewidmet
hat.

Feine, der kirchenpolitisch der konservativen „Positiven Union" nahestand, hat neben seinem akademischen Amt eine breite karitative Wirksamkeit entfaltet. Als Synodaler und Vorsitzender des Gustav-Adolf-Hauptver-
eins nahm er regen Anteil am kirchlichen Leben der Kirchenprovinz
Sachsen. Er starb am 31. August 1933.


Grabstätte: Laurentiusfriedhof, Feld II, Reihe 3, 6. Grabstelle v. l.
Grabinschrift:

Was suchet Ihr den Lebendigen bei den Toten?
Luk. 24, 5.


D. Paul Feine
Professor der Theologie
+ 9. Sept. 1859
† 31. Aug. 1933

*Werke:* Eine vorkanonische Überlieferung des Lukas in Evangelium und Apostelgeschichte, 1891. – Das gesetzesfreie Evangelium des Paulus in seinem Werdegang dargestellt, 1899. – Jesus Christus und Paulus, 1899. – Die Erneuerung des paulinischen Christentums durch Luther, 1903. – Paulus als Theologe, 1906. – Theologie des Neuen Testaments, 1910. [8]1953. – Einleitung in das Neue Testament, 1913 ([8]1936 v. J. Behm, seit [12]1966 grundlegend neugestaltet v. W. G. Kümmel). – Zur Reform des Studiums der Theologie, 1920. – Die Religion des Neuen Testaments, 1921. – Die Gestalt des apostolischen Glaubensbekenntnisses in der Zeit des Neuen Testaments, 1925. – Der Apostel Paulus, 1927. – Jesus, 1930. – *Bibliographie:* E. Stange (Hg.): Selbstdarstellungen V, 42–46.

*Literatur:* H. Eberle: Martin-Luther-Universität, 274. – H.-J. Kraus: Biblische Theologie, 182–184. – E. Stange (Hg.): Selbstdarstellungen V, 39–42. – Wer ist's? Unsere Zeitgenossen IV, hg. v. H. A. L. Degener, Berlin 1909 = DBA, N. F., Fiche 358, 23. – W. Wiefel: Spezialisierung, 22–24. – Ders.: Zeichen, 7f. – BBKL 2 (1990) 5. – NDB 5 (1961) 61 (H. Strathmann). – ÖBL I, 292.


## JOHANNES FICKER (1861–1944)

Am 12. November 1861 wurde FICKER als Sohn eines Pfarrers in Leipzig-Neureudnitz geboren. Nach dem Besuch des Nikolai-Gymnasiums studierte er seit 1880 in seiner Vaterstadt Theologie und Kunstgeschichte. Seine theologischen Studien setzte er seit 1884 am Leipziger Predigerseminar St. Pauli fort. In den Jahren zwischen 1886 und 1889 sehen wir FICKER als Reichsstipendiat am Deutschen Archäologischen Institut in Rom auf ausgedehnten wissenschaftlichen Reisen in Italien, Spanien und Nordafrika, auf denen er sich grundlegende Kenntnisse durch Studium und Anschauung für seine spätere akademische Tätigkeit als Kirchenhistoriker und Christlicher Archäologe aneignen konnte.

Zu einer ersten, kürzeren Begegnung mit der Theologischen Fakultät in Halle kommt es 1890, als FICKER nach seiner Promotion zum Dr. phil. und nach Abschluß seiner Licentiatendissertation und Habilitation hier als Privatdozent für Kirchengeschichte seine akademische Laufbahn beginnt. Zwei Jahre später wechselt er als Extraordinarius an die Reichsuniversität Straßburg, wo er 1900 zum ordentlichen Professor für Kirchengeschichte ernannt wird. Hier trifft er mit E. v. DOBSCHÜTZ zusammen, mit dem er in einen regen Gedankenaustausch tritt und dem er später in Halle wieder begegnen sollte.

1919 folgt FICKER, schon 58jährig, dem bereits 1917 an ihn ergangenen Ruf nach Halle in die Nachfolge von H. ACHELIS und beginnt im Sommersemester neben seinem Fachkollegen FR. LOOFS seine Wirksamkeit auf dem zweiten kirchengeschichtlichen Lehrstuhl.

Getreu seinem Programm, die „Bildanschauung des religiös Elementaren und Zentralen", das verbum visibile, zu erforschen, baut FICKER das Lehrangebot in Christlicher Archäologie und Kirchlicher Kunst aus: Fragen kirchlicher Gegenwartskunst interessieren ihn dabei genauso wie die Kunstwerke der frühchristlichen Kultur, oft in spannungsvoller Bezogenheit zu den literarischen Quellen, auf die er bei Anschauung und Interpretation unter keinen Umständen verzichtet. Daß FICKER eine beachtliche, noch heute existierende christlich-archäologische Sammlung zusammenstellt und sie im Rahmen der Fakultät institutionalisiert, stellt sich in diesem Zusammenhang als Konsequenz seines wissenschaftlichen und pädagogischen Ansatzes dar.

Ein zweites großes Thema erschließt sich FICKER auf dem Gebiet der reformationsgeschichtlichen Forschung. Es sind nicht allein die vielen Studi-

en zur Ikonographie der Reformatoren, sondern die kurz vor Vollendung seines achtzigsten Lebensjahres in der „Weimarer Lutherausgabe" (WA 56 und 57) publizierten Nachschriften der Frühvorlesungen M. LUTHERS, mit denen sich FICKER trotz einer an Schärfe zunehmenden öffentlichen Kontroverse mit E. HIRSCH und H. RÜCKERT über Zeitpunkt und Art der Veröffentlichung bleibende Anerkennung erworben hat: Neben verschiedenen anderen Handschriftenfunden hatte er auch die Originale der Nachschriften der Hebräer- und Römerbriefvorlesungen M. LUTHERS wiederentdeckt und sie in einem von ihm begründeten neuen editorischen Stil der Lutherforschung zugänglich gemacht. Durch seine umfassende Schau ihrer Kräfte und Gestalten hat FICKER der Forschung auf dem Gebiet der Reformationsgeschichte nicht nur neue Impulse vermittelt, sondern der mit K. HOLL einsetzenden Lutherrenaissance entscheidende Voraussetzungen geliefert.

Gemäß dem Ruhestandsreglement der Weimarer Republik für Ordinarien wurde FICKER erst 1929 emeritiert. Er, der Ästhet in der Fakultät, dessen kunstgeschichtlich einprägsamen Kirchenführungen allgemein bekannt waren und der den Halleschen Akademischen Kirchenchor seine liebste Schöpfung nannte, versah seine Arbeit nicht ohne praktischen Sinn: Die Neuausgabe des Provinzialgesangbuches von 1931 verdankt sein Äußeres weitgehend seiner künstlerisch-gestaltenden Mitarbeit, wie er auch für Kriegsblinde ein Neues Testament entwarf und herausgab.

FICKER starb am 19. Juni 1944.

Grabstätte: Laurentiusfriedhof, Feld I, Reihe 14, 4. Grabstelle v. l.
Grabinschrift:

JOHANNES FICKER
* 12. November 1861   † 19. Juni 1944.

WIR WISSEN ABER / SO UNSER IRDISCH HAUS
DIESER HÜTTE ZERBROCHEN WIRD / DASS WIR
EINEN BAU HABEN / VON GOTT ERBAUT / EIN
HAUS / NICHT MIT HÄNDEN GEMACHT / DAS
EWIG IST / IM HIMMEL. 2. KORINTH. 5. KAP. V. 1

*Werke:* Die Bedeutung der altchristlichen Dichtungen für die Bildwerke, 1885. – Die Quellen für die Darstellung der Apostel in der altchristlichen Kunst, 1887. – Die altchristlichen Bildwerke im christlichen Museum des Laterans, 1890. – Die Konfutation des Augsburger Bekenntnisses, ihre erste Gestalt und ihre Geschichte, 1891. – Druck und Schmuck des neuen evangelischen Gesangbuchs für Elsaß-Lothringen, 1903. – Anfänge reformatorischer Bibelauslegung I: Luthers Vorlesung über den Römerbrief 1515/16, 1908. ⁴1930. II: Luthers Vorlesung über den Hebräerbrief 1517/18, 1929. – Altchristliche Denkmäler und Anfänge des Christentums im Rheingebiet, 1909. ²1914. – Bildnisse der Straßburger Reformatoren, 1913. – Älteste Bildnisse Luthers, 1920. – Das Problem des evangelischen Kirchenbaus, 1924. – Die früheren Lutherbildnisse Cranachs, 1925. – Zu Luthers Vorlesung über den Galaterbrief 1516, 1925. – Luther als Professor, 1928. – Hg.: Archäologische Studien zum christlichen Altertum und Mittelalter, 1895–1899. – Studien über christliche Denkmäler, 1902–1936. – Quellen und Forschungen zur Kirchen- und Kulturgeschichte von Elsaß und Lothringen, 1913–1917. – (zusammen mit K. Eger): Studien zur Geschichte und Gestaltung des evangelischen Gottesdienstes und zur kirchlichen Kunst, 1924–1940. – *Bibliographie:* O. Thulin: Bibliographie Johannes Ficker, Halle/Berlin 1936; mit einem Nachtrag, Halle 1937. – Forts. ThLZ 69 (1944) 191.

*Literatur:* K. Aland (Hg.): Glanz und Niedergang, Brief-Nr. 626. 639. 692. – H. Eberle: Martin-Luther-Universität, 274f. – W. Elliger (Hg.): Forschungen zur Kirchengeschichte und zur christlichen Kunst. FS J. Ficker, Halle 1931. – Wer ist's? Unsere Zeitgenossen X, hg. v. H. A. L. Degener, Berlin 1935 = DBA, N. F., Fiche 365, 187f. – E.

Wolf: Fortgang, Fortschritte und neue Wege bei der Herausgabe der Werke Luthers. In: ThLZ 65 (1940) 338–349. – Ders.: In memoriam Johannes Ficker. In: ThLZ 69 (1944) 189–191. – Prof. Fickers Berufung nach Halle. Saale-Zeitung 9. 5. 1917, Nr. 215. – Johannes Ficker zum 80. Geburtstag. In: DtPfrBl 45 (1941) 405. – BBKL 2 (1990) 29f. – NDB 5 (1961) 134 (K. v. Rabenau). – RGG$^3$ 2 (1958) 935.

# AUGUST HERMANN FRANKE (1853–1891)

FRANKE, der in keinerlei verwandtschaftlicher Beziehung zu dem bekannteren Träger des gleichen Namens steht, wurde am 30. August 1853 in Sundern bei Gütersloh geboren. Nach Beendigung seiner Studien in Halle übernahm er 1879 die Stelle des Inspektors am Tholuckschen Konvikt, das er fünf Jahr leitete.

Seine akademische Laufbahn begann FRANKE 1882 als Privatdozent an der halleschen Fakultät, an der er sich mit einer Licentiatenarbeit über *Die Stellung des Johannes zum Volk des alten Bundes* habilitiert hatte. Da auch nach dem Eintritt M. KÄHLERS in die Fakultät 1879 das Bedürfnis nach einem Fachgelehrten, der sich ganz der Arbeit auf neutestamentlichem Gebiet widmen würde, nicht zur Ruhe gekommen war, wurde FRANKE, der Schwiegersohn J. KÖSTLINS, 1884 zum außerordentlichen Professor für Neues Testament berufen. Seine Wirksamkeit in Halle war jedoch nicht von langer Dauer.

Bereits 1886 folgte FRANKE einem Ruf in ein neutestamentliches Ordinariat an die Universität in Kiel auf den Lehrstuhl, den vor ihm B. WEISS und E. HAUPT innegehabt hatten. Aufgrund einer schweren Erkrankung mußte er bereits 1889 von seinen akademischen Verpflichtungen wieder entbunden werden.

FRANKE hat in Halle die ihm übertragene Bearbeitung der Abteilung IX des Meyerschen Kommentars vollendet, die die Briefe an die Philipper, Kolosser und an Philemon enthält. Auch als Kirchenlieddichter wurde FRANKE einer größeren Öffentlichkeit bekannt; einige seiner Lieder fanden Aufnahme in zeitgenössische Kirchengesangbücher. Die eigenen, als *Deutsche Psalmen* veröffentlichten Gedichte zeugen trotz ihrer vom Zeitgeschmack bestimmten Diktion vom tiefen Ernst seiner Frömmigkeit, mit der er seine tödliche Krankheit ertragen hat.

FRANKE starb am 31. Mai 1891.

Grabstätte: Laurentiusfriedhof, Feld V, Reihe 8, 2. Grabstelle v. l.
Grabinschrift:

Christus ist mein Leben.
Phil. 1, 21.

Aug. Herm. Franke
D. u. Prof. theol.
* am 30. August 1853
† am 31. Mai 1891.

*Werke:* Die Anlage des Johannes-Evangeliums. In: ThStKr 57 (1884) 80–154. – Das
Alte Testament bei Johannes, 1885. – Deutsche Psalmen, Geistliche Lieder und Gedich-
te, 1889. – Kommentar: Die Briefe an die Philipper, Kolosser und an Philemon, 1886
(KEK).

*Literatur:* W. Schulz: Reichssänger. Schlüssel zum deutschen Reichsliederbuch, Gotha
1930 = DBA, N. F., Fiche 390, 148. – W. Wiefel: Arbeit, 23f. – RGG² 2 (1928) 655.

# ERICH HAUPT (1841–1910)

HAUPT, am 8. Juli 1841 in Stralsund als Sohn eines Privatlehrers für englische Sprache geboren, besuchte als Schüler das Marienstiftsgymnasium in Stettin, wohin 1847 seine Eltern übergesiedelt waren. Seit 1858 studierte er in Berlin Theologie und Philologie. Nach seinem ersten theologischen Examen 1863 übernahm HAUPT für kurze Zeit eine Pfarramtsvertretung in Wernigerode und arbeitete dann als Hauslehrer in Mecklenburg. Ein Jahr später trat er als Oberlehrer am Gymnasium von Kolberg in den Schuldienst. Nachdem er 1865 in Greifswald die Prüfung für das höhere Schulamt abgelegt hatte, unterrichtete er am Bugenhagenschen Gymnasium in Treptow an der Rega als Lehrer für Religion, Deutsch und Hebräisch. Gleichzeitig leitete er dort als Inspektor das mit der Schule verbundene Alumnat. Um sich den Übergang ins Pfarramt zu sichern, meldete er sich 1871 in Stettin zum zweiten theologischen Examen, obwohl er später nie die Ordination empfangen noch in einem Pfarramt gestanden hat.

Bereits in dieser Frühphase entstehen erste neutestamentliche Studien und Arbeiten. 1878 erhält HAUPT, der als Außenseiter galt und nie Privatdozent geworden war, einen Ruf als Nachfolger TH. ZAHNs auf den neutestamentlichen Lehrstuhl der Universität Kiel, für die Theologische Fakultät Greifswald Anlaß genug, ihm die Ehrendoktorwürde zu verleihen. In Kiel erwarb sich HAUPT schnell einen weit über die Stadt hinausreichenden Ruf als Dozent und Prediger, so daß die Zahl seiner Hörer sowohl im Hörsaal als auch um seine Kanzel in der Kapelle auf dem Gut Sophienhof bei Preetz beständig wuchs.

1883 folgte HAUPT einem Ruf in seine pommersche Heimat nach Greifswald, wo er neben dem Fachkollegen und dem unumstrittenen Haupt der Fakultät H. CREMER eine starke Anziehungskraft auf die Studierenden ausgeübt hat. Da die persönlichen Gegensätze zwischen beiden nicht beigelegt werden konnten, nahm HAUPT 1888 die Berufung nach Halle an, bei der die Initiative offensichtlich allein von dem zuständigen Minister ausging, der den durch den Tod K. SCHLOTTMANNs und E. K. A. RIEHMs geminderten Einfluß der Mittelpartei in Kirche und Fakultät stärken wollte. HAUPT trat als erster Fachordinarius für Neues Testament formal in die Nachfolge von E. K. A. RIEHM, des persönlichen Ordinarius für Altes Testament, das von nun an über drei Dezennien nur noch mit einem ordentlichen Professor besetzt blieb. Hier in Halle war es HAUPT vergönnt, in den ihm noch verbleibenden 22 Jahren eine vielgestaltige Wirksamkeit in Universität, Kirche und Öffentlichkeit zu entfalten.

Als Synodaler in der Kreis-, Provinzial- und Generalsynode vertrat HAUPT als einer ihrer Führer nach J. KÖSTLIN die „Evangelische Vereinigung", die als Mittelpartei für die Überbrückung innerkirchlicher Gegensätze eintrat und bis zur letzten Synodalwahl 1929 die stärkste kirchenpolitische Richtung in der Provinz Sachsen darstellte. An Stelle W. BEYSCHLAGS gab HAUPT seit 1901 deren Organ, die „Deutsch-evangelischen Blätter", mit heraus. Im gleichen Jahr, in dem er das Amt des Rektors bekleidete, ernannte ihn 1902 das Konsistorium in Magdeburg, wiederum in Nachfolge von J. KÖSTLIN, zu seinem Mitglied. In diesem Jahr folgte er ihm auch in der Redaktion der „Theologischen Studien und Kritiken", die er zusammen mit E. KAUTZSCH bis zu ihrem gemeinsamen Todesjahr herausgab. Von W. BEYSCHLAG übernahm er den Vorsitz des halleschen Hauptvereins der „Gustav-Adolf-Stiftung" (1900–1908), wie er in diesen Jahren gleichfalls dem Zentralvorstand des „Gustav-Adolf-Vereins" und des „Evangelischen Bundes" angehört hat, beides mitgliederstarke kirchliche Organisationen, die in traditioneller Verbindung zur Mittelpartei standen. So hat HAUPT nach außen das Erbe der einst durch W. BEYSCHLAG und J. KÖSTLIN repräsentierten halleschen Vermittlungstheologie angetreten, deren Positionen er sorgsam vertritt.

In erster Linie blieb HAUPT freilich ein begnadeter Hochschullehrer, dessen pädagogisches Geschick und lebendige Vorlesungen die Studierenden scharenweise anzog und denen er ein theologischer Berater und seelsorgerlicher Begleiter wurde. Auch als Prediger genoß HAUPT einen Ruf weit über die Stadtgrenzen hinaus. Viele seiner Schüler haben bezeugt, daß HAUPT, seinem theologischen Profil nach gemäßigt konservativ, ihnen sichere Wege gewiesen habe, die wissenschaftliche mit der geistlichen Arbeit an der Heiligen Schrift zu verbinden.

Das literarische Lebenswerk HAUPTS bleibt überschaubar. Abgesehen von kleineren Studien und populären, einem volkspädagogischen Zweck dienenden Arbeiten, seiner eigentlichen Stärke, entsteht während der halleschen Jahre sein Kommentar zu den Gefangenschaftsbriefen (Philipper-, Kolosser- und Philemonbrief), den er 1897 vorlegt und der eine größere Resonanz fand. Als er sich in der aktuellen Kontroverse zwischen Λ. v. HARNACK und dem Rechtshistoriker R. SOHM über den Charakter der urchristlichen Gemeindeordnung mit einer Studie *Zum Verständnis des Apostolats im Neuen Testament* zu Wort gemeldet hat und darin deutlich Positi-

on für die von dem Juristen vertretene Auffassung einer charismatischen anstelle rechtlichen Gestalt dieser Ordnung bezog, zeigt sich HAUPT noch einmal als ein Theologe, der auch in den großen kontroverstheologischen Debatten seiner Zeit etwas zu sagen hatte und sich dafür das nötige Gehör zu verschaffen wußte.

Ein schweres Gichtleiden, dessentwegen er zuweilen auf das Katheder getragen werden mußte, setzte dem literarischen Schaffen des Gelehrten im letzten Lebensjahrzehnt ein endgültiges Ende. HAUPT starb am 19. Februar 1910.

Grabstätte: Laurentiusfriedhof, Feld II, Reihe 8, 2. Grabstelle v. r.
Grabinschrift:

Psalm 126
D. Erich Haupt,
Professor der Theologie
u. Geh. Konsistorialrat,
* 8. Juli 1841,
† 19. Febr. 1910.

*Werke:* Der 1. Brief des Johannes, ein Beitrag zur biblischen Theologie, 1869. – Die alttestamentlichen Zitate in den vier Evangelien, 1871. – Johannes der Täufer, eine biblische Betrachtung, 1874. – Der Sonntag und die Bibel, 1877. – Die pädagogische Weis-
heit Jesu in der allmählichen Enthüllung seiner Person, 1880. – Die Kirche und die
theologische Lehrfreiheit, 1881. – Die eschatologischen Aussagen in den synoptischen
Evangelien, 1895. – Zum Verständnis des Apostolats im Neuen Testament, 1896. –
Kommentar: Die Gefangenschaftsbriefe des Paulus, 1897. ²1902 (KEK). – Predigt-
sammlungen: Pilgerschaft und Vaterhaus, 1880. ²1890. – Mein Reich ist nicht von dieser Welt, 1903. – *Bibliographie:* Teilüberblicke: BBKL 2 (1990) 602. – RE³ 23 (1913)
616–623.

*Literatur:* E. Alberti: Lexikon der Schleswig-Holstein-Lauenburgischen und Eutinischen
Schriftsteller von 1866–1882, Bd. 1, Kiel 1885 = DBA, Fiche 486, 91. – Hallesches
Akademisches Vademecum 3f. – E. Kautzsch: Erich Haupt (Nachruf). In: ThStKr 83
(1910) 493–500. – G. Kawerau: Zur Erinnerung an D. Erich Haupt. In: DE 1 (1910)
130ff. 197ff. 257ff. – W. Wiefel: Spezialisierung, 4–8. – BBKL 2 (1990) 601–603. –
RE³ 23 (1913) 616–623 (F. Rendtorff).

# GERHARD HEINZELMANN (1884–1951)

Am 10. Juni 1884 wurde HEINZELMANN in Coswig (Anhalt) als Sohn eines
Pfarrers geboren. Nach dem Besuch des Karlsgymnasiums in Bernburg studierte er in Halle, Tübingen und Berlin Theologie. Im Anschluß an seine

Studien übernahm er 1907 eine Anstellung als Inspektor im Theologischen Stift in Göttingen. Nach seiner Promotion und Habilitation kündigt er hier seit 1910 als Privatdozent Vorlesungen und Seminare an. Unter seinen Hörern befindet sich auch P. ALTHAUS, mit dem ihn seitdem eine lebenslange Freundschaft und eine lebendige theologische Arbeitsgemeinschaft verbindet. 1914 geht HEINZELMANN als außerordentlicher Professor nach Basel. Dort wird er 1918 zum Ordinarius für Systematische Theologie berufen. Zum Wintersemester 1929/30 folgt er einem Ruf nach Halle, um die Nachfolge für W. LÜTGERT anzutreten.

HEINZELMANN, dessen literarische Hinterlassenschaft sich im Vergleich zu anderen Systematikern in Grenzen hält, hat seine vordringliche Aufgabe im mündlichen Lehrvortrag und in dem „lebendig gesprochenen Wort in der Kirche" gesehen. Daß ihm die Verkündigung als höchste Aufgabe über alles Lehren galt, davon zeugen seine Predigtbände und sein Wirken als Universitätsprediger in den halleschen akademischen Gottesdiensten. Systematisch-theologische, in der Tradition M. KÄHLERs und W. LÜTGERTs gelegentlich auch neutestamentliche Vorlesungen und Seminare zu halten, darin sah HEINZELMANN den eigentlichen Schwerpunkt seiner akademischen Tätigkeit als Hochschullehrer gesetzt, in denen er den Gegenstand seines Faches mit Zurückhaltung gegenüber spektakulären Thesen, in der Wahl seiner Formulierungen dafür umso klarer und in lebendiger Anschaulichkeit den Studierenden nahezubringen verstand.

Schon als Student ist HEINZELMANN wesentlich von der Theologie M. KÄHLERs bestimmt worden, wie er auch in späteren Jahren seine theologische Herkunft von diesem Lehrer nie verleugnen konnte und wollte. Was ihn wie den damaligen Inspektor des Schlesischen Konviktes, K. HEIM, seit ihrer Studentenzeit zeitlebens an M. KÄHLER band, war die Lehre von der Versöhnung und Weltvollendung, in der er den Höhepunkt der christlichen Verkündigung sah, und das Hineingenommensein in dessen Christozentrismus, das fortwährende Kreisen aller theologischen Aussagen um die Christusoffenbarung Gottes als Mitte der Theologie. Insofern ist es konsequent, wenn wir in einer Vielzahl seiner theologischen Gedanken und Äußerungen immer wieder auf das Problem der Offenbarung stoßen, die ihm Prinzip und Ziel aller Theologie war und unter der er alle anderen großen Fragen der Theologie, Philosophie, Geschichte, Kultur- und Geisteswissenschaft behandelt hat. Was Offenbarung ist, darüber entscheidet einzig ihr Inhalt, so hat es HEINZELMANN jedem seiner Hörer eingeschärft.

Auf die biblische Offenbarung bezogen bedeutet das, daß das Offenbarungsproblem für HEINZELMANN nur christologisch gelöst werden kann. Da die Christusoffenbarung Gottes sich aber nur im Glauben erfahren läßt, fordert HEINZELMANN schließlich die strenge Bezogenheit aller Theologie auf die christliche Gemeinde als dem einzigen Ort, an dem Glauben überhaupt zu wachsen vermag. Treu diesem theologischen Ansatz gegenüber hat HEINZELMANN seine Methode selbst als eine offenbarungskritische verstanden, an der er andere mögliche Methoden und Denkansätze gemessen und sich mit ihnen auseinandergesetzt hat. Dabei war er sich dessen bewußt, daß auch die von ihm vertretene offenbarungskritische Methode nicht die letztgültige bedeuten kann. Denn – so HEINZELMANN – „die vollendete Methode hätten wir nur dann, wenn wir die vollendete Erkenntnis der Sache hätten. Diese aber bleibt immer Stückwerk."

Als Mitglied in der Kirchenleitung der altpreußischen Union und der Synode der Evangelischen Kirche in Deutschland hat HEINZELMANN engagiert an der Neuordnung des Kirchenwesens mitgewirkt. 1936 in die Zentralleitung gewählt, übernahm er 1944 das Amt des Präsidenten des Gustav-Adolf-Werkes. Mit Umsicht leitete er den Wiederaufbau der Diasporaarbeit, die sich nach dem Zweiten Weltkrieg vor neue Aufgaben gestellt sah.

HEINZELMANN starb am 21. Dezember 1951.

Grabstätte: Laurentiusfriedhof, Feld IV, Reihe 3, 2. Grabstelle v. r.
Grabinschrift:

> Der Gerechte ist auch in
> seinem Tode getrost. Spr. 14, 32.
>
> Hier ruhen in Gott
> D. Gerhard Heinzelmann
> Professor d. Theologie
> * 10. 6. 1884    † 21. 12. 1951
> (und weitere Angehörige)

*Werke:* Der Begriff der Seele und die Idee der Unsterblichkeit bei Wilhelm Wundt, 1910. – Animismus und Religion, 1913. – Die erkenntnistheoretische Begründung der Religion, 1915. – Die Stellung der Religion im modernen Geistesleben, 1919. – Der Glaube an den Schöpfergott, 1937. – Kommentar: Philipperbrief, 1938. [7]1955 (NTD 8). – Hg.: Einigungssätze zwischen der Evangelisch-Lutherischen Kirche Altpreußens und der Evangelisch-Lutherischen Freikirche, 1948. – *Bibliographie:* ThLZ 77 (1952) 111–114.

*Literatur:* H. Eberle: Martin-Luther-Universität, 276f. – M. Schellbach: Gerhard Heinzelmann in memoriam. In: ThLZ 77 (1952) 107–111.


## HERMANN HERING (1838–1920)

HERING wurde am 26. Februar 1838 in Dallmin (Priegnitz) als Sohn eines Kunstgärtners geboren. Das Gymnasium besuchte er in Neuruppin. Nach Abschluß seines Theologiestudiums, zu dem er sich von 1858 bis 1862 in Halle aufgehalten hatte, führte ihn sein Weg zunächst in ein Gemeindepfarramt, das er seit 1863 in Weißensee (Thüringen) versah. 1869 wechselte er nach Weißenfels, wo er zum Oberpfarrer ernannt wurde. 1875 übernahm HERING die Superintendentur in Lützen.

1878 wurde HERING aus dem Pfarrdienst zum Ordinarius für Praktische Theologie an die Universität Halle berufen. HERING, als Nachfolger des im Jahr zuvor verstorbenen A. WOLTERS, vertrat auch das Fach Christliche Pädagogik. Während seiner dreißigjährigen akademischen Tätigkeit an der Fakultät wirkte HERING seit 1884 auch als Universitätsprediger und Seelsorger. In dieser für die Geschichte der halleschen Theologischen Fakultät bedeutsamen Aufgabe löste er, seit 1889 wirksam von FR. LOOFS unter-

stützt, allmählich den offiziell ernannten Universitätsprediger W. Beyschlag ab, bis er nach dessen Tod 1902 selbst mit der Nachfolge in diesem
Amt betraut wurde.

In Herings Wirksamkeit fällt die allmähliche Verlagerung des akademischen Gottesdienstes vom Dom in die Magdalenenkapelle der Moritz-
burg, die 1806 säkularisiert und anläßlich der Zweihundertjahrfeier der
Universität als Geschenk der Provinzialverwaltung wieder hergerichtet worden war.

Das literarische Werk, das Hering hinterlassen hat, bleibt überschaubar. Neben historischen Einzeluntersuchungen sind es die Homiletik und
Fragen der praktischen Gottesdienstgestaltung, denen sein wissenschaftliches Interesse gegolten hat. Als Herausgeber der „Sammlung von Lehrbüchern der praktischen Theologie" ist er auch über Halle hinaus einem
größeren Leserkreis bekannt geworden. Gemeinsam mit dem ihm freund-
schaftlich verbundenen Kollegen M. Kähler gab er eine Gedenkschrift für
den damals bekannten Pastor an St. Laurentius H. Hoffmann heraus, in
der dessen unverwechselbare Art zu predigen eine grundsätzliche Würdigung erfährt.

Hering, der lange Jahre neben M. Kähler den konservativen, christlich-sozialen Flügel in der Fakultät vertreten hat, stellte 1908 infolge seiner
Emeritierung die Lehrtätigkeit an der Fakultät ein. Er starb am 7. April
1920.

Grabstätte: Laurentiusfriedhof, Feld II, Reihe 1, 7. Grabstelle v. l.
Grabinschrift:

Hier ruht
Hermann Hering
D. und Professor der Theologie
gest. am 7. April 1920

Gott sei Lob für Alles!

*Werke:* Die Mystik Luthers im Zusammenhange seiner Theologie, 1879. – Die Liebes-
tätigkeit des Mittelalters nach den Kreuzzügen, 1883. – Hilfsbuch zur Einführung in
das liturgische Studium, 1888. – Doktor Pomeranus, Johannes Bugenhagen, 1888. –
Die Volkstümlichkeit der Predigt, 1892. – Die Lehre von der Predigt, 1894. – (zusammen mit M. Kähler) Heinrich Hoffmann, 1900. – Der akademische Gottesdienst und
der Kampf um die Schulkirche in Halle a. S., 1909. – Stubenrauch und Schleiermacher,
1918.

*Literatur:* A. Hinrichsen: Das literarische Deutschland, Berlin ²1892 = DBA, Fiche 519, 99. – P. Keyser: Der akademische Gottesdienst: 250 Jahre Universität Halle 115–118. – Kürschners Deutscher Literatur-Kalender 39 (1917), hg. v. H. Klenz, Berlin/Leipzig 1917, 669f. – Wer ist's? Unsere Zeitgenossen IV, hg. v. H. A. L. Degener, Berlin 1909 = DBA, N. F., Fiche 565, 256. – RE³ 22 (1909) XVII. – RGG¹ 2 (1910) 2127.

## MARTIN KÄHLER (1835–1912)

Ihren guten Ruf und ihre Anziehungskraft, über die die Theologische Fakultät um die Jahrhundertwende in reichem Maße verfügte, verdankt sie in erster Linie der Person und theologischen Wirksamkeit von KÄHLER, der in Halle über fünfzig Jahre als akademischer Lehrer und Studentenseelsorger in Erscheinung getreten ist.

KÄHLER wurde am 6. Januar 1835 in Neuhausen bei Königsberg als Sohn eines Pfarrers und späteren Oberkonsistorialrates geboren. Seine Vorbildung erhielt er 1845 bis 1853 auf den Gymnasien von Elbing und Königsberg. Sein Studienweg führte ihn 1853 zunächst an die Juristische Fakultät Königsbergs. Eine schwere Typhuserkrankung hatte die Hinwendung zu einem vertieften geistlichen Leben zur Folge, die ihn auch zu einem Studienwechsel führte: von 1854 bis 1859 studierte er Theologie in Königsberg, Heidelberg, Halle und Tübingen.

War es in Heidelberg R. ROTHE, so gewann er in Halle seine eigentliche theologische Prägung neben J. MÜLLER vor allem durch die Begegnung und enge Verbindung mit FR. A. G. THOLUCK, der ihn zu seinem Amanuensis bestimmte, ihn auf weite Reisen bis hin nach Algier mitnahm, zur akademischen Laufbahn ermunterte und zu dem er bis zu dessen Tod ein enges Vertrauensverhältnis besaß. In den Tübinger Semestern 1858/59 beeindruckten ihn J. T. BECK und später H. CREMER, mit dem ihn gleichfalls eine lebenslange Freundschaft verband.

1860 promovierte KÄHLER in Halle zum Licentiaten, habilitierte sich noch am selben Tag und begann seine Lehrtätigkeit als Privatdozent, die zunächst dem Neuen Testament galt. 1864 folgte er einem Ruf als Extraordinarius nach Bonn auf die durch den Weggang von A. RITSCHL erledigte Stelle, um 1867, ebenfalls als Extraordinarius, nach Halle zurückzukehren. Seine eingeschränkten Lehrmöglichkeiten haben ihn auch jetzt allein auf das Gebiet des Neuen Testaments gewiesen. Zugleich leitete KÄHLER bis 1879 als erster Inspektor das neugegründete Schlesische Konvikt, in dem er in der Tradition FR. A. G. THOLUCKs jedem einzelnen Studenten ein treuer seelsorgerlicher Begleiter war.

1879 wurde KÄHLER als Nachfolger seines Lehrers J. MÜLLER zum Ordinarius für Systematische Theologie und Neues Testament berufen. Auf diesem Lehrstuhl lehrte er, ehrenvolle Berufungen nach Göttingen und Berlin ausschlagend, bis zu seinem Tod und begründete auf ihm seinen Ruf als anerkannter Vertreter der positiven Theologie: In ganz Deutschland wurde er als theologischer Lehrer bekannt, dessen Methode, den Bibeltext unmittelbar zur Sprache zu bringen, die Studierenden scharenweise anzog. Wer nach Halle ging, kam, um vor allen anderen ihn zu hören. Seine Hörerzahl wuchs ständig. Später einflußreiche Theologen wie J. SCHNIEWIND, K. HEIM, R. HERMANN und W. LÜTGERT sammelte er als Schüler um sich, die sein Erbe bis in die Gegenwart vermittelt haben.

Der Beginn von KÄHLERS Wirksamkeit fällt in die Ära W. BEYSCHLAGS, in dessen vermittlungstheologischen Bemühungen er größte Gefährdungen für die evangelische Theologie erwachsen sah und dem er als Dogmatiker ein entschiedener Gegner wurde. In der vermittlungstheologisch-nationalliberal bestimmten Fakultät galt er, der kirchenpolitisch zur konservativen Hofpredigerpartei der „Positiven Union" gehörte, deshalb eher als ein Außenseiter. Dennoch haben ihn seine Überzeugungen mehr als einmal daran gehindert, das Wirken seines Schwagers A. STOECKER vorbehaltlos gutzuheißen, wie er auch die Politik BISMARCKS gelegentlich kritisch kommentierte.

Von vielen als Biblizist mißverstanden, war KÄHLER als Bibeltheologe daran gelegen, die für ihn bestimmende Biblische Theologie zur Geltung zu bringen und eine reformatorisch geprägte Wort-Gottes-Theologie zu vertreten. In geistiger Auseinandersetzung mit der Naturreligion J. W. v. GOETHES und der Weltfrömmigkeit der Gebildeten des 19. Jahrhunderts, besonders mit G. W. FR. HEGEL und dem deutschen Idealismus, aber auch mit der Bewußtseinstheologie FR. D. E. SCHLEIERMACHERS, hat sich KÄHLER zeitlebens der Frage nach der Bedeutung der Bibel und ihrer Botschaft gestellt. Unter Verzicht auf die Inspirationslehre in jeder Form und in bedingter Wertschätzung der historisch-kritischen Forschung gewinnt für ihn die Heilige Schrift Autorität und Offenbarungsansehen durch das lebendige, kirchengründende Wort Gottes, wie es sich in der Verkündigung der biblischen Zeugen der Auferstehung Christi ausspricht. Wie er es in seiner bekanntesten Schrift *Der sogenannte historische Jesus und der geschichtliche biblische Christus* umrissen hat, bedeutet für KÄHLER Christus „die Selbstoffenbarung des unsichtbaren lebendigen Gottes", die er im geschichtlichen Christus als dem Zenit der Geschichte findet. Jesus Christus bedeutet ihm Mitte und Erfüllung der Schrift, wie sich Ziel und Zweck der Evangelien, die als Urkunden den Glauben seiner Jünger verkünden, darin erfüllen, daß sie den Zugang zum wirklichen geschichtlichen Christus eröffnen und Glauben an ihn wecken. Aus diesem Grund blieb KÄHLER der Suche nach dem „historischen Jesus" stets verschlossen, die ihm als Irrweg erschien.

Sein entscheidendes Anliegen, die Beziehung des Menschen zu Gott streng personal zu bestimmen, führt KÄHLER nach vielen Seiten durch. In seinem Hauptwerk *Die Wissenschaft der christlichen Lehre* entfaltet er vom reformatorischen Grundartikel aus, dem Rechtfertigungsglauben, die gesamte christliche Lehre in den drei Lehrkreisen Apologetik, Dogmatik und Ethik. Das eindeutige Zentrum und Bindeglied bildet hierbei die Christologie als Lehre vom Versöhner. Christus ist es, der am Kreuz Gott und Mensch versöhnt hat und sich in seinem Wort und in seiner Gemeinde als der lebendige Herr erweist. Diesem Rechtfertigungsglauben folgt notwendig eine neue Sittlichkeit, deren Ziel es ist, dem Bild Christi gleich zu werden.

KÄHLER hat sich selbst als Pietist verstanden, dem es darauf ankam, die Frage der Reformatoren nach der certitudo salutis (Heilsgewißheit) wachzuhalten. So vereinigen sich in seiner Persönlichkeit beide Traditionen, aus denen die Theologische Fakultät Halle-Wittenberg einst erwachsen war.

Die Bedeutung KÄHLERs, der den Zeugnischarakter der biblischen Texte neu verstehen lehrte, der die Kirche nachdrücklich auf ihren missionarischen Auftrag aufmerksam machte und der für den erhöhten Herrn den Weg zu bereiten suchte, weist weit über ihn hinaus. Eine besondere Nachwirkung erlebte seine Wort-Gottes-Theologie auch dadurch, daß sie im Kirchenkampf des „Dritten Reiches" von der Bekennenden Kirche dankbar rezipiert wurde: Die Vertreter der älteren Generation an der Bekenntnissynode in Barmen 1934 waren fast durchweg Schüler KÄHLERs und H. CREMERS gewesen.

KÄHLER, dessen Theologie sein Nachfolger W. LÜTGERT als die reifste Frucht der Erweckungsbewegung bezeichnet hat, starb am 7. September 1912 während eines Kuraufenthaltes in Freudenstadt im Schwarzwald.

Grabstätte: Laurentiusfriedhof, Feld III, Reihe 1, 1. Grabstelle v. l.
Grabinschrift:

D. MARTIN KÄHLER
PROFESSOR DER THEOLOGIE
1839 – 1912

1. KOR. 2. 2
Ich hielt mich nicht dafür, dass ich
[etwas wüsste unter euch, als allein
Jesum Christum, den Gekreuzigten.]

(stark verwittert)

*Werke:* Das Gewissen, 1878. – Die Wissenschaft der christlichen Lehre von dem evangelischen Grundartikel aus, 1883. [3]1905 (Nachdr. 1966). – Der sogenannte historische Jesus und der geschichtliche biblische Christus, 1892. [4]1969. – Die Versöhnung durch Christus in ihrer Bedeutung für das christliche Glauben und Leben, 1885. [2]1907. – Das Kreuz. Grund und Maß für die Christologie, 1911. – Dogmatische Zeitfragen, 3 Bde., 1898–1913. – Der Lebendige und seine Bezeugung in der Gemeinde. Ausw. v. A. Kähler, Einl. v. J. Schniewind, 1937. – Geschichte der protestantischen Dogmatik im 19. Jahrhundert, hg. v. E. Kähler, [2]1989. – Jesus und das Alte Testament, hg. v. E. Kähler, 1967. – Schriften zur Christologie und Mission, hg. v. H. Frohnes, 1971. – *Bibliographie:* M. Kähler: Geschichte der protestantischen Dogmatik im 19. Jahrhundert, hg. v. E. Kähler, [2]1989, 299–317. – Teilüberblicke: Hallesches Akademisches Vademecum, 7–10. – BBKL 3 (1992) 927–929.

*Literatur:* M. Fischer: Martin Kähler. In: Theologen des Protestantismus im 19. und 20. Jahrhundert I, hg. v. M. Greschat, Stuttgart 1978, 130–149. – H. Frohnes: Der Nachlaß von Martin Kähler. In: ZKG 80 (1969) 79–99. – H.-P. Göll: Versöhnung und Rechtfertigung. Die Rechtfertigungslehre Martin Kählers, Gießen/Basel 1991. – M. Kähler: Theologe und Christ. Erinnerungen und Bekenntnisse, hg. v. A. Kähler, Berlin 1926. – F. W. Kantzenbach: Programme der Theologie, München ²1978, 120–126. – H.-J. Kraus: Biblische Theologie, 258–262. – H.-G. Link: Geschichte Jesu und Bild Christi. Die Entwicklung der Christologie Martin Kählers in Auseinandersetzung mit der Leben-Jesu-Theologie und der Ritschl-Schule, Neukirchen-Vluyn 1975. – F. Mildenberger: Martin Kähler. In: Gestalten der Kirchengeschichte IX/II: Die neueste Zeit II, hg. v. M. Greschat, Stuttgart 1985, 278–288. – N. Müller: Das Denken Martin Kählers als Beitrag zur Diskussion um eine „biblische Theologie". In: EvTh 48 (1988) 346–359. – J. H. Schmid: Erkenntnis des geschichtlichen Christus bei Martin Kähler und Adolf Schlatter, Basel 1978. – J. Schniewind: Martin Kähler 1835–1912. In: 250 Jahre Universität Halle, 102–105. – Ders.: Martin Kähler. Nachgel. Reden u. Aufs., hg. v. E. Kähler, Berlin 1956, 166–172. – Chr. Seiler: Die theologische Entwicklung Martin Kählers bis 1869, Gütersloh 1966 (BFChTh 51). – E. Vielhaber: Das Problem der Offenbarung in der Theologie Martin Kählers, Diss. Göttingen 1963. – W. Wiefel: Arbeit, 21–23. – Ders.: Spezialisierung, 9–12. – U. Wimmer: Geistestheologie. Eine Untersuchung zur Grundlegung der Theologie und zur Pneumatologie Martin Kählers, Zürich 1978. – BBKL 3 (1992) 925–930. – EKL¹ 2 (1956) 503f. – Hallesches Akademisches Vademecum, 6–10. – NDB 10 (1974) 725f. (E. Kähler). – RGG¹ 3 (1912) 877–879. – RGG² 3 (1929) 578–580.- RGG³ 3 (1959) 1081–1084. – TRE 17 (1988) 511–515 (H.-J. Kraus).

# FERDINAND KATTENBUSCH (1851–1935)

Am 3. Oktober 1851 in Kettwig (Ruhr) in einer Fabrikantenfamilie geboren, studierte KATTENBUSCH nach dem Besuch der Gymnasien in Werden und Soest seit 1869 in Bonn, Berlin und Halle Theologie. Hier war er Senior der Seminarübungen des alten FR. A. G. THOLUCK, dessen letzter „Reiseamanuensis" und einer der ersten Bewohner des von ihm ins Leben gerufenen Konviktes. Von ihm hat KATTENBUSCH tiefe Eindrücke empfangen. M. KÄHLER war es, der in ihm das Interesse für historische und systematische Fragen weckte. Mit den Werken FR. D. E. SCHLEIERMACHERS und I. KANTS machte ihn dagegen der junge Privatdozent M. BESSER bekannt, der ihn auch in die Theologie A. RITSCHLS einführte und von dem KATTENBUSCH später gesagt hat, er sei sein eigentlicher akademischer Lehrer gewesen.

1873 legte KATTENBUSCH sein erstes theologisches Examen in Koblenz ab. Im Anschluß daran übernahm er Aufgaben als Repetent am Theologischen Stift in Göttingen, wo er im Hause A. RITSCHLS verkehrte und nun dessen Schüler wurde. 1875 zum Licentiaten promoviert, begann er nach seiner Habilitation 1876 dort als Privatdozent für historische Theologie seine akademische Laufbahn.

1878 folgt KATTENBUSCH einem ersten Ruf in ein systematisch-theologisches Ordinariat an die Universität Gießen, deren Rektorat er 1887 führt. 1904 kehrt er für kurze Zeit als ordentlicher Professor nach Göttingen zurück, um 1906 als Nachfolger für M. REISCHLE den zweiten systematisch-theologischen Lehrstuhl in Halle zu übernehmen. Als Ritschlianer tritt er damit M. KÄHLER und dessen Nachfolger W. LÜTGERT an die Seite, die beide die „positive" Richtung in der Fakultät vertreten. Somit bleibt mit dem Ruf KATTENBUSCHS auch auf dem Gebiet der Systematischen Theologie das in der Fakultät institutionalisierte Gleichgewicht der theologischen Richtungen gewahrt.

KATTENBUSCH, der als Systematiker historische und als Historiker dogmatische Sachfragen behandelte und seine theologischen Interessen ständig erweiterte, hat ein wissenschaftliches Werk hinterlassen, das sich im wesentlichen auf drei Komplexe konzentriert. Die stattliche Anzahl an Studien zur Auslegung der Theologie und Ethik M. LUTHERS weist auf ein erstes Forschungsgebiet, dem KATTENBUSCH bis ins hohe Alter treu geblieben ist. Es bleibt für diese Arbeiten charakteristisch, daß er das theologische Erbe des Reformators mit den theologischen Ideen seines Lehrers A. RITSCHL zu verbinden sucht und in ihnen zu einer für seine Gegenwart wesentlichen Neufassung des reformatorischen Grundanliegens gelangt. Ziel ist ihm dabei ein weltoffenes Neuluthertum, dem jede konfessionalistische Enge fremd ist. Mit seinen akribischen Einzelforschungen vor allem zur religiösen Ideenwelt M. LUTHERS hat KATTENBUSCH gleich seinem kirchengeschichtlichen Kollegen FR. LOOFS wesentliche Voraussetzungen geschaffen, ohne die die Lutherrenaissance der nächsten Jahrzehnte so nicht denkbar gewesen wäre.

Ein zweites, zentrales Thema seiner gelehrten Arbeit erschließt sich in den umfangreichen Abhandlungen zur Geschichte und zur Auslegung des Apostolikums. Als 1892 der schwäbischer Pfarrer CHR. SCHREMPF meinte, auf die weitere Verwendung des Apostolikums auch bei der Taufe verzichten zu müssen und dadurch der Apostolikumsstreit erneut aufflammte, der, durch ein Votum A. v. HARNACKS zur Revisionsbedürftigkeit des Bekenntnisses verschärft, bis in die Tagespresse hohe Wellen schlug, war es KATTENBUSCH, der mit seiner öffentlich bekundeten Wertschätzung des Apostolikums weit über diesen Streit hinaus nicht nur zur Versachlichung, sondern auch dazu beigetragen hat, daß die Gültigkeit des Glaubensbekenntnisses für Kirche und Theologie unverändert erhalten geblieben ist.

Eng mit seinen dogmengeschichtlichen Forschungen ist KATTENBUSCHs Beschäftigung mit der Konfessionskunde verbunden. Als Mitbegründer dieser jungen theologischen Disziplin, deren Bezeichnung „Konfessionskunde" anstelle des früher gebräuchlichen Namens „Symbolik" auf ihn zurückgeht, war ihm daran gelegen, Konfessionskunde als ein synoptisches Erfassen und Verstehen der christlichen Konfessionen in allen ihren Lebensäußerungen zu entwerfen. Besondere Impulse gingen vom ersten Teilband seines *Lehrbuches der vergleichenden Konfessionskunde* aus, der unter dem Titel *Die orthodoxe anatolische Kirche* 1892 erschien und „die bisher unbekannteste Confession zur bestbekannten gemacht" hat (A. v. Harnack) und dadurch den Dialog mit den Kirchen des christlichen Ostens eröffnen half. Auch die 33 aus seiner Feder herrührenden Artikel zur „Realencyclopädie für protestantische Theologie und Kirche" weisen ihn als hervorragenden Kenner der christlichen Kirchen und der jungen Ökumene aus.

KATTENBUSCH bekleidete 1913/1914 das Amt des Universitätsrektors. 1921 wurde er emeritiert und zog sich ein Jahr später, als H. STEPHAN die Nachfolge antrat, von seinen akademischen Verpflichtungen zurück. KATTENBUSCH, der sich noch in hohem Alter kritisch mit dem Nationalsozialismus auseinandergesetzt hatte, starb am 28. Dezember 1935.

Grabstätte: Laurentiusfriedhof, Feld II, Reihe 5, 8. Grabstelle v. l.
Grabinschrift:

D. Ferdinand Kattenbusch
Professor der Theologie
\* 3. Okt. 1851    † 28. Dez. 1935

Phil. 1, 21.

*Werke:* Luthers Lehre vom unfreien Willen und von der Prädestination, 1875. ⁵1905. –
Der christliche Unsterblichkeitsglaube, 1881. – Luthers Stellung zu den ökumenischen
Symbolen, 1883. – Lehrbuch der vergleichenden Konfessionskunde I: Prolegomena.
Die orthodoxe anatolische Kirche, 1892. – Von Schleiermacher zu Ritschl, 1892, seit
⁵1926: I. Die deutsche evangelische Theologie seit Schleiermacher. Ihre Leistungen und
ihre Schäden, ⁶1933. II. Zeitenwende auch in der Theologie, 1934. – Die Kirchen und
Sekten des Christentums in der Gegenwart, 1909. – Über Feindesliebe im Sinne des
Christentums, 1916. – Luthers Pecca fortiter, 1918. – Deus absconditus bei Luther,
1920. – Die Vorzugstellung des Petrus und der Charakter der Urgemeinde, 1922. – Die
Doppelschichtigkeit in Luthers Kirchenbegriff, 1928. – Die Kirche und das dritte
Reich, Fragen und Forderungen deutscher Theologen, hg. v. L. Klotz, I 1934, 57–64.
– *Bibliographie:* Teilüberblicke: BBKL 3 (1992) 1240f. – E. Stange (Hg.): Selbstdarstel-
lungen, 119–121.

*Literatur:* A. Hinrichsen: Das literarische Deutschland, Berlin ²1891 = DBA, Fiche 630,
111. – Reichshandbuch der deutschen Gesellschaft I, Berlin 1930 = DBA, N. F., Fiche
685, 89. – Studien und Kritiken zur Theologie. FS F. Kattenbusch, Halle 1931. –

FS F. Kattenbusch. In: ZThK 12 (1931) 241–372. – O. Ritschl: Ferdinand Kattenbusch als Persönlichkeit, Forscher und Denker. In: ThStKr 107 (1936) 289–311. – E. Stange (Hg.): Selbstdarstellungen, 85–121. – Wer ist's? Unsere Zeitgenossen X, hg. v. H. A. L. Degener, Berlin 1935 = DBA, N. F., Fiche 685, 91. – W. Wiefel: Spezialisierung, 25f. – E. Wolf: Hallische Lutherforschung (Köstlin, Kattenbusch, Loofs). In: 250 Jahre Universität Halle, 106–108. – BBKL 3 (1992) 1239–1241. – Hallesches Akademisches Vademecum, 5f. – NDB 11 (1977) 330f. (F. de Boor). – RGG³ 3 (1959) 1228.

# ERICH KLOSTERMANN (1870–1963)

KLOSTERMANN wurde am 14. Februar 1870 in Kiel als Sohn des Alttestamentlers A. KLOSTERMANN geboren. Nach gründlichen theologischen und philologischen Studien in Neuchâtel und Kiel promovierte er 1892 in seiner Vaterstadt mit einer Untersuchung über den griechischen Text des Buches Kohelet zum Dr. phil. Weitere Arbeiten zur Text- und Überlieferungsgeschichte des Alten Testaments, die auf Anregungen seines Vaters zurückgehen, folgten 1895 und 1896. Diese Untersuchungen zeigen von Anfang an das außerordentliche philologische Talent ihres Verfassers.

Die endgültige Entscheidung über seinen weiteren wissenschaftlichen Lebensweg fiel, als KLOSTERMANN bald nach seiner Promotion A. v. HARNACK begegnete. Dieser erkannte schnell die philologische Begabung des jungen Gelehrten und gewann ihn für die Mitarbeit in der Kirchenväterkommission der Preußischen Akademie der Wissenschaften. Die in diesem Rahmen von KLOSTERMANN geleistete Arbeit, die sich in einer Reihe von Studien zur Text- und Überlieferungsgeschichte verschiedener Schriften der Kirchenväter ORIGENES und EUSEB VON CÄSAREA niederschlug und daran anschließend auch regelmäßig zu Editionen der erforschten Texte im Corpus der „Griechischen christlichen Schriftsteller der ersten drei Jahrhunderte" führte, ist noch heute eine unverzichtbare Grundlage für jede weitere historische, theologische und philologische Forschung auf den Gebiet der Patristik.

Diese zeitaufwendige und wenig publikumswirksame Tätigkeit KLOSSTERMANNS ging freilich auf Kosten seines akademischen Werdegangs. Erst nachdem ihm durch die Theologische Fakultät in Berlin der theologische Licentiatengrad ehrenhalber verliehen worden war, konnte sich KLOSTERMANN 1901 an der Universität seiner Heimatstadt Kiel habilitieren.

Bis 1907 mußte er sich gedulden, daß ihn die Kieler Theologische Fakultät zum nichtbeamteten außerordentlichen Professor für Neues Testament und altchristliche Literatur ernannte.

1911 endlich erhielt er in Anbetracht seiner wissenschaftlichen Leistungen den ersehnten Ruf in ein Ordinariat nach Straßburg. In den Jahren zuvor hatte KLOSTERMANN sein wissenschaftliches Arbeitsfeld so auszudehnen vermocht, daß einer entsprechenden Berufung nun nichts mehr im Wege stand.

So ging KLOSTERMANN 1905 auf ein Angebot seines engen Freundes H. LIETZMANN ein, für dessen „Kleine Texte für Vorlesungen und Übungen" er seit 1903 bereits mehrere Textausgaben für den akademischen Unterricht beigesteuert hatte, an einem von ihm geplanten Kommentarwerk, dem „Handbuch zum Neuen Testament", mitzuarbeiten. In rascher Folge erschienen nun die Kommentare zum Markus- und Matthäusevangelium. Allein die Kommentierung des Lukasevangeliums konnte erst nach dem Ersten Weltkrieg der Öffentlichkeit übergeben werden. Die ständig neu überarbeiteten Kommentarwerke, die sich durch eine philologisch exakte Behandlung der textkritischen und exegetischen Probleme auszeichnen, wurden nicht nur von seinem Förderer H. LIETZMANN mit hohem Lob bedacht, sondern auch Gelehrte anderer wissenschaftlicher Überzeugungen wie beispielsweise R. BULTMANN haben dem beigepflichtet.

Nach Beendigung des Ersten Weltkrieges, während dessen er als Dekan und Lazarettpfarrer wirkte, wurde KLOSTERMANN angesichts drohender Internierung aus Straßburg vertrieben – eine Zäsur, die er zeitlebens als schmerzhaft empfunden hat. Die Universität Münster gab ihm daraufhin 1919 eine neue Wirkungsstätte, die er 1923 mit einer Professur in Königsberg vertauschte.

Ein Jahr nach seiner Wahl in die Preußische Akademie der Wissenschaften erreicht 1928 den nunmehr fast 59jährigen KLOSTERMANN der Ruf nach Halle auf den Lehrstuhl für Neues Testament und Altchristliche Literatur, der durch die Emeritierung P. FEINEs frei geworden war. Diese Berufung war das Ergebnis einer ministeriellen Entscheidung und wurde gegen die drei vorher abgelehnten Listenvorschläge der Fakultät durchgesetzt. Die Fakultät, in der Nachfolge für P. FEINE auf den Proporz der richtungsbestimmten Lehrstühle bedacht, hatte wiederholt Bedenken gegen KLOSTERMANN geäußert, der wegen seines gleichen Alters und seiner richtungsmäßigen Nähe zu seinem neutestamentlichen Kollegen E. v. DOBSCHÜTZ nicht die „positive" Richtung seines Vorgängers fortzusetzen versprach.

In Halle wirkte KLOSTERMANN auch über seine Emeritierung 1936 hinaus mit kriegsbedingter Unterbrechung und zuletzt aus gesundheitlichen Gründen stark eingeschränkt noch drei Jahrzehnte als theologischer Hochschullehrer. Sein rastloses Arbeiten als Forscher endete erst kurz vor seinem Tod im Alter von 93 Jahren. Trotz seiner Verpflichtungen auf dem Gebiet des Neuen Testaments und seiner Mitarbeit am Corpus Hellenisticum, um das er sich große Verdienste erworben hat, bleibt KLOSTERMANNS zweites Forschungsgebiet auch in Halle die Patristik. Er hat mit zunehmendem Nachdruck auf diesem Gebiet gearbeitet und sich dafür in Halle ein eigenes patristisches Institut geschaffen, damals das einzige in Deutschland. Noch in hohem Alter wagt er sich an ein neues Editionsvorhaben, das den Homilien des MAKARIOS-SYMEON gilt. Es zu vollenden war KLOSTERMANN jedoch nicht mehr vergönnt.

Er starb am 18. September 1963.

Grabstätte: Laurentiusfriedhof, Feld VI, Reihe 2, 1. Grabstelle v. l.
Grabinschrift:

> D. Dr. Erich Klostermann
> Professor der Theologie
> * 14. 2. 1870 † 18. 9. 1963
> 1. Kor. 13, 8

*Werke:* De libri Cohelet versione Alexandrina, 1892. – Analecta zur Septuaginta, Hexapla und Patristik, 1895. – Origenes' Werke, Bd. 3. Jeremiahomilien, Klageliederkommentar, Erklärung der Samuel- und Königsbücher, 1901 (GCS 6). – Eusebius' Werke, Bd. 3/1. Das Onomastikon der biblischen Ortsnamen, mit der lateinischen Übersetzung des Hieronymus, 1904 (GCS 11,1). – Eusebius' Werke, Bd. 4. Gegen Marcell. Über die kirchliche Theologie. Die Fragmente Marcells, 1906 (GCS 14). – (zusammen mit E. Benz): Zur Überlieferung der Matthäuserklärung des Origenes, 1931 (TU 47,2). – Origenes' Werke, Bde. 10–12. Matthäuserklärung, 1933–1955 (GCS 40. 38. 41). – Zum Makariustext. In: ThLZ 73 (1948) 687–690. – (zusammen mit H. Berthold): Neue Homilien des Makarios/Symeon. I. Aus Typus III, 1961 (TU 72). – (zusammen mit H. Dörries u. M. Kroeger): Die fünfzig geistlichen Homilien des Makarios, 1964 (PTS 4). – Kommentare: Das Markusevangelium, 1907. ⁵1971 (HNT 3). – Das Matthäusevangelium, 1909. ⁴1971 (HNT 4). – Das Lukasevangelium, 1919. ³1975 (HNT 5). – *Bibliographie:* ZNW 39 (1940) 231–236. – Forts. ThLZ 75 (1950) 123f.; 85 (1960) 313f.

*Literatur:* Studien zum Neuen Testament und zur Patristik, FS E. Klostermann, Berlin 1961 (TU 77). – K. Aland: Erich Klostermann zum 85. Geburtstag. In: FuF 29 (1955) 60f. – Ders. (Hg.): Glanz und Niedergang, Briefe Nr. 71. 90. 412. 593. 1047. – H. Eberle: Martin-Luther-Universität, 274f. – W. Eltester: Erich Klostermann 90 Jahre. In: ThLZ 85 (1960) 311–314. – Zwei Gedenkreden auf Erich Klostermann, gehalten anläßlich der Akademischen Trauerfeier am 11. 12. 1963. In: WZ(H).GS 14 (1965) 346–352. – H. Lietzmann: Erich Klostermann zum 70. Geburtstag. In: FuF 16 (1940) 59f. – Wer ist's? Unsere Zeitgenossen X, hg. v. H. A. L. Degener, Berlin 1935 = DBA, N. F., Fiche 719, 228. – W. Wiefel: Zeichen, 8–10. – BBKL 4 (1992) 89–92. – NDB 12 (1980) 124f. (K. Aland).

## JULIUS KÖSTLIN (1826–1902)

Als Sohn eines Obermedizinalrates wurde KÖSTLIN am 17. Mai 1826 in Stuttgart geboren. Nach dem Besuch des Gymnasiums in seiner Geburtsstadt begann er 1844 in Tübingen Theologie zu studieren. Mit der Wahl dieser Studienrichtung entsprach er nicht nur einer alten Familientradition. Er fühlte sich innerlich wohl um so mehr dazu getrieben, nachdem sein Bruder, der ursprünglich Theologe werden wollte, unerwartet verstorben war. Nach anfänglichen philologischen Studien, in denen er bei H. EWALD auch Arabisch lernte, waren es in den späteren Semestern F. CHR. BAUR und J. T. BECK, die ihn mit ihrer Begeisterung für das philosophische Werk G. W. FR. HEGELS anzogen.

1848 beendete KÖSTLIN sein Studium und ging in ein Vikariat nach Calw, um sich für das Pfarramt vorzubereiten. Die sich anschließende, damals übliche Kandidatenreise führte in nach Edinburgh in Schottland, wo er die dortigen Werke der kirchlichen Fürsorge und die synodalen Ordnungen von Staats- und Freikirchen kennenlernen wollte. Dort legte er auch den Grund für seine späteren Arbeiten zur Geschichte der schottischen Kirche. Auf der weitgespannten Rückreise, die dem Besuch bedeutender Bildungszentren und ihrer Gelehrten dienen sollte und die ihn u.a. nach Berlin, Breslau, Herrnhut, Halle, Leipzig und verschiedene Städte Österreichs führte, gelangte KÖSTLIN auch nach Hamburg, wo er J. H. WICHERN und die Arbeit des Rauhen Hauses kennenlernte.

Anstelle des ihm ursprünglich zugedachten Stadtvikariates in Stuttgart erhielt KÖSTLIN 1850 eine Anstellung als Repetent und Assistent für homiletische und katechetische Übungen in Tübingen, die erste Veröffentlichungen entstehen ließ und seinen späteren Weg wesentlich beeinflußt hat. 1852 unterzieht er sich der zweiten Dienstprüfung, hält sich aber durch seine Tätigkeit im Theologischen Seminar den Weg einer akademischen Laufbahn offen.

Nachdem er aufgrund seiner bisherigen Veröffentlichungen den theologischen Licentiatengrad erworben hat, wird KÖSTLIN 1855 zum Extraordinarius und zweiten Universitätsprediger nach Göttingen berufen. Zunächst hält er Vorlesungen und Seminare über das Neue Testament, später wendet er sich M. LUTHER zu und beteiligt sich an der Neubearbeitung des Katechismus. Er findet hier den allmählichen Übergang von der exegetischen zur systematischen Arbeit. 1860 erhält KÖSTLIN einen Ruf in ein Ordinariat nach Breslau. Es sind nun vor allem systematisch-theologische Vorlesungen, die er hier ankündigt.

1870 erreicht ihn der Ruf aus Halle, um als ordentlicher Professor für Systematische Theologie und Neues Testament die Nachfolge von A. WUTTKE anzutreten. In die neutestamentliche Arbeit hat KÖSTLIN freilich nur gelegentlich eingegriffen. Sein Profil gewinnt er als Lutherforscher und Systematiker, der theologisch und kirchenpolitisch seinen Platz neben W. BEYSCHLAG und in der vor allem durch ihn repräsentierten vermittlungstheologischen Richtung gefunden hatte. So begegnet er uns seit 1873 nicht nur als Mitherausgeber der „Theologischen Studien und Kritiken", die faktisch das Organ der Vermittlungstheologie geworden waren. Auch kirchenpolitisch vertritt er seit 1875 die von W. BEYSCHLAG gegründete Mittelpartei, die „Evangelische Vereinigung", in der Provinzial- und Generalsynode. Wie er schon in Breslau im schlesischen Konsistorium tätig geworden war, gehört KÖSTLIN seit 1871 bis zu seinem Lebensende nun dem Konsistorium in Magdeburg an.

Wie sich an seiner Bibliographie ablesen läßt, galt die besondere Aufmerksamkeit KÖSTLINS der Theologie und Persönlichkeit M. LUTHERS. Durch zahlreiche Einzelstudien, deren Ergebnisse in den zwei Hauptwerken *Luthers Theologie* und *Martin Luther, sein Leben und seine Schriften* zusammengefaßt vorliegen, ist KÖSTLIN zu einem der wichtigsten Förderer der reformationsgeschichtlichen Forschung im 19. Jahrhundert geworden. Ihm ist es zu danken, als erster Gestalt und Werk des Reformators in historischer Hinsicht sachgemäß erfaßt, den historischen Rahmen seines äußeren Lebensweges zuverlässig festgestellt und sein literarisches Werk darin eingeordnet zu haben. So verwundert es nicht, daß uns KÖSTLIN genauso als Mitbegründer und seit 1882 als langjähriger Vorsitzender des „Vereins für Reformationsgeschichte" entgegentritt, wie er sich auch am Plan und an der Ausführung der kleinen Braunschweiger und der großen Weimarer Ausgabe der Werke M. LUTHERS maßgeblich beteiligt hat. Seiner Initiative ist es zu verdanken, daß es zur Einsetzung der offiziellen Kommission zur Herausgabe der Werke M. LUTHERS durch den preußischen Staat gekommen ist.

Daß Köstlin die öffentliche kontroverstheologische Auseinandersetzung nicht gescheut hat, dafür sei der Konflikt um das von dem katholischen Kirchenhistoriker J. Janssen gezeichnete Lutherbild genannt, nach dem die Glaubensspaltung den im spätmittelalterlichen Deutschland vorhandenen destruktiven Kräften zum Sieg verholfen und so den Untergang des alten deutschen Reiches verschuldet habe. Diese literarische Kontroverse, in der er selbst ein differenzierteres Verständnis des Reformators gewann, gehört zu den Höhepunkten in der akademischer Laufbahn Köstlins.

Krankheitshalber mußte sich Köstlin ab 1896 zunehmend von seinen öffentlichen Verpflichtungen zurückziehen. Er starb am 12. Mai 1902.

Grabstätte: Laurentiusfriedhof, Feld V, Reihe 8, 1. Grabstelle v. l.
Grabinschrift:

Ich bin die Auferstehung und das Leben,
wer an mich glaubet,
der wird leben, ob er gleich stürbe.
Joh. 11, 25.

Hier ruht in Gott
Julius Köstlin
Dr. theol., phil., jur.,
Professor u. Oberkons. Rat.
* d. 17. Mai 1826
† d. 12. Mai 1902.

*Werke:* Die schottische Kirche, ihr inneres Leben und ihr Verhältnis zum Staat von der Reformation bis auf die Gegenwart, 1852. – Luthers Lehre von der Kirche, 1853. – Das Wesen der Kirche beleuchtet nach Lehre und Geschichte des Neuen Testaments mit vornehmlicher Rücksicht auf die Streitfrage zwischen Protestantismus und Katholicismus, 1854. ²1872. – Luthers Theologie in ihrer geschichtlichen Entwicklung und ihrem inneren Zusammenhang, 1862. ²1901. – Martin Luther, sein Leben und seine Schriften, 2 Bde., 1875. ⁵1902–1903. – Luthers Leben, 1882. ³1891. – Luther und J. Janssen, 1883. – Friedrich der Weise und die Schloßkirche zu Wittenberg, 1892. – Der Glaube und seine Bedeutung für Erkenntnis, Leben und Kirche mit Rücksicht auf die Hauptfragen der Gegenwart, 1895. – Christliche Ethik, 1899. – *Bibliographie:* Teilüberblicke: BBKL 4 (1992) 296–298. – RE³ 23 (1913) 784–788.

*Literatur:* A. Hinrichsen: Das literarische Deutschland, Berlin ²1891 = DBA, Fiche 686, 417. – E. Kautzsch: Zum Gedächtnis D. Julius Köstlin. In: ThStKr 76 (1903) 1–34. – J. Köstlin: Eine Autobiographie. In: Deutsche Denker und ihre Geistesschöpfungen, hg. v. O. Wilda, H. 9–12, Danzig 1890. – E. Wolf: Hallische Lutherforschung (Köstlin, Kattenbusch, Loofs). In: 250 Jahre Universität Halle 106–108. – BBKL 4 (1992) 293–298. – RE³ 23 (1913) 784–788 (G. Kawerau). – RGG¹ 3 (1912) 1580f.


# ARNO LEHMANN (1901–1984)

Lehmann wurde am 23. Mai 1901 in Dresden geboren. Seinen Vater, einen Bankangestellten, verlor er frühzeitig, weshalb er in sehr bescheidenen Verhältnissen aufwachsen mußte. Nach dem Besuch der Volksschule und einer Schule für begabte Waisen und Halbwaisen arbeitete Lehmann zunächst als Schreibgehilfe in einer Rechtsanwaltskanzlei. Von 1919 bis 1925 erhielt er seine theologische Ausbildung im Seminar der Leipziger Mission. In der Atmosphäre dieser Bildungsstätte konnten die Entscheidungen reifen, die seinen weiteren Lebensweg nachhaltig bestimmen sollten: ein Leben im Dienst der äußeren Mission und ihrer theologischen Wissenschaft.

Nach Abschluß seiner Vikariatszeit in Corbach/Waldeck begegnen wir Lehmann 1926 in Sirkali und Tranquebar (Südindien) wieder, wohin er als Missionar der Leipziger Mission ausgesandt worden war. Hier wirkte er neun Jahre als Pfarrer der Tamil Evangelical Lutheran Church, als Direktor ihrer High-School und eines Lehrerseminars. 1934 kehrte er wieder in die Heimat zurück. In seiner Vaterstadt Dresden versah Lehmann seitdem bis 1950 neben dem Studentenpfarramt auch das Amt des Missionsinspektors. Während dieser Zeit promovierte er 1947 in Leipzig zum Dr. phil.

1950 ergeht an ihn der Ruf aus Halle, in Nachfolge von H. W. Schomerus die von G. Warneck begründete missionswissenschaftliche Arbeit an der Fakultät fortzusetzen. Zunächst als Professor mit Lehrauftrag eingestellt, vetritt er seit 1954 das Fach Missionswissenschaft und Allgemeine Religionsgeschichte sowie südindische Geschichte und Dravidologie mit eigenem Lehrstuhl. Zeitweise lehrt er als Gastprofessor an den Theologischen Fakultäten in Leipzig und Jena. Er führt auch das Erbe G. Warnecks, die im deutschen Missionsleben bekannte „Hallesche Missionskonferenz", weiter, deren Arbeit er als Vorsitzender über 25 Jahre leitet und unter den widrigsten politischen Verhältnissen aufrechtzuerhalten vermag.

Lehmann, der sich als entschiedener Lutheraner in Halle der altlutherischen Gemeinde anschloß, verleugnete auch als Professor seine Beziehung zur kirchlichen Praxis nicht. In Predigt, Gemeindevortrag und vielfältiger literarischer Betätigung diente er dem selbstgesetzten Ziel, Menschen den Weg zur Erkenntnis der christlichen Wahrheit zu bezeugen. Daß seine Äußerungen auch über Deutschland hinaus wahrgenommen wurden, davon zeugt das hohe Ansehen, das Lehmann besonders in der angelsächsischen Welt genoß und ihm beispielsweise die Ehrendoktorwürde der Universität von St. Louis (USA) eintrug.

In seiner akademischen Wirksamkeit lag es in Lehmanns vordringlichem Interesse, einen Beitrag zur Erforschung und Darstellung der Missionsgeschichte zu leisten. Vor dem Hintergrund eigener Erfahrungen als Missionar in Tranquebar lag es nahe, daß er sich eingehend mit der Geschichte der dänisch-halleschen Mission beschäftigte, die einst in Halle ihr organisatorisches Zentrum besessen hatte, deren erste Südindien-Missionare die A. H. Francke-Schüler B. Ziegenbalg und H. Plütschau gewesen waren und über deren missionarische Unternehmungen in Halle reiches archivalisches Material vorhanden ist.

Auf einem zweiten Gebiet hat Lehmann die Forschung über die Arbeit seiner Vorgänger hinaus weitergeführt, indem er sich eingehend mit der christlichen Kunst der Jungen Kirche befasste und seit 1955 international viel beachtete Erstveröffentlichungen einem weiten Interessenten- und Leserkreis zur Kenntnis gab. Mit seinen dravidologischen Studien, die den noch heute in Indien gesprochenen vorsanskritischen Sprachen galten, vermochte Lehmann, ähnlich wie sein Vorgänger H. W. Schomerus, ein größeres Publikum mit dem reichen Schatz der tamulischen Geisteswelt bekannt zu machen.

Indem er sich schon als Missionar für die Unabhängigkeit der Jungen Kirchen mit manchem Erfolg einsetzte, hat LEHMANN ökumenische Pionierarbeit geleistet, wie er als Hochschullehrer mit seiner globalen Schau der kirchlichen und religiösen Landschaft den Übergang von der Missions- zur ökumenischen Wissenschaft mitgestalten half.

Die Emeritierung 1966 setzte dem Schaffen LEHMANNs als vorläufig letztem Inhaber des missionswissenschaftlichen Lehrstuhls keine Grenze: mit erstaunlicher Arbeitskraft wirkte er bis kurz vor seinem Tod in Wissenschaft, Kirche und Universität. LEHMANN starb am 21. April 1984.

Grabstätte: Laurentiusfriedhof, Feld V, Reihe 6, 5. Grabstelle v. r.
Grabinschrift:

ICH HABE DEN
GUTEN KAMPF
GEKÄMPFT
ICH HABE
GLAUBEN
GEHALTEN 2. Tim 4, 7

D. Dr. ARNO LEHMANN DD
PROFESSOR d. THEOLOGIE
\* 23. 5. 01       † 21. 4. 84

*Werke:* In der indischen Dorfkirche, 1935. – Die Hymnen des Tâyumânavar. Texte zur Gottesmystik des Hinduismus, 1935. – Die sivaitische Frömmigkeit der tamulischen Erbauungsliteratur. – Nach eigenen Quellenübersetzungen des Tâyumânavar und aus dem Devaram (Diss. Leipzig), 1948. – Es begann in Tranquebar. Die Geschichte der ersten evangelischen Kirche in Indien, 1955. – Die Kunst der Jungen Kirchen, 1955. – Unbekannte Kirchen auf den Nikobaren, 1955. – Pfingsten in den Bergen. Taiwanesen bauen ihre Kirche, 1955. – Lebendige Kirche in der weiten Welt, 1956. – Wie die Lutherische Kirche nach Indien kam, 1956. – Die Welt des Hinduismus, 1961 (Christus und die Welt 8). – Christliche afro-asiatische Kunst, 1961. – Afroasiatische Christliche Kunst, 1966. – Die deutsche-evangelische Mission in der Zeit des Kirchenkampfes. In: EMZ 30 (1973) 105–128; 31 (1974) 53–79. – Hg.: Gott will es. Missionspredigten, 1939. – Vom Missionsdienst der Lutherischen Kirche, 1942. – Handbook Lutheran World Mission, 1952. – Alte Briefe aus Indien. Unveröffentlichte Briefe 1706–1719 von Bartholomäus Ziegenbalg, 1957. – *Bibliographie:* ThLZ 86 (1961) 547–552; 91 (1966) 385–388; 96 (1971) 628–630.

*Literatur:* Contemporary Authors. Permanent series, vol. 2, Detroit, MI 1978. – V. Klahre: In memoriam Arno Lehmann. Dravidologe der Hallenser Universität. In: WZ(H).GS 35 (1986) 114–116. – N. P. Moritzen Werkzeug Gottes in der Welt. Leipziger Mission 1836–1986, Erlangen 1986. – Wer ist wer? 12. Ausg. von Degeners Wer ist's?, hg. v. W. Habel, Berlin 1955 = DBA, N. F., Fiche 796, 236. – BBKL 4 (1992) 1361–1364. – KDGK 1976, 1847. – RGG³ RegBd., 1965, 140.


# FRIEDRICH LOOFS (1858–1928)

Loofs, am 19. Juni 1858 in Hildesheim in einer fest im konfessionellen Luthertum verwurzelten Pfarrersfamilie geboren, studierte nach dem Abitur am Hildesheimer Andreanum von 1877 bis 1882 Theologie in Leipzig, Tübingen und Göttingen. Enttäuschten ihn in Leipzig die Neulutheraner Fr. Delitzsch und Chr. E. Luthardt, so war es A. v. Harnack, der hier Einfluß auf ihn gewann und ihn für eine streng wissenschaftlich und theologisch engagiert betriebene Dogmengeschichte zu begeistern vermochte. Das Studienende in Göttingen stand dagegen ganz im Zeichen der Bekanntschaft mit A. Ritschl, dessen kritisch-konservativer Schüler er werden sollte.

Die Zeit zwischen den beiden theologischen Examina in Hannover (1880 und 1883) nutzte Loofs, um in Leipzig – finanziert durch eine Anstellung als Hauslehrer – zwei kirchengeschichtliche Studien zu erarbeiten, mit denen er hier 1881 zum Dr. phil. und 1882 zum Licentiaten promovierte. Wenige Wochen später habilitierte er sich und begann seine akademische Laufbahn als Privatdozent. Nach einem kurzen Extraordinariat 1886 in Leipzig, wechselte Loofs 1887 als außerordentlicher Professor nach Halle, um ein Jahr darauf als Nachfolger von J. Jacobi zum Ordinarius für Kirchengeschichte berufen zu werden. Ehrenvolle Berufungen nach Leipzig, Göttingen und in die Nachfolge A. v. Harnacks nach Berlin ablehnend, hat Loofs auf unverwechselbare Weise das Erscheinungsbild der halleschen Fakultät mit geprägt und eine über die hallesche Universität hinausreichende akademische Wirksamkeit entfaltet, die ihn beispielsweise 1911 zur Übernahme der Haskell-Lectures nach Oberlin (Ohio) in die USA führte.

Weil er die im Mittelpunkt seiner akademischen Arbeit stehende Dogmengeschichte und die darüber hinausgehenden Studien zur Lutherforschung und Konfessionskunde für das Leben der Kirche als grundsätzlich relevant ansah, hat Loofs zeitlebens kirchliche und allgemeintheologische Aufgaben wahrgenommen: Seit 1889 predigt er als Universitätsprediger regelmäßig im akademischen Gottesdienst, tritt als Synodaler auf allen Ebenen in Erscheinung, hält über Jahre das homiletische Proseminar, führt für 35 Jahre im Amt des städtischen Armenpflegers den Kampf gegen das Bettelwesen und gehört mit seinem Leipziger Studienfreund M. Rade sowie dem späteren praktisch-theologischen Kollegen P. Drews zu den Mitbegründern der als „Evangelisch-Lutherisches Gemeindeblatt" konzipierten „Christlichen Welt". Daneben zeugen zahlreiche Predigtbände, allgemeine Abhandlungen und eine Fülle von Reden von seinem kirchlichen Engagement. In mehreren kirchlichen Leitungsgremien, so z.B. seit 1910 in Nachfolge E. Haupts als Vorsitzender des provinzsächsischen Prüfungsamtes und als Konsistorialrat mit Dezernatsfunktion, hat Loofs Verantwortung für das kirchliche Leben übernommen. Wie O. Eissfeldt nach ihm, verbrachte Loofs fortan wöchentlich einen Tag in Magdeburg.

Schon als Student in Leipzig hatte Loofs das Arbeitsfeld betreten, das im Zentrum seines wissenschaftlichen Werkes stehen sollte: die sorgfältig erforschte und in der Lehre entschieden vertretene Dogmengeschichte, insbesondere die Frage nach dem Verhältnis der kirchlichen Trinitätslehre zum urchristlichen Glauben. Die Ergebnisse seiner Forschungen erschienen 1889 als *Leitfaden zum Studium der Dogmengeschichte*, dem ein überdurchschnittlicher Erfolg beschieden war und der als Klassiker seiner Disziplin neben den Werken von R. Seeberg und A. v. Harnack bis heute an Brauchbarkeit kaum etwas eingebüßt hat. Loofs, der in Halle allein 37mal

Dogmengeschichte gelesen hat, ist nicht müde geworden, im Hinblick auf den künftigen kirchlichen Dienst der Studierenden die Eigenständigkeit der Kirchengeschichte als einer theologischen Disziplin zu betonen. Im Unterschied zu A. v. Harnack führt Loofs, der schon dessen Polarisierung von Evangelium und Dogma weitgehend relativiert hatte, die Dogmengeschichte denn auch folgerichtig bis zur Ausbildung der für die protestantischen Kirchen normativen Lehrsätze fort, ein Ansatz, der die weitere Ausdehnung der Dogmengeschichte bis zur Gegenwart in sich birgt.

Zu wechselseitiger Klärung und Vertiefung seines Forschungsgegenstandes entstehen zahlreiche Studien zur Theologie M. Luthers, mit denen er der Lutherforschung nachhaltige Impulse zu vermitteln vermochte und die die Lutherrenaissance zu Beginn dieses Jahrhunderts mit heraufgeführt haben. Besondere Aufmerksamkeit schenkt er der Rechtfertigungslehre als der Mitte des reformatorischen Anliegens, von der her er die Frage nach der dogmengeschichtlichen Stellung der Reformation beantwortet. Daß das Problem des protestantischen Lehrverständnisses nur im Zusammenhang mit der Dogmengeschichte der Alten Kirche und des Mittelalters behandelt werden kann, bleibt für Loofs ein unumstößliches Postulat. Die Bedeutung M. Luthers für die Gegenwart, die immer neu zur Sprache zu bringen ihm am Herzen lag, hat Loofs dadurch zu erhellen gewußt, daß er durch historische Einzelnachweise den Anteil des Reformators an der Entstehung der modernen Welt zu belegen versucht.

Eng mit den dogmengeschichtlichen Forschungen verbunden hängt Loofs' Interesse für die Konfessionskunde bzw. Symbolik zusammen. Mit dogmengeschichtlichen Einzelstudien und mit der Beschreibung der christlichen Kirchen und Gemeinschaften in ihren Lebensäußerungen hat Loofs einen kaum zu überschätzenden Beitrag geleistet, im deutschen Protestantismus die Kenntnis und das Verständnis anderer Konfessionen zu befördern. Was sein systematisch-theologischer Fakultätskollege F. Kattenbusch für die Ostkirche unternommen hatte, dafür hat Loofs in seiner *Symbolik* für den römischen Katholizismus, auch in seiner Kritik, eine eindrückliche Parallele geschaffen. Es gehört zum Bild dieses aufgeschlossenen Gelehrten, wenn wir in seinen Kollegs und Seminaren eine Reihe Studenten nichtprotestantischer Herkunft finden, denen er ein Lehrer und Förderer bis hin zu vielbeachteten dogmen- und kirchengeschichtlichen Licentiatenarbeiten wurde und die dann nicht selten selbst als akademische Lehrer an die theologischen Bildungsstätten ihrer Mutterkirchen heimkehrten. Daß sich unter ihnen mehrere Kandidaten armenischer Nationalität befan-

den, zeugt von seinem besonderen theologischen und praktischen Interesse, das er den Vertretern dieser Kirche nonchalcedonensischer Tradition entgegenbrachte und das ihn sich angesichts des Völkermordes an den Armeniern dezidiert an die Seite von J. Lepsius stellen ließ.

Loofs, der in annähernd vier Jahrzehnten hallescher Wirksamkeit beharrlich seinen eigenen Weg gegangen ist und in seiner theologischen Stellung als Vermittler zwischen Tradition und Moderne eher zwischen den Fronten stand, wurde 1926 emeritiert. Er starb am 13. Januar 1928.

Grabstätte: Laurentiusfriedhof, Feld I, Reihe 7, 14. Grabstelle v. l.
Grabinschrift:

D. Friedrich Loofs
Professor d. Kirchengeschichte
in Halle
* 19. 6. 1858   † 13. 1. 1928

*Werke:* Leontius von Byzanz I, 1887. – Leitfaden zum Studium der Dogmengeschichte, 1889. [7]1968. – Studien über die dem Johannes von Damaskus zugeschriebenen Parallelen, 1892. – Die Auferstehungsberichte und ihr Wert, 1898. [2]1908. – Eustathius von Sebaste und die Chronologie der Basiliusbriefe, 1898. – Anti-Häckel, 1900. [5]1906. – Grundlinien der Kirchengeschichte, 1901. [2]1910. – Symbolik oder christliche Konfessionskunde I, 1902. – Die Trinitätslehre Marcells von Ancyra, 1902. – Nestoriana, 1905. – Der authentische Sinn des Nicänischen Symbols, 1905. – Luthers Stellung zum Mittelalter und zur Neuzeit, 1907. – Lessings Stellung zum Christentum, 1910. – What is truth about Jesus Christ?, 1913. – Nestorius and his place in the history of christian doctrine, 1914. – Matthias Claudius in kirchengeschichtlicher Beleuchtung, 1915. – Die „Internationale Vereinigung Ernster Bibelforscher", 1918. ²1922. – Paulus von Samosata, 1924. – Theophilus von Antiochien, Adversus Marcionem und die anderen theologischen Quellen bei Irenäus, 1930 (TU 46/2). – Nachlaß: ULB Halle (Yi 19). – *Bibliographie:* E. Stange (Hg.): Selbstdarstellungen II, 159–160.

*Literatur:* E. Barnikol: Theologisches und Kirchliches aus dem Briefwechsel Loofs – Harnack. In: ThLZ 85 (1960) 217–222. – L. Fendt: D. Friedrich Loofs zum Gedächtnis. In: DtPfrBl 32 (1928) 209–211. – J. Konrad: Loofs' Beitrag zur Christologie. In: EvTh 18 (1958) 324–333. – P. Meinhold: Zur Grundlegung der Dogmengeschichte. In: Saec 10 (1959) 1–20. – Ders.: Geschichte der kirchlichen Historiographie II, Freiburg/München 1967, 331–339 (Orbis Academicus III/5). – M. Rade: Aus Friedrich Loofs' Studienzeit 1877ff. In: ThStKr 106 NF 1 (1934/35) 469–483. – E. Stange (Hg.): Selbstdarstellungen, II 119–160. – R. Stöwesand: Bekenntnis zu Friedrich Loofs. In: ZdZ 12 (1958) 208–214. – E. Wolf: Hallische Lutherforschung (Köstlin, Kattenbusch, Loofs): In: 250 Jahre Universität Halle, 106–108. – DBJ 10 (1928) 161–167 (J. Ficker). – Hallesches Akademisches Vademecum I, 12–16. – NDB 15 (1987) 148f. (G. Fritz). – TRE 21 (1991) 464–466 (St. Bitter).


## KONSTANTIN SCHLOTTMANN (1819–1887)

SCHLOTTMANN wurde am 7. März 1819 als Sohn eines Regierungsbeamten in Minden (Westfalen) geboren. Nach dem Besuch des Gymnasiums seiner Geburtsstadt begann er 1836 in Berlin zu studieren, seiner ursprünglichen Absicht entsprechend zunächst Philologie und Philosophie, in späteren Semestern auch Theologie. Hier war es der Kirchenhistoriker und Erweckungstheologe A. NEANDER, der als akademischer Lehrer und geistlicher Berater einen nachhaltigen Eindruck auf ihn hinterließ.

Um sich auf das Pfarramt vorzubereiten, trat SCHLOTTMANN nach Beendigung seiner Studien in das Predigerseminar Wittenberg ein. 1842 nach Berlin zurückgekehrt, schlägt ihm A. NEANDER eine akademische Laufbahn vor, ein Angebot, dem sich SCHLOTTMANN nicht entziehen wollte. Durch Privatunterricht finanziert er die Jahre seiner weiteren Studien, die er 1847 mit einer Licentiatendissertation, in der er das Judentum seiner Zeit zur Bekehrung zu Jesus Christus aufruft, an der Berliner Theologischen Fakultät abschließt und mit der er sich für alttestamentliche Theologie habilitiert.

Da auf eine Professur sobald nicht zu hoffen war, nahm Schlottmann 1850 die ihm von der Regierung angetragene Stelle eines preußischen Gesandtschaftspredigers in Konstantinopel an. Hier erwarb er sich in der deutschen evangelischen Gemeinde als Seelsorger und Prediger große Verdienste, nicht zuletzt durch die Gründung einer deutschen Schule. Zugleich bot sich ihm dadurch eine günstige Gelegenheit, auf ausgedehnten Reisen durch Palästina, Syrien, Ägypten und über die griechische Inselwelt seine orientalistischen Studien voranzutreiben und in der biblischen Topographie heimisch zu werden. Durch das Erlernen der türkischen und neugriechischen Sprache konnte er, der ein ausgewiesener Kenner nicht nur des biblischen Hebräisch und seiner verwandten semitischen Idiome, sondern auch des Sanskrit war, das Spektrum seiner Sprachkenntnisse beträchtlich erweitern.

1855 kehrt Schlottmann zu seiner akademischen Tätigkeit zurück. Er folgt einem Ruf in ein alttestamentliches Ordinariat an die Universität Zürich, wo er über Altes und Neues Testament sowie über systematisch-theologische Themen liest. 1859 wechselt er nach Bonn, um endlich 1866 in Halle als ordentlicher Professor für Altes Testament die Nachfolge von H. Hupfeld anzutreten.

Neben dem persönlichen Ordinarius E. K. A. Riehm erreicht Schlottmann hier den Höhepunkt seines akademischen Weges. Da sich seine Neigungen jedoch nicht allein auf das alttestamentliche Fachgebiet beschränkten, trat Schlottmann, philosophisch und kirchenpolitisch interessiert, auch mit verschiedenen apologetischen Vorträgen und Schriften, z. B. gegen D. Fr. Strauss und Chr. E. Luthardt, in Erscheinung. Besonders reizte ihn der einflußreicher werdende Ultramontanismus zur Auseinandersetzung, die ihren Niederschlag in der Streitschrift *Erasmus redivivus s. de curia Romana hucusque insanabili* fand. Sich inhaltlich an die Positionen I. v. Döllingers anlehnend, ist sie in klassischem Latein verfasst. Sie löste einen scharfen Angriff des ultramontanen Lagers im preußischen Abgeordnetenhaus aus und lenkte, nachdem sie ins Deutsche übersetzt worden war, die öffentliche Aufmerksamkeit auf sich.

Seine akademischen Verpflichtungen verband Schlottmann mit mancher kirchlichen Tätigkeit. Als Abgeordneter der Fakultät nahm er, der kirchenpolitisch selbst der Mittelpartei angehörte, an der sächsischen Provinzialsynode und der zweiten preußischen Generalsynode teil. Seit 1871 gehörte er als Vorsitzender zu der Kommission, die mit der Revision des Luthertextes des Alten Testaments beauftragt war.

Als 1872 ein Antiquitätenhändler in Jerusalem angeblich moabitische Tongefäße mit figürlichem Schmuck und Inschriften vorlegte, trat SCHLOTTMANN als Gutachter für deren Echtheit ein, die von E. KAUTZSCH und A. SOCIN mit guten Gründen angefochten wurde. Trotz intensiver Bemühungen vermochte SCHLOTTMANN den Verdacht einer raffinierten Fälschung nicht aus der Welt zu räumen. Da zwei Sammlungen dieser Gefäße auf seinen Rat hin vom preußischen Kultusministerium zu einem hohen Preis angekauft worden waren, hat ihn diese Angelegenheit, die dann auch im Landtag zur Sprache kam, in die Schlagzeilen gebracht und seinem Ansehen erheblichen Schaden zugefügt.

Als Alttestamentler und Hochschullehrer, der der liberal-konservativen, vermittlungstheologischen Richtung zuzurechnen ist, hat SCHLOTTMANN in seinen Vorlesungen die eigene Kenntnis und Anschauung des orientali-

schen Lebens eindrucksvoll vermitteln können. Darüber hinaus war es ihm angelegen, mögliche Beziehungen zwischen semitischer und indogermanischer Kultur und Literatur, zwischen den Büchern des Alten Testaments und den Schriften des klassischen Altertums aufzuzeigen. In seinen Forschungen widmete er sich vor allem der hebräischen Poesie, ihren Strukturen und Formen, sowie der semitischen Paläographie und Epigraphik, die geradezu sein Spezialgebiet wurde. Mehrere in seiner Zeit neu gefundene Inschriften aus dem vorderorientalischen Raum hat Schlottmann kritisch publiziert und damit der Öffentlichkeit bekannt gemacht.

Wenige Tage nach seiner Rückkehr von einem Kuraufenthalt in Meran, auf der er noch einmal mit I. v. Döllinger zusammengetroffen war, starb Schlottmann am 8. November 1887.

Grabstätte: Laurentiusfriedhof, Feld III, Reihe 2, 10. Grabstelle v. r.
Grabinschrift:

Ich weiss, dass mein Erlöser lebet.
Hiob 19, 25.

Hier ruht in Gott
D. Konstantin Schlottmann
Professor der Theologie
* d. 7. März 1819
† d. 8. November 1887.

*Werke:* Schirê schacher leîsch aschkenazi ascher schar libnê jisraêl, 1847. – Deutsche Weckstimmen von einem Westfalen, 1848. – Das Buch Hiob, 1851. – Ghaselen vom Bosporus, 1854. – De Philippo Melanchthone reipublicae litterariae reformatore, 1860. – Das Vergängliche und Unvergängliche in der menschlichen Seele nach Aristoteles, 1873. – Die Inschrift Eschmunazars, 1868. – Die Siegessäule Mesas, 1870. – David Strauß als Romantiker des Heidentums, 1878. – Erasmus redivivus s. de curia Romana hucusque insanabili, 2 Bde., 1883–1889. Dt. Teilübers. v. J. Jacobi: Der deutsche Gewissenskampf gegen den Vatikanismus, 1882. – Wider Kliefoth und Luthardt. In Sachen der Lutherbibel, 1885. – Die Osterbotschaft und die Visionshypothese, 1886. – Kompendium der biblischen Theologie des Alten und des Neuen Testaments, hg. v. E. Kühn, 1889. [2]1895. – *Bibliographie:* Teilüberblick: ADB 31 (1890) 561–567.

*Literatur:* Th. Arndt: Konstantin Schlottmann. In: PKZ 35 (1887) Nr. 46. – A. Brandt: Zur Erinnerung an D. Konstantin Schlottmann. In: DEBl 13 (1889) 187–199. – H.-J. Kraus: Biblische Theologie, 82–84. – ADB 31 (1890) 561–567 (C. Siegfried). – RE[3] 17 (1906) 619–621 (D. Kühn).

# HANS SCHMIDT (1877–1953)

SCHMIDT wurde am 10. Mai 1877 in Wolmirstedt in einer Beamtenfamilie geboren. Nachdem er das Abitur in Seehausen (Altmark) abgelegt hatte, studierte er seit 1896 in Tübingen und Berlin Theologie. Im Anschluß an seine Studienzeit, in der er vor allem von H. GUNKEL und R. SEEBERG richtungsweisende Impulse empfangen hatte, und nach den gemeinsam mit P. KAHLE im Predigerseminar Wittenberg verbrachten Semestern leitete er von 1904 bis 1907 als Studieninspektor das Predigerseminar in Naumburg am Queis (Schlesien). Von 1907 bis 1914 versah SCHMIDT ein Pfarramt in einer innerstädtischen Gemeinde in Breslau. Hier sah er sich mit schweren sozialen Problemen konfrontiert, als deren Ursache er den um sich greifenden Alkoholismus erkannte. Seitdem engagierte sich SCHMIDT nicht nur für die sozialen Belange der verarmten Teile der Stadtbevölkerung, sondern auch im Kampf gegen die Verbreitung alkoholischer Getränke, wofür er gern manche wissenschaftliche Arbeit zurückgestellt hat. Vor diesem Hintergrund entstanden seine späteren Monographien zur Alkoholfrage.

Nach seiner Habilitation in Tübingen begann er hier in Breslau 1909 seine akademische Laufbahn als Privatdozent. Größte Bedeutung für seine weitere Arbeit auf dem Gebiet des Alten Testaments gewann die Einladung von G. DALMANN, ihm von 1910 bis 1911 als Mitarbeiter am „Deutschen evangelischen Institut für Altertumswissenschaft des Heiligen Landes" in Jerusalem zur Seite zu stehen. Hier lernte er Palästina, seine Topographie und Lebenskultur, und weite Teile des Vorderen Orients kennen. Eine literarische Frucht dieser Zeit sind die in zwei Bänden veröffentlichten *Volkserzählungen aus Palästina, gesammelt bei den Bauern von Bir-Zêt*, die er zusammen mit P. KAHLE im arabischen Originaltext und in deutscher Übersetzung herausgab.

Die Zeit des Ersten Weltkrieges erlebt SCHMIDT als Frontoffizier. Zu Kriegsende finden wir ihn als Leiter und theologischen Lehrer an der Kriegsgefangenen-Hochschule in Wakefield (England), die er gegründet hatte. 1920 kehrt er zurück, nun an die Theologische Fakultät in Tübingen, die ihn bereits vor Kriegsbeginn zum außerordentlichen Professor berufen hatte. 1921 erreicht ihn der Ruf in ein erstes Ordinariat nach Gießen, wo er Nachfolger für den nach Halle berufenen H. GUNKEL wird.

1928 wechselt SCHMIDT zum letzten Mal: Er nimmt den Ruf aus Halle an, um erneut die Nachfolge seines Lehrers und Förderers H. GUNKEL anzutreten. Als unmittelbarer Fachkollege von O. EISSFELDT entwickelt er bald eine rege Vorlesungs- und Vortragstätigkeit, die ihn in besonderer Weise auch immer in den Raum der Kirche, auf Pfarrkonvente und in die Gemeinden geführt hat.

Das wissenschaftliche Werk, das SCHMIDT hinterlassen hat, zeigt sich erstaunlich vielgestaltig: Es schließt Äußerungen zu fast allen Zweigen der theologischen Wissenschaft ein und erstreckt sich von kirchengeschichtlichen über neutestamentliche und systematisch-theologische Arbeiten bis hin zu Fragen der praktischen Theologie. Gleichwohl steht das Alte Testament im Zentrum seiner gelehrten Arbeit: Der gründlichen Kenntnis Palästinas verdanken wir noch heute lesenswerte Studien über das palästinische Volksleben und zur Topographie Jerusalems, die in ihrer lebendigen Anschaulichkeit noch heute lesenswert sind.

Andere wichtige Arbeitsfelder, denen sein Interesse in Forschung und Lehre gegolten haben, sind die Prophetenbücher und die Psalmen sowie die Erörterung des Themas Mythos und Kult. Sie gehen zurück auf Anregungen, die SCHMIDT von H. GUNKEL erhalten hatte, mit dem ihn ein enger persönlicher Kontakt verband. Er bleibt sein liberal denkender Schüler vor

allem in methodischer Hinsicht, wenn er sich unter Heranziehung der vergleichenden Literatur- und Religionsgeschichte um das Verständnis und die angemessene Würdigung der literarischen Form, der Gattung, des alttestamentlichen Textes bemüht. Es bleibt für SCHMIDTS Arbeiten chrakteristisch, daß er gründlich die literarisch-ästhetische Form der Erzählungen, Gedichte und Sprüche zur Sprache bringt, und dann ihren religiösen und geistigen Gehalt erfasst, ihren bleibenden Wert für den Glauben herausstellt und mit Blick auf die Gegenwart zu vermitteln sucht.

Als die Universität nach dem Zweiten Weltkrieg wieder eröffnet wurde, hatte SCHMIDT, der über mehrere Jahre Präsident des Fakultätentages der evangelischen Fakultäten Deutschlands gewesen war, die Altersgrenze längst erreicht und schied aus der Fakultät aus. Er starb am 20. Januar 1953.

Grabstätte: Laurentiusfriedhof, Feld II, Reihe 4, 3. Grabstelle v. l.
Grabinschrift:

D. Hans Schmidt
Professor der Theologie
1877–1953

*Werke:* Jona, 1907 (FRLANT 9). – Die großen Propheten, 1915. ²1923 (SAT II/2). – Psalmen deutsch, im Rhythmus der Urschrift, 1917. – Der Prophet Amos, 1917. – (zusammen mit P. Kahle) Volkserzählungen aus Palästina, 2 Bde., 1918–1930 (FRLANT 17). – Die Alkoholfrage in Geschichte und Gegenwart, 1920. – Der Mythos vom wiederkehrenden König im Alten Testament. 1925. ²1933. – Die Alkoholfrage im Alten Testament, 1926. – Hiob. Das Buch vom Sinn des Leidens, 1927. – Die Thronfahrt Jahves am Fest der Jahreswende im alten Israel, 1927 (SGV 122). – Das Gebet des Angeklagten im Alten Testament, 1928 (BZAW 49). – Der heilige Fels in Jerusalem, 1933. – Kommentar: Die Psalmen, 1924 (HAT I/15). – *Bibliographie:* ThLZ 77 (1952) 438–442.

*Literatur:* H. Eberle: Martin-Luther-Universität, 280f. – O. Eißfeldt: In memoriam Hans Schmidt. In: ThLZ 78 (1953) 379–382. – G. Haendler: Der Reichsbischof und die Theologischen Fakultäten 1933/34. In: ThLZ 116 (1991) 10.- RGG³ 5 (1961) 1457f. – G. Wallis: Hans Schmidt (1877–1953) – Wesen und Weg. In: U. Schnelle (Hg.): Reformation und Neuzeit, 1994, 17–29.


## JULIUS SCHNIEWIND (1883–1948)

Mit Schniewind begegnen wir einem Gelehrten, dessen Wirksamkeit in Halle sich auf zwei Phasen seiner akademischen Laufbahn verteilt und der Ruf und Ansehen der Fakultät besonders in der Zeit des Nationalsozialismus maßgebend mit bestimmt hat.

Am 28. Mai 1883 in Elberfeld als Sohn eines Großkaufmanns geboren, vom Pietismus des Bergischen Landes geprägt und zugleich in der evangelisch-lutherischen Gemeinde aufgewachsen, studierte Schniewind in Bonn, Berlin, Marburg und Halle, wo er die entscheidenden Eindrücke von M. Kähler und Fr. Loofs empfing. J. Ficker, K. Holl und R. Hermann übten mit ihrer Wiederentdeckung M. Luthers einen großen Einfluß auf seine eigenen reformatorischen Studien aus. Wesentliche Impulse für die neutestamentliche Arbeit empfing er durch die Lektüre der Werke A. Schlatters und J. Weiss'. Theologische Prägung und geistig-geistliche Ausrichtung zeigen jedoch, daß Schniewind unter dessen Schülern den engsten Anschluß an seinen Lehrer und väterlichen Freund M. Kähler gefunden hatte. Durch ihn erhielt er Zugang zu den reformatorischen Schriften und zur grundlegenden Bedeutung des „articulus stantis et cadentis ecclesiae": zur Rechtfertigungslehre M. Luthers. M. Kähler wies ihm nicht nur den Weg in die neutestamentliche Wissenschaft, sondern er-

schloß ihm auch das Erbe Fr. A. G. Tholucks und des Pietismus, der Erweckungsbewegung und ihrer Nachwirkungen.

1910 wird Schniewind als Doktorand E. Haupts, der ihn in die Judaistik eingeführt hatte, zum Licentiaten promoviert; 1914 habilitiert er sich mit einer Studie über parallele Überlieferungen bei Lukas und Johannes, mit der sich bereits ein Arbeitsschwerpunkt der späteren Jahre, die Synoptikerforschung, ankündigt. Schon in diesen frühen Arbeiten wie auch in der mehrbändigen, in Halle begonnenen Untersuchung *Euangelion* begegnet uns Schniewind als ein „Worttheologe", der bei dezidierter Betonung der reformatorischen Rechtfertigungslehre und einer in ihrem Kontext entwickelten Christologie später seine Position zwischen K. Barths Theologie des Wortes und der formgeschichtlichen Rekonstruktion der neutestamentlichen Überlieferung durch R. Bultmann einzunehmen gedachte.

Obwohl 1915 zum Privatdozenten ernannt, war für Schniewind zunächst an eine ungestörte wissenschaftliche Arbeit nicht zu denken: Er wurde als Feldprediger zum Militärdienst eingezogen. Nach seiner Rückkehr 1919 dauerte es noch über zwei Jahre, bis er zum außerordentlichen Professor ernannt wurde. In dieser Eigenschaft blieb SCHNIEWIND noch sechs Jahre in Halle, bis er 1927 einem Ruf in ein Ordinariat nach Greifswald folgte.

1929 begegnen wir SCHNIEWIND in Königsberg wieder, wo er die Nachfolge des nach Halle berufenen E. KLOSTERMANN antrat. Als im Zusammenhang mit der als „Neuaufbau" propagierten Umgestaltung der preußischen theologischen Fakultäten 1935 die Welle der großen Umbesetzungen einsetzte, wird SCHNIEWIND, der neben den engen Freunden H. J. IWAND und M. NOTH als geistlicher Vater der Bekennenden Kirche Ostpreußens galt, aus Königsberg entfernt und nach Kiel strafversetzt. Dort blieb er freilich nur ein Jahr, denn nach dem überraschenden Tod von H. WINDISCH gelangte SCHNIEWIND, der sich dem „positiven" Lager zurechnen ließ, erneut auf die Vorschlagsliste der halleschen Fakultät, diesmal aber an erster Stelle.

Daß SCHNIEWIND, dessen Engagement für die Bekennende Kirche landläufig bekannt war, überraschend schnell zum Sommersemester 1936 berufen wurde, wird nur vor dem Hintergrund der kurzfristigen kirchenpolitischen Entspannung verständlich, die im Spätherbst 1935 mit der Einrichtung des Reichs- und der Provinzialkirchenausschüsse verbunden war. Daß diese Situation freilich nicht lange anhielt, zeigt das weitere Schicksal des Neuberufenen. Angesichts des fortgesetzten Eintretens für die Bekenntnisfront, was ihn zu einer der führenden Persönlichkeiten in der theologischen Auseinandersetzung mit der nationalsozialistischen Ideologie und Kirchenpolitik heranwachsen und später eine hervorragende Stellung in der Bekennenden Kirche einnehmen ließ, wurde SCHNIEWIND am 1. März 1937 von seinen akademischen Aufgaben dispensiert. Anlaß war seine Mitarbeit an einer als kirchliche Rüstzeit deklarierten Ersatzveranstaltung der Bekennenden Kirche für Theologiestudierende. Obwohl die Fakultät im Rahmen der ihr verbliebenen Möglichkeiten sofort ihren Einspruch erhob, erfolgte die Rückberufung SCHNIEWINDS erst zum Sommersemester 1938. In der Zwischenzeit beauftragte sie den Privatdozenten O. MICHEL mit der Vertretung, der dem Gemaßregelten auch in seinem Eintreten für die Bekennende Kirche nahestand.

Die solidarisch miterlebten Beschränkungen, denen der geschätzte Hochschullehrer auch weiterhin unterworfen war, sowie sein geistlich-theologisches Profil ließen SCHNIEWIND in diesen Jahren zu einer Leitfigur derjenigen Theologiestudierenden werden, die aus pietistischer oder konservativer Überzeugung innerlich gegenüber dem nationalsozialistischen Geist opponierten und dem Bekenntnis treu bleiben wollten. Halle wurde auch seinetwegen zu einem Sammelpunkt für die Studierenden der Bekennenden Kirche. In der Tradition Fr. A. G. Tholucks und seines Lehrers M. Kähler hat Schniewind in Gemeinschaft mit E. Wolf Hervorragendes als ihr Seelsorger und Begleiter geleistet. Als Betreuer der Studentengemeinde, in der er Vielen auch über die Theologische Fakultät hinaus in manchen Krisen- und Entscheidungssituationen mit seinem unerschrockenen Zuspruch ein zuverlässiger Helfer wurde, war er dieser Gemeinde eine geistliche Autorität, wie er überhaupt den weiteren Weg der deutschen Studentengemeinden nachdrücklich mitbestimmt hat.

Weil ihm beides, die wissenschaftliche Arbeit in Forschung und Lehre wie der unmittelbare kirchliche Dienst, gleichermaßen wichtig war, übernahm Schniewind zusätzlich zu seiner Professur im April 1946 das Amt des Propstes für Halle-Merseburg, eine Doppelbelastung, die ihn unter den Bedingungen der Nachkriegszeit mehr als einmal an den Rand des psychisch und physisch Verkraftbaren geführt hat.

Trotz vielfältiger Behinderung bringt Schniewind auch in der zweiten Phase seiner halleschen Wirksamkeit bedeutende Arbeiten hervor: 1937 veröffentlichte er seinen *Matthäus-Kommentar* in der Reihe „Das Neue Testament Deutsch", der sich durch eine neue bibeltheologische Fundierung auszeichnet und, wie die Reihe selbst, bewußt im Grenzbereich von wissenschaftlicher und unmittelbar praktischer Auslegung für die Arbeit an der Predigt angesiedelt ist. Die zunehmenden Einschränkungen zwingen Schniewind, der seit 1940 nichts mehr veröffentlichen konnte, nach unkonventionellen Wegen zu suchen, seine Arbeiten der Öffentlichkeit bekanntzumachen. So entstehen hektographierte Vorlesungsskripte zu verschiedenen Paulusbriefen und eine erst nach dem Krieg bekannt gewordene Antwort an den Marburger Fachkollegen R. Bultmann zum Thema Mythologie und Kerygma im Neuen Testament, in der Schniewind den Versuch unternimmt, das von ihm inhaltlich als berechtigt und richtungsweisend empfundene Entmythologisierungsprogramm R. Bultmanns von seinen existenzphilosophischen Voraussetzungen abzutrennen.

Die Wiedereröffnung der Universität am 1. Februar 1946 erlebt Schniewind als Inhaber eines der fünf verbliebenen Ordinariate. Zwei Jahre später starb er am 7. September 1948.

Grabstätte: Laurentiusfriedhof, Feld V, Reihe 13, 7. Grabstelle v. r.
Grabinschrift:

> DENN ICH HIELT MICH NICHT DAFÜR,
> DASS ICH ETWAS WÜSSTE UNTER EUCH
>
> HIER RUHT
> GEBORGEN IN GOTT
> D. JULIUS SCHNIEWIND
> PROF. DER THEOLOGIE
> EIN FREUND UND VATER
> SEINER STUDENTEN
> * 28. V. 1883 IN ELBERFELD
> † 7. IX. 1948 IN HALLE
>
> ALS ALLEIN JESUM CHRISTUM
> DEN GEKREUZIGTEN

*Werke:* Die Begriffe Wort und Evangelium bei Paulus, 1910. – Die Parallelperikopen bei Lukas und Johannes, 1914 (Nachdr. 1967). – Das Selbstzeugnis Jesu nach den drei ersten Evangelien, 1922. – Die Herrschaft Christi, 1925. – Euangelion. Ursprung und erste Gestalt des Begriffs Evangelium, 2 Bde., 1927–1931. – Das Gleichnis vom verlorenen Sohn, 1940. – Die Archonten dieses Äons. 1. Kor. 2, 6–8. In: ΑΠΟΦΟΡΗΤΑ. FS E. Klostermann, Halle 1945, 153–162 (hsl., photogr. vervielfältigt, auch als Sonderabdruck hektographiert) = Nachgelassene Aufsätze und Reden, hg. v. E. Kähler, Berlin

1952, 104–109. – Theologie und Seelsorge. In: ZdZ 1 (1947) 5–8. – Die geistliche Erneuerung des Pfarrerstandes, 1947. – Antwort an R. Bultmann: Kerygma und Mythos I, hg. v. H. W. Bartsch, Hamburg 1948, 85–134. – Kommentare: Das Evangelium nach Markus, 1933. [7]1956 (NTD 1). – Das Evangelium nach Matthäus, 1937. [8]1956 (NTD 2). – Bibliographie: ThLZ 74 (1949) 166–168. – H.-J. Kraus: Julius Schniewind, 271–277.

Literatur: H. W. Bartsch: Erinnerungen an Julius Schniewind. In: MPTh 38 (1949) 59–63. – H. Eberle: Martin-Luther-Universität, 281. – J. Hamel: Julius Schniewind: Begegnungen, hg. v. H. Lilje, Nürnberg 1949, 106–117. – G. Heinzelmann: In memoriam Julius Schniewind. In: ThLZ 74 (1949) 165f. – O. Michel: In memoriam Julius Schniewind. In: EvTh 8 (1948/49) 337–343. – Ders.: Anpassung oder Widerstand. Eine Autobiographie, Wuppertal/Zürich 1989, 81–88. – H.-J. Kraus: Julius Schniewind. Charisma der Theologie, Neukirchen-Vluyn 1965. – W. Wiefel: Zeichen, 4f. 16–19. – EKL[1] 3 (1959) 821.

# HILKO WIARDO SCHOMERUS (1879–1945)

SCHOMERUS wurde am 7. Januar 1879 in Marienhafe in Ostfriesland geboren. Im Anschluß an seine theologische Ausbildung ließ er sich für annähernd zehn Jahre als Missionar nach Südindien aussenden. Nach Norddeutschland zurückgekehrt, übernahm SCHOMERUS zunächst ein Pfarramt. Nach seiner Promotion und Habilitation begann er 1918 als Dozent, seit 1923 als Privatdozent an der Theologischen Fakultät der Universität Kiel erste missions- und religionswissenschaftliche Vorlesungen anzukündigen. 1925 wurde er zum außerordentlichen Professor ernannt.

Ein Jahr später erreichte SCHOMERUS hier der Ruf nach Halle, wo er als Ordinarius für Missionswissenschaft und Religionsgeschichte die Nachfolge des 1925 emeritierten G. HAUSSLEITER antrat. 1926 übernahm er den Vorsitz der „Halleschen Missionskonferenz", den er bis zu seinem Tod inne hatte. Im Frühsommer 1933 zum Dekan gewählt, oblag es SCHOMERUS, im Auftrag der Fakultät gegenüber dem Rektor und dem Senat die neue Namensgebung der Universität als „Martin-Luther-Universität Halle-Wittenberg" offiziell zu beantragen und zu begründen.

Wie sein hinterlassenes literarisches Werk zeigt, ist SCHOMERUS' wissenschaftliches Interesse in erster Linie von Forschungen zur indischen Religionsgeschichte und -phänomenologie bestimmt. Eigene Studien als Missionar vor Ort aufgreifend, vermittelte er seinen Hörern daneben auch sprachliche Kenntnisse in der Dravidologie und führte sie in die zumeist unbekannte tamulische Geisteswelt ein, die vor allem in zahlreichen religiösen Dichtungen ihren Ausdruck gefunden hat.

Mit einer Reihe religionsvergleichender Arbeiten suchte SCHOMERUS darüber hinaus der Missionswissenschaft als theologischer Disziplin neue Impulse zu verleihen. Wenngleich er im Anschluß an G. WARNECK das missionarische Potential der Reformatoren nur negativ beurteilen kann und in dieser Frage hinter die Ergebnisse der zeitgenössischen Lutherforschung zurückfällt, bleibt es andererseits SCHOMERUS' Verdienst, nach G. WARNECK und dem Berliner Missionswissenschaftler J. RICHTER eine eigene evangelische Missionstheorie entwickelt zu haben, die ihren literarischen Niederschlag in der Monographie *Missionswissenschaft* gefunden hat.

SCHOMERUS, dessen Lebenswerk rückhaltlos der Mission galt und der in ihr „eine der fundamentalsten Lebensäußerungen des Christentums" überhaupt sah, erlebte die Wiedereröffnung der Universität nicht mehr: Er starb am 13. November 1945.

Grabstätte: Laurentiusfriedhof, Feld VI, Reihe 4, 2. Grabstelle v. r.
Grabinschrift:

JETZT
ERKENNE ICH'S STÜCKWEISE
DANN ABER WERDE ICH ERKENNEN
GLEICHWIE ICH ERKANNT BIN
1. Kor. 13, 12

D. HILKO WIARDO SCHOMERUS
PROFESSOR DER THEOLOGIE
* 7. 1. 1879     † 13. 11. 1945

(teilweise verwittert)

*Werke:* Das Geistesleben der nichtchristlichen Völker und das Christentum, 1914. – Die indische theologische Spekulation und die christliche Trinitätslehre, 1919. – Indische Erlösungslehren, 1919. – Texte zur Gottesmystik des Hinduismus, 2 Bde., 1923–1925. – Indien und das Abendland, 1925. – Politik und Religion in Indien, 1928. – Buddha und Christus, 1931. – Indien und das Christentum, 3 Bde., 1931–1933. – Missionswissenschaft, 1935.

*Literatur:* S. Bräuer: Das Lutherjubiläum 1933 und die deutschen Universitäten I. In: ThLZ 108 (1983) 645–647. – H. Eberle: Martin-Luther-Universität, 281f. – J. Schniewind: Hilko Wiardo Schomerus zum Gedächtnis. Rede, gehalten am 17. November 1945 bei der Trauerfeier in der Laurentiuskirche, Halle 1945 (hektographiert). – RGG² 5 (1931) 247.

## ERDMANN SCHOTT (1900–1983)

Am 8. Dezember 1900 in Geischen bei Guhrau (Schlesien) geboren, studierte SCHOTT nach dem Besuch des Gymnasiums Theologie. In Breslau war es vor allem die Begegnung mit dem Systematiker R. HERMANN, die für sein weiteres theologisches Denken und Arbeiten richtungsweisend geworden ist.

Nach seiner Promotion zum Licentiaten 1926 übernahm SCHOTT zunächst ein Pfarramt am Brüderhaus Zoar bei Rothenburg (Lausitz). 1929 wechselte er in ein Pfarramt nach Dersekow (Pommern). Seit 1930 unterrichtete er daneben als Privatdozent an der Theologischen Fakultät in Greifswald. Hier gehörte er, gerade 34jährig, zu denjenigen Gelehrten, die 1934 die beiden Forderungen der Mehrzahl deutscher Universitätstheologen unterschrieben haben, mit denen sie den Rücktritt des vom Wehrkreispfarrer zum Reichsbischof avancierten L. MÜLLER forderten – ein Schritt, mit dem SCHOTT seine akademische Laufbahn bewußt aufs Spiel gesetzt hat. Mit der Wiedereröffnung der Universität nach dem Zweiten Weltkrieg wurde er in Greifswald zum Titularprofessor ernannt.

Zum Wintersemester 1953/1954 folgt SCHOTT dem Ruf nach Halle in eine Professur mit vollem Lehrauftrag für Systematische Theologie. Ein Jahr später schließlich übernimmt er als Ordinarius den systematisch-theologischen Lehrstuhl seines Vorgängers M. DOERNE. Im Mittelpunkt seines Wirkens in Halle steht die lehrende Tätigkeit an der Fakultät und mit einer Vielzahl an Vorträgen im Raum der Kirche. Neben seinen Verpflichtungen an der Universität bemühte sich SCHOTT als Ephorus des Tholuck-Konviktes um die Betreuung der Studierenden, wie er sich gleichfalls für die Weiterbildung von Pfarrern und theologisch interessierten Gemeindegliedern eingesetzt hat. In diesem Zusammenhang wirkte SCHOTT über viele Jahre als Leiter der Hochschullehrgänge der Luther-Akademie Sondershausen. Die von ihm bewußt übernommene Mitverantwortung für die kirchliche Praxis ließ ihn sich zunehmend mit aktuellen Fragen auseinandersetzen und in der theologischen Arbeit betont wirklichkeitsbezogen denken.

Es war der Einfluß seines Lehrers R. HERMANN, der SCHOTTs Aufmerksamkeit Zeit seines Lebens auf die intensive Beschäftigung mit den Schriften M. LUTHERs gelenkt hat. Die Theologie des Reformators blieb der Gegenstand seiner Forschungen seit seiner Licentiatenarbeit, ein Thema, das sich in vielfältigen Beiträgen in den verschiedensten Fachzeitschriften fortsetzt und mit der monographischen Untersuchung zum Konkordienbuch *Die zeitliche und ewige Gerechtigkeit* einen Höhepunkt erreicht.

Neben der Lutherforschung, zu der auch die Arbeiten am Register zu den Briefen M. LUTHERs in der Weimarer Ausgabe gehören, sind es Probleme des zeitgenössischen theologischen und philosophischen Denkens, des Kirchenrechts, der Theologiegeschichte des 19. Jahrhunderts, der Konfessionskunde und des interkonfessionellen Dialogs, denen sich SCHOTT mit besonderer Aufmerksamkeit zugewendet hat. Daß er in seinen Arbeiten die Evidenz des evangelischen Glaubens häufig in Gegenüberstellung zur römisch-katholischen Lehre bedenkt, zeigt SCHOTT als einen Theologen, der sich der kontroverstheologischen Methode bedient, hinter der sich freilich alles andere als Polemik verbirgt: sie bleibt Ausdruck einer im christlichen Glauben verantworteten Erkenntnisbemühung und ernsten Suche nach Wahrheit, wie sie in dem in der Heiligen Schrift offenbaren Wort Gottes begründet ist.

SCHOTT, der lange Jahre die Fakultät als Dekan geleitet hat, der über die besondere Gabe verfügte, auch die schwierigsten theologischen und philosophischen Probleme schlicht und in verständlicher Weise vorzutragen, und der nicht müde wurde, darauf hinzuweisen, daß für einen Theologen vor und über allem theologischen Wissen das Neue Testament geistlicher und geistiger Besitz sein müsse, starb am 9. Juni 1983.

Grabstätte: Laurentiusfriedhof, Feld II, Reihe 5, 7. Grabstelle v. l.
Grabinschrift:

> Leben wir, so leben wir dem Herrn;
> sterben wir, so sterben wir dem Herrn.
>
> Röm. 14, 8.

Dr. D. Erdmann
Schott
Professor
der Theologie
* 8. 12. 1900  † 9. 6. 1983

*Werke:* Fleisch und Geist nach Luthers Lehre unter besonderer Berücksichtigung des Begriffes „totus homo", 1928 (Erw. Nachdr. 1969). – Die Endlichkeit des Daseins nach Martin Heidegger, 1930 (GSLF 3). – Das Problem der Glaubensgewißheit in Auseinandersetzung mit Karl Heim erörtert, 1931. – Religionsphilosophie und Theologie. Gefährdete Wahrheiten, 1938 (GSLF 10). – Der duplex usus legis im Hinblick auf die Situation der heutigen Dorfgemeinde, 1951. – Die zeitliche und ewige Gerechtigkeit. Eine kontroverstheologische Untersuchung zum Konkordienbuch, 1955. – Grundlinien der Theologie Rudolf Hermanns. In: NZSTh 6 (1964) 14–34. – Dogmatik als kritische Wissenschaft. In: ThLZ 89 (1964) 401–406. – Taufe und Rechtfertigung in kontroverstheologischer Sicht, 1966 (AVTRW 36). – Rechtfertigung und Zehn Gebote nach Luther, 1970 (AVTRW 50). – Hg.: H. Mulert: Konfessionskunde, ³1956. – *Bibliographie:* ThLZ 86 (1961) 393–398; 90 (1965) 955–958: 96 (1971) 77–80.

*Literatur:* Erdmann Schott zum 65. Geburtstag. In: ThLZ 90 (1965) 955f. – Erdmann Schott zum 70. Geburtstag. In: ThLZ 96 (1971) 76f.

## JULIUS AUGUST LUDWIG WEGSCHEIDER (1771–1849)

Wegscheider, einer der bekanntesten und einflußreichsten Dogmatiker des kirchlichen Rationalismus, wurde am 17. September 1771 im braunschweigischen Dorf Küblingen bei Schöppenstedt als Sohn eines Pfarrers geboren. Seine Vorbildung erhielt er auf dem Pädagogium in Helmstedt und dem Carolinum in Braunschweig. 1791 bezog er als Theologiestudent die Universität in Helmstedt, wo besonders der Rationalist H. Ph. K. Henke Einfluß auf ihn gewann.

Nach Abschluß seiner Studien ging Wegscheider 1795 nach Hamburg, um für zehn Jahre in einer angesehenen Kaufmannsfamilie die Stelle eines Hauslehrers einzunehmen. In diese Zeit fällt seine Beschäftigung mit dem philosophischen Werk I. Kants, dessen rationale und moralische Religionsauffassung ihn anzog und den Grund dafür legte, daß die enge Verbindung von Religion und Moral dauerndes Hauptanliegen Wegscheiders blieb. Als Ergebnis dieser Studien veröffentlichte er 1797 eine lateinisch verfasste Abhandlung über das Verhältnis der stoischen Sittenlehre zu I. Kants Kritik der praktischen Vernunft, auf die hin er in Helmstedt zum Dr. phil. promoviert wurde.

Nach seiner Habilitation in Göttingen erhält Wegscheider 1805 als Magister legens dort die Stelle eines Repetenten. 1806 folgt er einem Ruf als Professor der Theologie und Philosophie an die schaumburgisch-hessi-

sche Universität in Rinteln. Aus dieser Zeit stammen die neutestamentlichen Arbeiten Wegscheiders, in denen er dem Leser als traditionsfreudiger Exeget entgegentritt. Als die Rintelner Universität unter der westfälischen Regierung König Jérômes 1809 aufgehoben wurde, versetzte ihn der Minister J. v. Müller als Professor an die Theologische Fakultät nach Halle. Er hat hier seit 1810 als ein höchst einflußreicher Hochschullehrer gewirkt, dessen Ruf es mit zu verdanken war, daß in den zwanziger Jahren des 19. Jahrhunderts in Halle nicht weniger als bis zu eintausend Theologen studierten, ein Indiz dafür, daß zu Beginn seiner Wirksamkeit der Rationalismus in der jüngeren Generation noch keineswegs an Attraktivität verloren hatte.

Obwohl WEGSCHEIDER während seiner gesamten akademischen Tätigkeit auch auf neutestamentlichem Gebiet in Erscheinung getreten ist, verlagerte sich sein Interesse doch zunehmend auf das der Dogmatik. Einfluß verschafft und über die Stadtgrenzen hinaus bekannt gemacht haben ihn seine *Institutiones theologiae christianae dogmaticae*, ein später auch ins Deutsche übersetztes Lehrbuch, das in wenigen Jahren acht Auflagen erlebte, sich durch seine historische Darstellung und vernunftgemäße Dogmenkritik auszeichnete und zur Normaldogmatik des Rationalismus wurde. WEGSCHEIDER hat sie seit der 2. Auflage dem „Verfechter der Denkfreiheit" M. LUTHER gewidmet. Ihre Bedeutung liegt in der klaren und wirksamen Zusammenfassung des Ertrages der rationalistischen Dogmatik in den letzten Jahrzehnten und in der konsequenten Anwendung ihrer Prinzipien: So erhebt er folgerichtig die Vernunft zum alleinigen Wahrheitskriterium der einzeln abgehandelten Dogmen und verkündet in einer „Epicrisis" die „richtige" Lösung, die sich als apodiktisches Urteil des gesunden Menschenverstandes darstellt. Die Ablehnung jeder übernatürlichen Offenbarung zugunsten der Annahme einer mittelbaren Offenbarung führt notwendig dazu, daß Wunder geleugnet und die Sakramente als Symbole verstanden werden, Jesus als höchster göttlicher Gesandter, Religionsstifter und sittliches Vorbild für die Menschen gilt, die Auferstehung Christi als die Auferweckung eines Scheintoten erklärt und seine Himmelfahrt als Sage verstanden wird.

WEGSCHEIDER hat als Repräsentant der letzten Generation rationalistischer Theologie unbeirrt zu seinen Auffassungen gestanden. Sowohl die Lehrsysteme des Supranaturalismus als auch die neuen Ansätze von „Pietismus und Mysticismus" lehnte er ebenso kategorisch ab wie die Religionsphilosophie des Idealismus. So ist es nicht verwunderlich, daß er und sein ihm auch verwandtschaftlich verbundener Fakultätskollege W. GESENIUS, der zweite führende Kopf der späten halleschen Aufklärungstheologie, 1830 Opfer der unrühmlichen „Hallischen Denunziation" wurden und manch anderen öffentlichen Angriffen ausgesetzt waren.

Trotz der gütlichen Beilegung des Konfliktes durch einen königlichen Erlaß sank seit diesem Ereignis allmählich die Beliebtheit WEGSCHEIDERs; die Ära des an Einfluß gewinnenden FR. A. G. THOLUCK hatte begonnen und zog die Studenten unwiderruflich in ihren Bann.

WEGSCHEIDER, der sich noch in hohem Alter der Bewegung der „Lichtfreunde" angeschlossen hatte, starb am 26. Januar 1849. Nach seinem Tod wurde ein Straßenzug der Stadt nach ihm benannt.

Grabstätte: Laurentiusfriedhof, Feld IV, Reihe 14, 3. Grabstelle v. r.
Grabinschrift:

I. A. L. WEGSCHEIDER
geb. d. 17. Septbr. 1771.
gest. d. 26. Janr. 1849.

Licht – Liebe.

*Werke:* Versuch, die Hauptsätze der philosophischen Religionslehre in Predigten darzustellen, 1801. – Über die von der neuesten Philosophie geforderte Trennung der Moral von der Religion, 1804. – Versuch einer vollständigen Einleitung in das Evangelium des Johannes, 1806. – Der 1. Brief des Apostel Paulus an den Timotheus, neu übersetzt und erklärt, 1810. – Institutiones theologiae christianae dogmaticae, 1815. [8]1844 (dt. Übers. v. F. Weiß, 1831). – *Bibliographie:* Teilüberblick: RE[3] 21 (1908) 34–37.

*Literatur:* K. Barth: Theologie (§12), 425–432. – W. Gaß: Geschichte IV, 458–478. – G. Chr. Hamberger/J. G. Meusel: Das gelehrte Teutschland oder Lexikon der jetzt lebenden teutschen Schriftsteller XVI, Lemgo 1812, 164f. – E. Hirsch: Geschichte V, 20–27. – H. G. Kienlen: Les principes fondamentaux du système rationaliste professé par Roehr et Wegscheider, Straßburg 1840. – A. Schmidt u. B. Fr. Voigt (Hg.): Neuer Nekrolog der Deutschen XXVII, Ilmenau/Weimar 1849 (1851) = DBA, Fiche 1339, 421–426. – Fr. W. Strieder: Grundlage zu einer hessischen Gelehrten- und Schriftstellergeschichte XVI, Göttingen 1812 = DBA, Fiche 1339, 415–419. – Rundes Chronik, 530f. – W. Schrader: Geschichte II, 24. 127–134. 165–175. – W. Steiger: Kritik des Rationalismus in Wegscheiders Dogmatik, Berlin 1830. – ADB 41 (1896) 427–432 (G. Frank). – EKL[1] 3(1959) 1735f. – RE[1] 17 (1863) 574–577 (Fr. A. G. Tholuck). – RE[3] 21 (1908) 34–37 (H. Hoffmann). – RGG[1] 5 (1913) 1853f. – RGG[3] 6 (1962) 1556.

# WOLFGANG WIEFEL (1929–1998)

WIEFEL wurde am 20. Februar 1929 in Oschersleben (Bode) geboren. Nach dem Abitur 1947 und einer einjährigen Lehrerausbildung in Magdeburg war er von 1948 bis 1951 in seiner Heimatstadt als Grundschullehrer tätig. Vom Wintersemester 1951 an studierte er an der Kirchlichen Hochschule Berlin-Zehlendorf bzw. am Sprachenkonvikt in Berlin Theologie und legte 1956 sein Erstes Theologisches Examen ab. Danach war er als Aspirant für die wissenschaftliche Arbeit mit dem Ziel der Promotion und der Habilitation freigestellt. 1959 promovierte er in Leipzig mit einer Arbeit über das Thema *Der Synagogengottesdienst im neutestamentlichen Zeitalter und seine Einwirkung auf den entstehenden christlichen Gottesdienst* bei J. LEIPOLDT. Die Habilitation erfolgte 1963 wiederum in Leipzig auf der Grundlage der Arbeit *Die Anfänge des christlichen Kirchenjahres im Lichte der vergleichenden Religionsgeschichte.*

Im Jahre 1963 wurde WIEFEL zum Dozenten für Neues Testament und Allgemeine Religionsgeschichte an der Theologischen Fakultät in Halle ernannt. Hier ist er 1975, zwölf Jahre nach seinem Eintritt in die Fakultät, Extraordinarius für Neues Testament geworden. Erst im Jahre 1984 wurde er auf den neutestamentlichen Lehrstuhl in Leipzig berufen, den er bis zu seiner Entpflichtung 1992 innehatte.

Neben seiner Lehrtätigkeit hat WIEFEL seine kirchliche Ausbildung weitergeführt. Er war ab Januar 1964 Vikar an der St. Johannes Gemeinde in Halle; im Oktober 1965 legte er vor dem Konsistorium in Magdeburg das Zweite Theologische Examen ab und wurde im Dezember desselben Jahres im Magdeburger Dom ordiniert. Wie sehr ihm die gemeindebezogene Arbeit am Herzen lag, wird daran deutlich, daß er während seiner gesamten akademischen Tätigkeit regelmäßig in Halle und auch später in Leipzig als Prediger und Seelsorger Dienst getan hat.

Auch seine wissenschaftliche Arbeit hat WIEFEL in einem kirchlichen Bezug gesehen. Das wird u. a. an seiner langjährigen Mitarbeit im kirchlichen Fernunterricht der Kirchenprovinz Sachsen deutlich, für den er eine Reihe von Lehrbriefen zu neutestamentlichen Themen verfasst hat, und in seiner Tätigkeit im Kirchlichen Prüfungsamt, dem er aucg über die Emeritierungsgrenze hinaus angehörte. In dcn Jahrcn 1975/76 arbeitete er im Auftrage der Liturgischen Konferenz des Lutherischen Weltbundes mit am Projekt „Perikopenrevision" zur Überprüfungs des bis dahin gültigen Lektionars und der Predigttextreihen.

In seiner Lehrtätigkeit zog WIEFEL die Studierenden durch seine fachlich fundierten und didaktisch überzeugenden Lehrveranstaltungen an. Er las über den ganzen Bereich des Neuen Testaments sowie über Geschichte und Literatur des Judentums. Sein Forschungsinteresse und seine Publikationen überschritten diesen Bereich: Sie galten dem Neuen Testament, der Judaistik, der alten Kirche, der Geschichte der Theologie, insbesondere der neutestamentlichen Forschung im 19. und 20. Jahrhundert. Standardwerke sind seine Kommentare *Das Evangelium nach Lukas* 1988 und *Das Evangelium nach Matthäus* 1998. Eine bereits gesetzte und umgebrochene Biographie des Apostels Paulus ist nicht im Handel erschienen, weil der Union Verlag Berlin aufgelöst wurde.

Am 23. Oktober 1998, nachdem er erst wenige Tage zuvor die Arbeit zum dritten Synoptikerkommentar, dem zum Markusevangelium, abgebrochen hatte, ist er in seiner Wohnung in Halle verstorben.

Grabstätte: Laurentiusfriedhof

*Werke:* Vätersprüche und Herrenworte. Ein Beitrag zur Frage der Bewahrung mündlicher Traditionssätze. In: Novum Testamentum XI (1969) 105–120. – Die jüdische Gemeinschaft im antiken Rom und die Anfänge des römischen Christentums. Bemerkungen zu Anlaß und Zweck des Römerbriefs. In: Judaica 26 (1970) 65–88. -Paulus in jüdischer Sicht I u. II. In: Judaicca 31 (1975) 109–115. 151–172. – Die neutestamentliche Arbeit an der Universität Halle-Wittenberg von 1817 bis 1888. Halle 1975 (Beiträge zur Universitätsgeschichte). – Zwischen Spezialisierung und richtungspolitischer Gleichgewichtsstrategie. Zur Geschichte der neutestamentlichen Arbeit an der Universität Halle-Wittenberg 1888 bis 1916. Halle 1976 (Beiträge zur Universitätsgeschichte). – Im Zeichen der Krise. Zur Geschichte der neutestamentlichen Arbeit an der Universität Halle-Wittenberg 1918–1945. Halle 1976 (Beiträge zur Universitätsgeschichte). – Das Evangelium nach Lukas, Berlin 1988 (ThKNT, 3). – Das Evangelium nach Matthäus, Berlin 1998 (ThKNT, 1). (*Die Bibliographie Wolfgang Wiefels liegt bisher nur maschinenschriftlich vor*).

## HANS WINDISCH (1881–1935)

Am 25. April 1881 als Sohn des bedeutenden Indologen E. WINDISCH in Leipzig geboren, begann WINDISCH 1908 seine akademische Laufbahn als Privatdozent in seiner Vaterstadt, nachdem er nach Abschluß seiner theologischen und philologischen Studien zunächst ein Jahr lang (1907) als Religionslehrer gearbeitet hatte. 1914 sehen wir ihn als ordentlichen Professor für Neues Testament und altchristliche Literatur in Leiden (Holland), wo er bis zu seiner Berufung nach Kiel 1929 eine ausgedehnte Lehr- und Forschertätigkeit entfaltete. Auch von daher verfügte WINDISCH über vielfältige Verbindungen zur internationalen Fachwissenschaft. In seiner Leidener Zeit entstehen Kommentarwerke und zahlreiche Monographien, die ihn als Neutestamentler jener Richtung liberaler Theologie ausweisen, die begonnen hatte, neben der literarkritischen Arbeit der religionsgeschichtlichen Fragestellung eine größere Bedeutung beizumessen. 1912 begründet WINDISCH die „Untersuchungen zum Neuen Testament", deren Herausgeber er bis 1934 bleibt.

Als 1934 durch den plötzlichen Tod E. v. DOBSCHÜTZ' dessen neutestamentlicher Lehrstuhl frei wurde, bemühte sich die Fakultät umgehend um eine Neubesetzung, obwohl sie Jahre zuvor (1923) infolge der Sparmaßnahmen nach der Inflation ein zweites neutestamentliches Ordinariat für aufgebbar erklärt hatte. In der Zwischenzeit wurde der Privatdozent H. SCHLIER mit der Vakanzvertretung beauftragt, schon allein um der Studentenzahl und der daraus erwachsenden Anforderung an das Lehrangebot zu genügen, denn nach Tübingen und Leipzig stand Halle noch immer an dritter Stelle unter den Theologischen Fakultäten Deutschlands.

Nach zwei, in den eigenen Reihen kontrovers behandelten Listenvorschlägen, wobei nun weniger die theologischen als kirchenpolitischen Fronten maßgeblich wurden, einigte sich die Fakultät schließlich auf einen Kompromiß, in dem WINDISCH an dritter Stelle nach G. KITTEL (Tübingen) und J. SCHNIEWIND (Königsberg) rangierte. Das Ministerium, das diesen Vorschlag zunächst kommentarlos entgegennahm, favorisierte freilich einen ganz anderen Kandidaten: H. PREISKER aus Breslau, der zwar richtungsmäßig für die Nachfolge von E. v. DOBSCHÜTZ durchaus geeignet schien, der aber auch der damaligen deutsch-christlichen Reichskirchenregierung nahestand. Daß man dieses Berufungsvorhaben letztlich fallenließ, ist wohl auf den kirchenpolitischen Kurswechsel zurückzuführen, nachdem die Glaubensbewegung Deutsche Christen praktisch gescheitert war und der nationalsozialistische Staat begann, die Kirchenfrage nun selbst in die Hand zu nehmen.

Für alle überraschend wurde WINDISCH berufen und zum Sommersemester 1935 eingeführt. Auf ihn richteten sich große Hoffnungen, vor allem im Hinblick auf die Fortsetzung der von seinem Vorgänger begonne-

nen Arbeit am Corpus Hellenisticum. Ihm war freilich nur eine kurze, ein Semester währende Wirksamkeit in Halle beschieden. WINDISCH verstarb unerwartet am 8. November 1935.

Grabstätte: Laurentiusfriedhof, Feld IV, Reihe 8, 1. Grabstelle v. r.
Grabinschrift:

Off. Joh. 14, 13

D. H[A]NS [WIND]ISCH
Professor der Theologie
[* 25. 4 1881 † 8. 11. 1935]

(stark verwittert)

*Werke:* Taufe und Sünde im ältesten Christentum bis auf Origenes, 1908. – Der messianische Krieg und das Urchristentum, 1909. – De tegenwoordige stand van het Christusprobleem, 1923. ²1925. – Johannes und die Synoptiker, 1929. – Der Sinn der Bergpredigt, 1929. ²1937 (engl. Übers. 1951). – Die Orakel des Hystaspes, 1929. – Paulus und Christus, 1934. – Paulus und das Judentum, 1935. – Kommentare: 2. Korintherbrief, [9]1924 (KEK VI). – Katholische Briefe, 1911. [3]1951 (HNT 15). – Hebräerbrief, 1913. [2]1931 (HNT 14). – Barnabasbrief, 1920 (HNT Erg. Bd. III).- *Bibliographie:* ThLZ 81 (1956) 499–510.

*Literatur:* E. Beijer: Hans Windisch und seine Bedeutung für die neutestamentliche Wissenschaft. In: ZNW 48 (1957) 22–49 = SEÅ 18/19 (1953/54) 109–139. – H. Eberle: Martin-Luther-Universität, 284. – K. Prümm: Zur Früh- und Spätform der religionsgeschichtlichen Christusdeutung von Hans Windisch. In: Bib. 42 (1961) 391–422; 43 (1962) 22–56. – W. Wiefel: Zeichen, 15f. – RGG[3] 6 (1962) 1732.

# Auf weiteren Friedhöfen

## CARL FRIEDRICH BAHRDT (1740–1792)

Obwohl BAHRDT in Halle nicht der Theologischen, sondern der Philosophischen Fakultät angehört hat, soll er an dieser Stelle Erwähnung finden, denn wie kaum ein anderer Theologe neben ihm hat er es verstanden, als Universitätslehrer, Prediger, Literat und Organisator die Gemüter seiner Zeitgenossen zu erregen. Schon zu Lebzeiten und vollends von der Nachwelt aufgrund seiner provokanten Thesen und seines sittlichen Lebenswandels als „enfant terrible" und „Thersites der deutschen Aufklärungstheologie" gescholten, gehört BAHRDT, die „bestgehaßte und meistverleumdete Person der Universitätsgeschichte", zu den bekanntesten Repräsentanten der deutschen Aufklärung, der zur Popularisierung der Idee des Rationalismus entscheidend beigetragen hat.

BAHRDT wurde am 25. August 1740 in Bischofswerda (Oberlausitz) als Sohn eines Predigers geboren. Als sein Vater J. Fr. BAHRDT Superintendent und Theologieprofessor in Leipzig und zugleich Prälat und Domherr des Stiftes Zeitz geworden war, siedelte die Familie in die Messestadt über. Nachdem seine Kindheit und Jugend unter der Aufsicht ständig wechselnder Hauslehrer ungünstig verlaufen war, erhielt BAHRDT hier seine gymnasiale Vorbildung in der berühmten Nikolaischule, die er später mit der nicht minder bedeutenden Landesschule in Schulpforte vertauschen mußte.

Ab 1756 studierte BAHRDT in Leipzig Theologie, vor allem unter CHR. A. CRUSIUS und J. A. ERNESTI, dessen Privatunterricht für Latein und Griechisch er besuchte. 1761 promovierte er zum Magister und begann daraufhin als Repetent seines Vaters Dogmatik zu lesen. Nach seiner theologischen Prüfung wirkte BAHRDT daneben als Katechet an der Peterskirche. Der überaus beliebte Kanzelredner wies sich nicht nur durch eine Predigtsammlung, sondern auch mit biblisch-exegetischen Veröffentlichungen als ein zuverlässiger Vertreter der lutherischen Orthodoxie aus. So stand seiner Ernennung 1766 zum Professor für biblische Philologie an der Philosophischen Fakultät nichts im Wege. Zwei Jahre später endete der Leipziger Lebensabschnitt jedoch abrupt: BAHRDT muß auf sein akademisches Amt verzichten wegen des Vorwurfs, von einer Prostituierten wegen einer Vaterschaftsklage erpreßt zu werden.

Vermittelt durch einen Gönner, den nicht minder umstrittenen halleschen Professor der Beredsamkeit CHR. A. KLOTZ, erhielt BAHRDT 1769 eine Professur für biblische Altertümer an der Philosophischen Fakultät in Erfurt. Hier beginnt seine Emanzipation von der Orthodoxie, was ihm nicht nur die Feindschaft seiner Kollegen einträgt, sondern auch die Verurteilung seiner Lehrsätze als „ketzerisch" durch die Theologische Fakultät Wittenberg zur Folge hat. Nachdem er an der Theologischen Fakultät in Erlangen das theologische Doktordiplom erworben hatte, wurde BAHRDT dank der Verwendung durch J. S. SEMLER 1771 zum vierten Professor der Theologie an die Theologische Fakultät der Universität Gießen und zum Prediger von St. Pankratius berufen. Auch hier erregte er als entschiedener Aufklärungstheologe mit seiner „Musterrevision" des Neuen Testaments und durch seinen sittenwidrigen Lebenswandel großes Ärgernis. Auf Veranlassung der orthodoxen Theologen, die ihn wegen Heterodoxie bei der Regierung von Hessen-Darmstadt verklagt hatten, wurde BAHRDT daufhin 1775 durch seinen Landesherrn seines Amtes enthoben.

Auf Empfehlung J. B. BASEDOWs übernahm BAHRDT daraufhin das Direktorat eines Philantropinums auf Schloß Marschlins bei Landquart (Graubünden), das der Rationalist und schweizerische Staatsmann U. v. SALIS gegründet hatte. Da das Verhältnis zwischen beiden bald getrübt war, folgte BAHRDT bereits nach vierzehn Monaten dem Ruf des Grafen von Leiningen-Dachsberg nach Dürkheim an der Hardt als Generalsuperintendent und erster Prediger. Auf dem nahegelegenen, unbewohnten Schloß Heidesheim gründet er ein eigenes Philanthropinum, ein Unternehmen, das nicht zuletzt aus organisatorischen und finanziellen Gründen bald scheitert. Wegen seiner rationalistisch-freigeistigen Bibelübersetzung, aufklärerischen Predigten und eines verweigerten Widerrufs wurde BAHRDT auch dort 1779 seines Amtes enthoben und durch den kaiserlichen Reichshofrat als Ketzer verurteilt.

Bahrdt flieht vor der drohenden Verhaftung nach Preußen und gelangt auf diese Weise nach Halle. Der aufgeklärte preußische Kultusminister K. A. v. Zedlitz protegiert den Flüchtling, kann sich aber nicht gegen den geschlossenen Widerstand der Theologischen Fakultät und des Senates durchsetzen, die eine Anstellung Bahrdts als ordentlichen Professor zu verhindern wußten. Vor allem J. S. Semler, den Bahrdt lange Zeit als seinen geistigen Lehrer bezeichnet hat, bekämpft ihn jetzt erbittert und verliert in dieser Kontroverse auf Anordnung des Ministers die Direktion des Theologischen Seminars. So erhält Bahrdt die venia legendi allein für philosophische Disziplinen.

In dieser Anstellung entfaltete Bahrdt eine überaus rege schriftstellerische Wirksamkeit und übte in seinen Vorlesungen über die lateinischen Klassiker, hebräische Grammatik, Rhetorik und Moral eine solche Anziehung aus, daß sich die Zahl seiner Hörer, darunter zahlreiche Bürger der Stadt, zuweilen auf 900 belief. Bahrdt konnte sich in dieser Position bis zum Tod Friedrichs II. halten. Als unter Friedrich Wilhelm II. die staatliche Reaktion gegen die kirchliche und theologische Aufklärung einsetzte und der Minister J. Chr. Wöllner mit der Leitung der geistlichen Angelegenheiten betraut wurde, legte Bahrdt, offensichtlich einem absehbaren Vorlesungsverbot ausweichend, sein Lehramt nieder. Er kaufte sich in Nietleben den heute nicht mehr erhaltenen sogenannten Albonikoschen Weinberg und betrieb dort zusammen mit einer Magd, die er sich, sehr zum Anstoß seiner Zeitgenossen und Biographen, anstelle seiner Ehefrau zur Lebensgefährtin gewählt hatte, eine vielbesuchte Gastwirtschaft. Hier in „Bahrdsruhe" war er hauptsächlich nur noch schriftstellerisch tätig. Sie wurde Sitz und Zufluchtsort für die freimaurerische Geheimorganisation der „Deutschen Union", die Bahrdt begründet hatte.

Als er sich in einer anonymen Lustspielsatire unter dem Titel *Das Religions-Edikt* über die Wöllnersche Religionsgesetzgebung von 1788 lustig gemacht hatte, wurde Bahrdt 1789 dieses Deliktes wegen, das man ihm freilich nicht sicher nachweisen konnte, zu zwei Jahren Festungshaft in der Zitadelle von Magdeburg verurteilt. Er nutzt diese Zeit zu schriftstellerischer Arbeit, unter anderem für eine Autobiographie, die vor allem in kulturhistorischer Hinsicht interessant bleibt. 1790 kehrte er, von Friedrich Wilhelm II. vorzeitig entlassen, in seine Gastwirtschaft nach Nietleben zurück.

Bahrdt hat ein immenses literarisches Werk hinterlassen, das Schriften auf den Gebieten der Theologie, Pädagogik, Altphilologie, Soziologie,

Rechtswissenschaft und Politik enthält. Die bedeutendsten unter ihnen markieren seinen Entwicklungsgang. Am Anfang ein Theologe mit lutherisch-orthodoxer Prägung, wandte sich BAHRDT später dem Pietismus zu und vertrat die von PH. J. SPENER vorgetragene Lehre von der Wiedergeburt. Nach einer Phase, die im Zeichen theologischer Bibelwissenschaft stand, verfaßte er als Rationalist im radikalen Sinne die *Neuesten Offenbarungen Gottes*, eine Übersetzung des Neuen Testaments, die ihm den Spott J. W. v. GOETHES und seine Vertreibung aus Dürkheim eintrug, die aber dagegen von G. E. LESSING verteidigt wurde. Seine *Briefe über die Bibel im Volkston* endlich sind Ausdruck seines späteren Naturalismus, der mit freimaurerischen Tendenzen einhergeht. Seine Schriften, deren vorurteilslose Beurteilung und theologiegeschichtliche Würdigung noch immer ein Desiderat der kirchengeschichtlichen Forschung darstellt, zeigen die überragenden Talente und die geniale Vielseitigkeit ihres Verfassers, der sich durch eine klare Sprache, logisches Denken und eine konsequente Wahrheitsliebe auszeichnet.

BAHRDT, der ein radikaler Parteigänger der Französischen Revolution geworden war, starb als ein Außenseiter der deutschen Aufklärungstheologie am 23. April 1792.

169

Grabstätte: Halle-Nietleben, alter Granauer Friedhof, Friedhofsmitte.

Grabinschrift:

DOCTOR
CARL FRIEDRICH BAHRDT.
25. 8. 1741.
23. 4. 1792.

(Geburtsjahr s. o.)

*Werke:* Der wahre Christ in der Einsamkeit, 1763. – Zwey Predigten von dem Zustande einer Seele, welche den Frieden Jesu genießt, 1765. – Versuch eines biblischen Systems der Dogmatik, 2 Bde., 1769–1770 (holl. Übers. 1781). – Briefe über die systematische Theologie, 2 Bde., 1770–1771. – Neueste Offenbarungen Gottes in Briefen und Erzählungen, 4 T., 1773–1774. – Philanthropinischer Erziehungsplan, 1776. – Kirchen- und Ketzer-Almanach, 1781. – Briefe über die Bibel, im Volkston, 1782 (holl. Übers. $^2$1786). – Ausführung des Plans und Zwecks Jesu, 8 Bde., 1784–1785. – System der moralischen Religion, 2 Bde., 1787. – Das Religions-Edikt. Ein Lustspiel, 1789 (Nachdr., hg. v. L. Lütkehaus, Heidelberg 1985). – Geschichte und Tagebuch meines Gefängnisses nebst geheimen Urkunden und Aufschlüssen über die Deutsche Union, 1790. – Katechismus der natürlichen Religion, 1790. – Geschichte seines Lebens, seiner Meinungen und Schicksale, 4 T. 1790–1791 (gekürzte NA., hg. v. F. Hasselberg, Berlin 1922). – *Bibliographie:* O. Jacob u. I. Majewski: Karl Friedrich Bahrdt. Radikaler deutscher Aufklärer (25. 8. 1740 – 23. 4. 1792). Bibliographie, Halle 1992 (Schriften zum Bibliotheks- und Büchereiwesen in Sachsen-Anhalt 69).

*Literatur:* K. Barth: Theologie, 147f. – J. T. Brewer: „Gesunde Vernunft" and the New Testament, Diss. Austin, Texas, 1962. – H.-U. Delius: Der Prozeß gegen Dr. K. Fr. Bahrdt – aus einem bisher unbekannten Aktenstück. In: JBBKG 55 (1985) 181–198. – W. Diehl: Beiträge zur Geschichte von Carl Friedrich Bahrdts Gießener Zeit. In: AHG 8 (1912) 199–254. – H. Doering: Theologen I, 29–40. – St. G. Flygt: The Notorious Dr. Bahrdt, Nashville 1963. – G. Frank: Dr. Karl Friedrich Bahrdt, Leipzig 1866. – W. Gaß: Geschichte IV, 199–206. – J. Garber u. H. Schmitt: Utilitarismus als Jakobinismus? Anmerkungen zur neueren Bahrdt-Forschung. In: JIDG 12 (1983) 437–449. – W. Gericke: Theologie, 106–109. – O. Jacob: Karl Friedrich Bahrdt: ein radikaler deutscher Aufklärer und die hallesche Universität. In: Universitätszeitung. Martin-Luther-Universität Halle-Wittenberg 2 (1992) 4, S. 5; 5, S. 7. – G. Mühlpfordt: Ein radikaler Geheimbund vor der Französischen Revolution – die Union K. Fr. Bahrdts. In: Jahrbuch für Geschichte des Feudalismus 5 (1981) 379–413. – Ders.: 1740, nicht 1741. Zu Bahrdts Geburtsjahr. Irrtum oder Manipulation? In: G. Sauder u. Chr. Weiß (Hg.): Carl Friedrich Bahrdt (1740–1792), St. Ingbert 1992, 291–305 (Saarbrücker Beiträge zur Literaturwissenschaft 34). – R. Otto: Resonanz: die Reaktion evangelischer Theologen auf den Spinozastreit am Beispiel J. Chr. Döderleins und C. Fr. Bahrdts. In: Schleiermacher in Context. Papers from the 1988 International Symposium on Schleiermacher at Herrnhut, hg. v. R. D. Richardson, Lewinston/Queenston/Lampeter 1991, 394–420 (Schleiermacher: Studies and Translations 6). –

G. Röwenstrunk: Anfangsschwierigkeiten eines Rationalisten. Carl Friedrich Bahrdts orthodoxe und pietistische Phase, Diss. Theol. Heidelberg 1977. – Rundes Chronik, 466–468. – W. Schrader: Geschichte I, 500–513. – B. Schyra: K. F. Bahrdt. Sein Leben und Werk, Diss. Phil. Leipzig 1962. – ADB 1 (1875) 772–774 (G. Frank). – BBKL 1 (1975) 346f. – NDB 1 (1953) 542f. (B. Sauer). – RE$^3$ 2 (1897) 357–359 (P. Tschackert). – RGG$^2$ 1 (1927) 737f. – RGG$^3$ 1 (1957) 845. – TRE 5 (1980) 132f. (G. Röwenstrunk).

## KARL EGER (1864–1945)

Am 18. August 1864 als Sohn eines Professors für Sprachwissenschaft in Friedberg (Oberhessen) geboren, studierte EGER in Gießen, Leipzig und Berlin Theologie. Im Anschluß an die Kandidatenzeit versah er von 1892 bis 1900 ein Pfarramt in Darmstadt. Nach seiner Promotion 1900 über *Luthers Anschauungen vom Beruf* in Gießen wurde EGER zum Professor am Predigerseminar in seiner Geburtsstadt Friedberg ernannt, das er seit 1907 als Direktor leitete.

1913 erhielt EGER den Ruf in eine ordentliche Professur für Praktische Theologie in Halle. Als Nachfolger von P. DREWS wurde er ein Jahr später auch zum Universitätsprediger ernannt. Bis zu seiner Emeritierung 1929 trat er mit Arbeiten zu allen Gebieten der praktischen Theologie in Erscheinung. Besondere Bedeutung erhielten die Studien zur Homiletik, in denen er auf eine nüchterne und wahrhaftige Predigt drang. Grundsätzliches steuerte er zur Klärung kirchenrechtlicher Fragen des Pfarramtes und Gemeindelebens bei, wofür ihm Hessen als Beispiel diente. Vor allem von seinen Untersuchungen zum Katechismusunterricht von Kindern und Jugendlichen gingen nachhaltige Wirkungen aus. Für ihn forderte er energisch eine Beziehung auf die konkrete Lebensform und -wirklichkeit junger Menschen und suchte ihn aus seiner einseitigen Bindung an die Dogmatik zu lösen.

Im Raum der Kirche trat EGER als Mitglied der sächsischen Provinzialsynode in Erscheinung, der er von 1929 bis 1933 als Präses vorstand. Seit 1919 gehörte er zur preußischen Generalsynode. 1925 bis 1933 wirkte er als Abgeordneter im preußischen Kirchensenat maßgeblich an der kirchlichen Gesetzgebung mit.

EGER, der sich zunächst noch für die Berufung G. DEHNs als Nachfolger auf seinem Lehrstuhl ausgesprochen hatte, starb am 3. Juli 1945.

Grabstätte: Gertraudenfriedhof, Hauptweg parallel zur Feierhalle, vorletzter Weg rechts, 3. Grabstelle links (vgl. Skizze).

Grabinschrift:

Univ.-Prof. D. Dr.
Karl Eger

(und Angehörige)

(Das Grab wurde 1996, obwohl es bis 2005 reserviert war, samt Grabstein beseitig. Der Grabstein, wie er heute zu sehen ist, ist eine Nachbildung nach einem älteren Foto.)

*Werke:* Luthers Anschauungen vom Beruf, 1900. – Luthers Auslegung des Alten Testaments, 1901. – Das Wesen der deutsch-evangelischen Volkskirche, 1906. – Evangelische Jugendlehre. Ein Hilfsbuch zur Jugendunterweisung nach Luthers Kleinem Katechismus, 2 Bde., 1907. ³1922. – Taufe und Abendmahl im kirchlichen Unterricht der Gegenwart, 1911. ²1928. – Meine Zeit stehet in deinen Händen. Akademische Predigten, 1921. – Evangelischer und katholischer Gottesdienst, 1926. – Evangelischer Glaube in der Welt von heute, 1937. – *Bibliographie:* Teilüberblick: BBKL 1 (1975) 1468.

*Literatur:* H. Eberle: Martin-Luther-Universität, 273. – G. Heinzelmann: D. Eger als praktischer Theologe.In: Hallische Nachrichten und Saale-Zeitung, 17.8.1934. – J. Hellwig: Karl Eger: ebd. – Wer ist's? Unsere Zeitgenossen X, hg. v. H. A. L. Degener, Berlin 1935 = DBA, N. F., Fiche 311, 184. – BBKL 1 (1975) 1468. – NDB 4 (1959) 326f. (K. v. Rabenau). – RGG² 2 (1928) 19.

# HERMANN GUNKEL (1862–1932)

GUNKEL, der als genialer Erneuerer der Arbeit am Alten Testament gilt und dem später als Begründer der gattungsgeschichtlichen Forschung bleibende Anerkennung zuteil werden sollte, wirkte in Halle zweimal – zu Beginn und Abschluß seines akademischen Lebensweges.

Als Sohn eines Pfarrers wurde GUNKEL am 23. Mai 1862 in Springe bei Hannover geboren. Die Schulzeit verbrachte er in Lüneburg und legte am dortigen Johanneum das Abitur ab. 1881 beginnt GUNKEL in Göttingen Theologie zu studieren, wo er zunächst die Vorlesungen A. RITSCHLS besucht. Nebenbei belegt er Geschichte, Germanistik und Philosophie. 1882 geht er für zwei Semester nach Gießen. Hier sind es A. v. HARNACK und vor allem B. STADE, die den Studenten beeindrucken. Nach Göttingen zurückgekehrt, hört er U. v. WILAMOWITZ-MOELLENDORFF und B. DUHM. P. de LAGARDE führt ihn in die syrische und arabische Sprache ein.

Nach seinem ersten theologischen Examen 1885 beginnt für GUNKEL eine Zeit freier Studien in Göttingen, Leipzig und Lüneburg, die er weitgehend durch Privatunterricht finanziert. In Leipzig findet er sich mit den gleichgesinnten Freunden A. EICHHORN, W. WREDE, W. BOUSSET, W. HEITMÜLLER und J. WEISS zu einem Kreis zusammen, aus dem später die Religionsgeschichtliche Schule hervorgeht, der der dogmatisierenden Exegese A. RITSCHLS und seiner Schule entgegentritt. GUNKEL wird bald deren führender Kopf und vermag neue Mitstreiter, darunter seinen späteren Freund H. GRESSMANN, zu gewinnen. Ihr gemeinsames Ziel ist es, mittels der religionsgeschichtlichen Methode die isolierte Behandlung biblischer Texte aufzuheben und die Beiträge der sich damals neu erschließenden altvorderorientalischen Kultur für die Entstehung des Alten Testaments bzw. der spätjüdischen und hellenistischen Umwelt für das Werden des Neuen Testaments zur Geltung zu bringen.

1888 legt GUNKEL an seiner Heimatuniversität Göttingen eine Dissertation mit dem neutestamentlichen Thema *Wirkungen des Heiligen Geistes nach der populären Anschauung der apostolischen Zeit und der Lehre des Apostels Paulus* vor, auf die hin er zum Licentiaten promoviert wird. Einen Tag später habilitiert er sich mit einem Probevortrag für Biblische Theologie und Exegese.

Wegen mancherlei Unstimmigkeiten, besonders mit dem führenden Kopf der Fakultät, A. RITSCHL, sieht sich GUNKEL gezwungen, Göttingen zu verlassen. Auf Anraten des preußischen Ministerialdirektors FR. ALTHOFF geht er 1889 als Privatdozent nach Halle, wohin er sich nach einigen Schwierigkeiten umhabilitieren konnte, freilich unter Beschränkung seiner Lehrbefugnis allein auf alttestamentliche Exegese. Neben A. Eichhorn und C. Clemen gehört Gunkel zu der Gruppe junger Privatdozenten, die im letzten Jahrzehnt des 19. Jahrhunderts gemeinsam in die Fakultät eintreten. Sie alle sind von der Religionsgeschichtlichen Schule angeregt, gelten theologisch deshalb als „links" und hatten mit erheblichem Widerstand im Kollegenkreis zu kämpfen.

In die Zeit seiner ersten halleschen Wirksamkeit, in der er trotzdem noch mit neutestamentlichen Vorlesungen an die Öffentlichkeit tritt, fallen Studien und Vorarbeiten zu seiner großen Monographie *Schöpfung und Chaos in Urzeit und Endzeit*, in der er in Auseinandersetzung mit der von J. Wellhausen und dessen literarkritischer Schule vertretene zeitgeschichtliche Betrachtung biblischer Texte nach einem neuen traditionsgeschichtlichen Ansatz sucht.

1895 zieht Gunkel als außerordentlicher Professor nach Berlin. Zu seinen Hörern zählen hier R. Bultmann und M. Dibelius, der bei ihm promoviert. Trotz reger Publikationstätigkeit und ausgedehnten Vortragsreisen durch ganz Deutschland, zu denen er sich auch aus finanziellen Gründen gezwungen sah, wird Gunkel mehrfach bei möglichen Beförderungen und bei anstehenden Berufungen übergangen. An Anfeindungen fehlte es ihm gerade in diesen Jahren nicht. Infolge einer mißgünstigen Initiative der letzten Kaiserin rechnete Gunkel offenbar zeitweise sogar mit seiner Entlassung, was ihn zu einer freilich vergeblichen Bewerbung um eine Stelle als Volksschullehrer in Bevensen bei Lüneburg bewog.

Erst 1907 erreicht ihn ein Ruf in ein Ordinariat nach Gießen, um die Nachfolge seines Lehrers B. Stade anzutreten. Hier, wo er die letzten Jahre neben dem führenden Neutestamentler der Religionsgeschichtlichen Schule, W. Bousset, wirkt, gehören die später einflußreichen Alttestamentler W. Baumgartner (Schweiz) und S. Mowinckel (Norwegen) zu seinen Schülern.

1920 wird Gunkel gegen den Willen der Fakultät, die dies zu verhindern suchte, in die Nachfolge von K. Cornill nach Halle berufen. Es mag der traditionelle richtungspolitische Gegensatz gewesen sein, der die Religionsgeschichtliche Schule noch immer als „modern" und „links" einschätzte und Gunkel als deren führenden Repräsentanten deshalb nicht akzeptabel erscheinen ließ. Unterstützt durch die Vertreter des eher „rechten" kirchenpolitischen Lagers bekam diese ablehnende Haltung zudem ein politisches Motiv, denn es war bekannt, daß GUNKEL republikanischer Gesinnung war und somit das erste Mitglied jenseits der konservativ-national-liberalen Fakultätsmehrheit werden würde. Der Widerstand der Fakultät zielte zugleich auf den sozialdemokratischen Kultusminister, dem in diesem Zusammenhang vorgeworfen wurde, er fördere einseitig eine ihm nahestehende theologische Richtung, entmündige mit der Berufung seines Wunschkandidaten die Fakultät und gefährde so die akademische Freiheit. Tatsächlich hatte dieser, offensichtlich von seinem Unterstaatssekretär, dem Philosophen und Theologen E. TROELTSCH beraten, den zu seiner Zeit wissenschaftlich bedeutendsten Vertreter seines Faches durchgesetzt.

Als Herausgeber der „Schriften des Alten Testaments" und als Mitherausgeber der ersten und zweiten Auflage des Lexikons „Religion in Geschichte und Gegenwart", der ihm die an der Religionsgeschichte orientierte Prägung verlieh, sowie als Mitherausgeber der „Forschungen zur Religion und Literatur des Alten und Neuen Testaments" hat GUNKEL einen kaum zu überschätzenden Einfluß auf die Theologie in diesem Jahrhundert genommen.

In der alttestamentlichen Wissenschaft entwickelte GUNKEL, von überlieferungsgeschichtlichen Ansätzen ausgehend, die gattungsgeschichtliche Methode, die neben die von J. WELLHAUSEN inaugurierte Literarkritik tritt und ihr eine neue Perspektive verleiht. Indem er nach dem „Sitz im Leben" und nach der „Vorgeschichte" von Einzelüberlieferungen fragt, entdeckt er in den Erzählungen des Alten Testaments eigenständige literarische Gattungen wie Sage und Legende, Märchen und Mythos, die er als authentische Redeformen einer sie jeweils tragenden Gemeinschaft oder Institution würdigt und die darin dem literarischen Werk einer großen Einzelpersönlichkeit gegenübertreten.

Vor allem sein Kommentar zur *Genesis*, aber auch die kommentierten Arbeiten zu den Psalmen gehören zu den Meisterwerken seiner gattungsgeschichtlichen Untersuchungen, die nicht zuletzt die Forschungen auf dem Gebiet des Neuen Testaments befruchtet haben. Mit einer *Einleitung in die Psalmen* wollte GUNKEL seine Methode näher systematisieren. Sein stark angegriffener Gesundheitszustand, der ihn 1927 zur vorzeitigen Emeritierung zwang, hat ihn diese Arbeit nicht mehr vollenden lassen. Sein engster Schüler J. BEGRICH übernimmt von ihm diese Aufgabe Weihnachten 1931 und führt sie zu Ende.

Auch infolge seiner didaktisch-klaren und ästhetisch-vornehmen Art zu referieren, hatte sich GUNKEL einen großen Hörer- und Schülerkreis ge-

schaffen, aus dem viele direkte und indirekte Schüler später auf biblische Lehrstühle in ganz Deutschland berufen wurden und die nach dem Zweiten Weltkrieg der Formgeschichte zu breiter Anerkennung verholfen haben.

GUNKEL, der zum Ehrendoktor mehrerer in- und ausländischer Universitäten und zum Ehrenmitglied der englischen „Society for Old Testament Study" und der amerikanischen „Society for Biblical Literature" ernannt worden war, starb am 11. März 1932.

Grabstätte: Nach Auflösung des Städtischen Friedhofes wurden die Gebeine bekannter Persönlichkeiten umgebettet. Die Tafel mit der Grabinschrift wurde in diesem Zusammenhang nachträglich auf dem Grabmahl seiner Frau befestigt. Jetzt: Neuer Friedhof, genannt Giebichensteinfriedhof, Eingang Friedenstraße, Mitte der nordöstlichen Friedhofsmauer, 2. Grabstelle rechts neben G. Cantor (vgl. Skizze).
Grabinschrift:

Hermann Gunkel
+ Springe 23. 5. 1862
† Halle 11. 3. 1932

(Fragment)

*Werke:* Wirkungen des Heiligen Geistes nach der populären Anschauung der apostolischen Zeit und nach der Lehre des Apostels Paulus, 1888. ³1909. – Schöpfung und Chaos in Urzeit und Endzeit. Eine religionsgeschichtliche Untersuchung über Genesis 1 und Apokalypse Johannis 12, 1895. ²1921 (Nachdr. Ann Arbour/Michigan 1980). – Der Prophet Esra, 1900. – Die Sagen der Genesis, 1901. ²1902. – Israel und Babylonien, 1903. – Zum religionsgeschichtlichen Verständnis des Neuen Testaments, 1903. ²1910 (FRLANT 1). – Die israelitische Literatur: Die Kultur der Gegenwart I/7, 1906. ²1925, 53–112. – Elias, Jahwe und Baal, 1906. – Die Religionsgeschichte und die alttestamentliche Wissenschaft, 1910.- Die Urgeschichte und die Patriarchen, 1911. ²1921 (SAT I/1). – Reden und Aufsätze, 1913. – Was bleibt vom Alten Tetament?, 1916. – Esther, 1916. – Die Propheten, 1917 (Nachdr. Ann Arbour/Michigan 1980).- Einleitung in die Psalmen, 1933 (HK ErgBd.). – Kommentare: Genesis, 1901. ⁹1977 (HK I/1). – Ausgewählte Psalmen übersetzt und erklärt, 1903. ⁴1917. – Erklärung des 1. Petrusbriefes, 1907. ³1917 (SNT). – Die Psalmen, 1926. ⁵1968 (HK II/2). – *Bibliographie:* Eucharisterion. FS H. Gunkel, II 214–225. – Forts.: W. Klatt: Hermann Gunkel, 272–274.

*Literatur:* L. J. Coppes: The Contribution of H. Gunkel to Old Testament Historical Research: The Law and the Prophets. FS O. T. Allis, Nutley/New York 1974, 174–194. – Eucharisterion. FS Hermann Gunkel, 2 Bde., Göttingen 1932 (FRLANT 36). – W. Klatt: Die Eigentümlichkeit der israelitischen Religion in der Sicht von Hermann Gunkel. In: EvTh 28 (1968) 153–160. – Ders.: Hermann Gunkel. Zu seiner Theologie der Religionsgeschichte und zur Entstehung der formgeschichtlichen Methode, Göttingen 1969 (FRLANT 100). – K. Koch: Was ist Formgeschichte? Methoden der Bibelexegese, Neukirchen-Vluyn ⁴1981.- H.-J. Kraus: Geschichte, 341–367. – H.-P. Müller: Hermann Gunkel. In: Theologen des Protestantismus im 19. und 20. Jahrhundert II, hg. v. M. Greschat, Stuttgart 1978, 241–255. – K. v. Rabenau: Hermann Gunkel auf rauhen Pfaden nach Halle. In: EvTh 30 (1970) 433–444. – R. Smend: Deutsche Alttestamentler in drei Jahrhunderten, Göttingen 1989, 160–172. – E.-J. Waschke: Hermann Genkel – der Begründer der religionsgeschichtlichen Schule und der Gattungsgeschichtlichen Forschung. IN: 500 JAHRE THEOLOGIE: 129–142- –W. Wiefel: Spezialisierung, 17. – Ders.: Zeichen, 3f. – NDB 7 (1966) 322f. (K. v. Rabenau). – TRE 14 (1985) 297–300 (R. Wonneberger).

# EMIL KAUTZSCH (1841–1910)

KAUTZSCH wurde am 4. September 1841 als Sohn eines Bürgerschullehrers und späteren Pfarrers in Plauen (Vogtland) geboren. Nach dem Besuch des heimatlichen Gymnasiums studierte er seit 1859 in Leipzig Theologie und Orientalistik. Hier waren es der Alttestamentler F. TUCH und der Orientalist H. L. FLEISCHER, die ihn nachhaltig beeindruckten und die die Grundlagen für seinen weiteren Lebensweg legten. 1863 beendete er seine Studien mit dem ersten theologischen Examen und wurde im selben Jahr zum Dr. phil. promoviert.

Zunächst übernimmt Kautzsch eine Anstellung als Lehrer am traditionsreichen Nikolai-Gymnasium in Leipzig, nach der Thomasschule die bedeutendste Bildungseinrichtung der Stadt. Ihr bleibt er bis 1872 verbunden. 1865 legt er in Dresden das zweite theologische Examen ab und promoviert 1869 in Leipzig zum Licentiaten. Noch am selben Tag habilitiert er sich und beginnt als Privatdozent seine akademische Laufbahn.

1871 zum außerordentlichen Professor ernannt, folgt Kautzsch ein Jahr später einem Ruf in ein Ordinariat an die Universität Basel, der er 1879/80 als Rektor vorsteht. Nebenamtlich übernimmt er schulpädagogische Aufgaben am Pädagogium und am Frey-Grynäischen Institut. In die Baseler Zeit fällt nicht nur der Beginn einer lebenslangen Freundschaft mit dem Orientalisten A. Socin, sondern auch die Verwirklichung eines bislang unerfüllbaren Wunsches, auf einer ausgedehnten Reise das Heilige Land besuchen zu können. Sein hochbetagter Baseler Fachkollege J. J. Stähelin hatte ihm dafür ein beträchtliches Legat zur Verfügung gestellt.

Die Doppelbelastung an Pädagogium und Universität wirkte sich indes für lange Zeit nachteilig auf seine wissenschaftliche Arbeit aus. So folgt er 1879 einem Ruf nach Tübingen, wohin ihm sein Freund A. Socin vorangegangen war und wo Kautzsch neben seinem alttestamentlichen Ordinariat auch als Frühprediger an der Stiftskirche wirkte. In Tübingen erfreute sich Kautzsch so großer Beliebtheit, so daß sein Entschluß, nach Halle zu gehen, von den Studierenden mit lebhaftem Bedauern und einer Unterschriftensammlung für sein Bleiben aufgenommen wurde.

1888 zieht Kautzsch, der einen entsprechenden Ruf erhalten hatte, nach Halle, der letzten Station seines Lebensweges. In Halle entfaltete er nach dem Tod von K. Schlottmann und E. K. A. Riehm als einziger Ordinarius für alttestamentliche Exegese seine Hauptwirksamkeit. Mit dem fast zeitgleichen Eintritt von Fr. Loofs und E. Haupt ist damit die Regenerierung der durch Todesfälle und Überalterung gezeichneten Fakultät abgeschlossen. Kautzsch, der spätere Berufungen abgelehnt hat, führte 1898/1899 die Geschäfte des Rektors der Universität. Seinem pädagogischen Geschick, das er sich in mehr als fünfzehnjähriger schulischer Tätigkeit erworben hatte, ist es zu verdanken, daß er auch hier eine starke Anziehungskraft auf die Studierenden ausgeübt hat und in seinen Privatvorlesungen bis zu 350 Hörer zählen konnte.

Das alttestamentliche Lebenswerk von Kautzsch, der sich seit 1878 J. Wellhausen und der durch ihn begründeten Literarkritischen Schule angeschlossen hatte und deren Thesen weitgehend vertrat, gliedert sich im wesentlichen in drei Bereiche. Zum einen widmete er einen Großteil seiner Arbeitskraft der weiteren Erforschung der hebräischen Grammatik. Durch die von ihm in letzter Auflage neu bearbeitete *Hebräische Grammatik* von W. GESENIUS hat er der Arbeit am Alten Testament ein bis heute unentbehrliches Hilfsmittel in die Hand gegeben, sie in den Rang eines internationalen Standardwerkes gehoben und damit seinem bedeutenden Vorgänger in Halle ein bleibendes Denkmal gesetzt.

Daneben galt KAUTZSCH' Interesse der beginnenden archäologischen Forschung im Heiligen Land, die ihn 1876 zum Mitbegründer und Vorsitzenden des „Deutschen Vereins zur Erforschung Palästinas" und zum Förderer der „Zeitschrift des deutschen Palästina-Vereins" werden ließ.

Sein eigentliches Lebenswerk berührt sich eng mit beiden Forschungsgebieten und beabsichtigte, den Ertrag seiner wissenschaftlichen Arbeiten weiten Kreisen bekannt zu machen: Es sind die Übersetzungen des Alten Testaments und der alttestamentlichen Apokryphen und Pseudepigraphen in ein zeitgemäßes Deutsch, denen KAUTZSCH seine ungeteilte Aufmerksamkeit geschenkt hat. Die textkritisch abgesicherten Übersetzungen, der

Vermerk literarkritischer Ergebnisse und der dichte Anmerkungsapparat, der Erklärungen zum Text enthält, sowie die vorangestellten Einleitungen zu den einzelnen Büchern verleihen beiden Werken einen monumentalen Charakter. Sie gehören noch heute zum Repertoire der Fachliteratur, sind deshalb bis in die Gegenwart nachgedruckt worden und verraten die pädagogischen und biblisch-theologischen Neigungen ihres Verfassers.

Seit seinem Eintritt in die hallesche Fakultät hat KAUTZSCH, der seinen Platz an der Seite der vermittlungstheologischen Kollegen gefunden hatte, als Mitherausgeber zunächst neben J. KÖSTLIN, seit 1902 zusammen mit E. HAUPT, das Profil der „Theologischen Studien und Kritiken" maßgeblich mit bestimmt, die nun zum Sprachrohr der Fakultät geworden waren und die erst 1939 nach über hundertjähriger Existenz der amtlich verordneten Einstellung zum Opfer fielen.

Das letzte Jahrzehnt seiner akademischen Wirksamkeit war überschattet von einer fortschreitenden Erkrankung. Als ihm Anfang April 1910 die Augen den Dienst versagten, bat KAUTZSCH um Entpflichtung von seinen akademischen Ämtern. Er starb bald darauf am 7. Mai 1910.

Grabstätte: Nordfriedhof, rechter (südlicher) Hauptweg parallel zur mittleren Friedhofsallee, rechte Seite, 5. Grabstelle nach der Wegkreuzung.
Grabinschrift:

PROFESSOR D. DR.
EMIL FRIEDRICH
KAUTZSCH
* 4. 9. 1841 zu PLAUEN
† 7. 5. 1910 zu HALLE
PSALM 107, 1.

*Werke:* De Veteris Testamenti locis a Paulo apostolo allegatis, 1869. – (zusammen mit A. Socin) Die Aechtheit der Moabitischen Alterthümer, 1876. – Über die Derivate des Stammes sdq im alttestamentlichen Sprachgebrauch, 1881. – Die Siloahinschrift. In: ZDPV 4 (1881) 102–114; 260–272. – Grammatik des Biblisch-Aramäischen, 1884. – Die Psalmen, übers. v. E. Kautzsch, 1893. – Abriß der Geschichte des alttestamentlichen Schrifttums, 1897. – Bibelwissenschaft und Religionsunterricht, 1900. [2]1903. – Die Aramaismen im Alten Testament, 1902. – Biblische Theologie, 1911. – Hg.: W. Gesenius, Hebräische Grammatik, [22]1878. [28]1909. – Die Heilige Schrift des Alten Testaments, 1890–1894. [3]1908–1910. [4]1922–1923, hg. v. A. Bertholet (Nachdr. 1971). – Die Apokryphen und Pseudepigraphen des Alten Testaments, 2 Bde., 1900 (4. unv. Nachdr. 1975). – *Bibliographie:* Kürschners deutscher Literaturkalender 1910, 802. – Zur Erg. BBKL 3 (1992) 1266f.

*Literatur:* H. Gunkel: Kautzsch's Biblische Theologie des Alten Testaments. In: DLZ 33 (1912) 1093–1101. – H. Guthe: Zum Gedächtnis an Emil Kautzsch. In: MNDPV 10 (1910) 33–39. – W. Haan: Sächsisches Schriftsteller-Lexikon, Leisnig/Leipzig 1875 = DBA, Fiche 632, 377. – F. Kattenbusch: Nekrolog für Emil Kautzsch. In: ThStKr 83 (1910) 626–642. – C. v. Orelli: Emil Kautzsch. In: Basler Kirchenfreund 1910, Nr. 15, 225–230. – D. Thomsen: Das Lebenswerk von D. Kautzsch. In: ChW 24 (1910) 618–620.- BBKL 3 (1992) 1265–1267. – Hallesches Akademisches Vademecum 10–12. – NCE 8, 137f. – NDB 11 (1977) 376f. (H.-J. Zobel). – RE³ 23 (1913) 747–752 (H. Guthe).

# ERHARD PESCHKE (1907–1996)

PESCHKE wurde am 21. Juli 1907 in Berlin geboren. Er studierte in seiner Heimatstadt Theologie und auf Anregung seines Doktorvaters E. SEEBERG auch Slawistik bei M. VASMER. Nach Promotion (Berlin 1933) und Habilitation (Breslau 1935) war er von 1936 bis 1939 zunächst Dozent und dann Professor für Kirchengeschichte, insbesondere Kirchengeschichte Osteuropas, in Breslau. Seine akademische Tätigkeit wurde seit 1939 durch die Einberufung zur Wehrmacht und durch eine an das Kriegsende sich anschließende Tätigkeit als Pfarrer in Apollensdorf bei Wittenberg unterbrochen. Von 1951 bis 1959 hatte er den Lehrstuhl für Kirchen- und Dogmengeschichte an der Universität Rostock inne. Von dort wurde er 1959 in die gleiche Position nach Halle berufen. Im Jahre 1972 wurde er emeritiert.

Die Forschungsarbeit PESCHKES war im wesentlichen durch durch zwei Schwerpunkte bestimmt: die Böhmischen Brüder und den Pietismus mit dem Zentrum Halle und A. H. FRANCKE.

Der erste Schwerpunkt ist durch seinen kirchengeschichtlichen Lehrer E. SEEBERG angeregt worden, der Anfang der dreißiger Jahre an einer *Theologie Luthers* arbeitete und dabei mit der Frage beschäftigt war, ob dessen frühe Abendmahlsanschauung eventuell von der Böhmischen Brüder beeinflußt worden sei. Die Bearbeitung dieses Problems übertrug er PESCHKE als Dissertationsthema, der als Ergebnis seiner Forschungen zwei Bände mit dem Titel *Die Theologie der Böhmischen Brüder in ihrer Frühzeit: das Abendmahl* (1935, 1940) vorlegte. Der Titel zeigt, daß die Arbeit in zeitlicher und thematischer Hinsicht auf Fortsetzung angelegt war. PESCHKE hat nach dem Kriege seine Forschungen zum Thema *Böhmische Brüder* in einer Vielzahl von Einzelstudien weitergeführt und sich dabei für die the-

matische Ergänzung seiner Erstlingsarbeit entschieden. In dem Band *Kirche und Welt in der Theologie der Böhmischen Brüder: vom Mittelalter zur Reformation* (1981) hat er die Ergebnisse seiner Studien zusammengefaßt. Die Theologische Fakultät der Martin-Luther-Universität hat diesen Zweig der Arbeit PESCHKES im Jahre 1959 mit der Verleihung des Ehrendoktortitels gewürdigt.

Seinem zweiten Forschungsschwerpunkt wandte sich PESCHKE nach der Berufung an die Theologische Fakultät in Halle zu. Es waren die Glauchischen Anstalten A. H. FRANCKES und das in ihrem Archiv und in ihrer Bibliothek lagernde Quellenmaterial, die ihn zu dieser Arbeit anregten. Seinem geistes- und theologiegeschichtlichen Interesse folgend fragte er zunächst nach der Struktur und den Traditionen der Theologie FRANCKES; er legte die Ergebnisse seiner Studien in drei Bänden (1964, 1966, 1981) vor. Auch an den Erschließungsarbeiten der Quellenbestände hat er sich beteiligt. Als Herausgeber der Abteilung II: *August Hermann Francke: Schriften und Predigten* in den von der Pietismuskommission herausgegebenen *Texten zur Geschichte des Pietismus* hat er selbst drei Bände ediert (1981, 1987, 1989).

PESCHKE hat sich auch wissenschaftsorganisatorisch für die Erforschung des Pietismus eingesetzt. Als sie im Jahre 1964 in der „Historischen Kommission zur Erforschung des Pietismus" ihre Zusammenfassung fand, wurde er als Gründungsmitglied Vorsitzender der Sektion Ost der Kommission. Nach seiner Emeritierung hatte er die Funktion des Ehrenvorsitzenden bis zum Jahre 1992 inne, als die Kommission unter den neuen Bedingungen des wiedervereinten Deutschlands ihre Trennung nach West und Ost aufgeben konnte. Seine Leistungen für die Pietismusforschung wurden 1994 durch die Verleihung des August-Hermann-Francke-Preises der Franckeschen gewürdigt. PESCHKE verstarb am 19.Januar 1996.

Grabstätte: Friedhof Kröllwitz

*Werke:* Die Theologie der Böhmischen Brüder in ihrer Frühzeit I, 1 u. 2: Untersuchungen und Texte, 1935, 1940. – Studien zur Theologie August Hermann Franckes I und II, 1964, 1966. – Bekehrung und Reform: Ansatz und Wurzeln der Theologie August Hermann Franckes, 1977 (AGP 15). – Kirche und Welt in der Theologie der Böhmischen Brüder: vom Mittelalter zur Reformation, 1981. – (Hg.): August Hermann Francke: Werke in Auswahl, 1969. – August Hermann Francke: Streitschriften, 1981 (TGP II, 1). – August Hermann Francke Predigten I und II, 1987, 1989 (TGP II, 9. 10). – *Bibliographie:* Ehrung von Prof. Dr. Dr. Erhard Peschke 1994, 25–27.

*Literatur:* Ehrung von Prof. Dr. Dr. Erhard Peschke. Verleihung des August-Hermann-Francke-Preises 1994, Halle 1994 (Schriften der Franckeschen Stiftungen, 4). – A. Sames: Erhard Peschke im 89. Lebensjahr verstorben. Akademische Feier zum Gedenken. In: Universitätszeitung Martin-Luther-Universität Halle-Wittenberg, 26.4.1996, 10. – Ders.: Erhard Peschke (1907–1996) zum Gedenken. In: PuN 22 (1996) 9–11.

## GUSTAV WARNECK (1834–1910)

WARNECK wurde am 6. März 1834 in Naumburg als Sohn eines Handwerkers in armen Verhältnissen geboren. Nach einer Nadlerlehre bei seinem Vater ermöglichte es ihm ein Verwandter, mit sechzehn Jahren die Latina der Franckeschen Stiftungen zu besuchen. Seit 1855 studierte WARNECK in Halle Theologie als Schüler FR. A. G. THOLUCKS und J. MÜLLERS, wofür er sich seinen Lebensunterhalt durch Privatunterricht erwerben mußte.

Nach Abschluß seines akademischen Trienniums nahm WARNECK 1858 zunächst eine Anstellung als Hauslehrer in Barmen-Elberfeld wahr. Die geistliche Atmosphäre im pietistischen Wuppertal hat ihn angezogen und seinen weiteren Lebensweg nachhaltig geprägt. 1862 beginnt WARNECK in Roitzsch bei Bitterfeld seinen pfarramtlichen Dienst als Hilfsprediger. Ein Jahr später übernimmt er das Pfarramt in Dommitzsch bei Torgau.

1871 kehrte WARNECK nach Barmen zurück, um die Stelle eines theologischen Lehrers und Reisepredigers bei der Rheinischen Missionsgesellschaft anzutreten. Diese Ernennung bedeutet die entscheidende Zäsur in seinem Leben; sie hat ihn der Mission zugeführt. Aus gesundheitlichen Gründen sah er sich jedoch gezwungen, 1874 aus dieser Tätigkeit in ein Pfarramt nach Rothenschirmbach bei Eisleben zu wechseln.

1896 trat WARNECK, der als Biblizist galt und mit der Heiligungsbewegung sympathisierte, in den Ruhestand. Zur gleichen Zeit wurde er von der Theologischen Fakultät, die ihm schon 1883 die theologische Ehrendoktorwürde verliehen hatte, zum ordentlichen Honorarprofessor für Missionswissenschaft berufen. Daß die Fakultät WARNECK mit dieser Aufgabe betraute, ist auf sein langjähriges Engagement zurückzuführen, mit dem er sich für die Sache der Mission und ihrer theoretischen Durchdringung eingesetzt hatte und darin bereits in enge Verbindung zur halleschen Fakultät getreten war. Damit war WARNECK seinem, im Anschluß an den Erlanger K. GRAUL erklärten Ziel einen Schritt näher gekommen, das Anliegen der christlichen Mission auf ein akademisches Niveau zu heben und die Universität als Ort für die Ausbildung sowohl von Pfarrern für den heimatlichen Kirchendienst als auch von Missionaren für die Weltmission zu bestimmen.

Schon 1874 hatte er zusammen mit TH. CHRISTLIEB und R. GRUNDEMANN die „Allgemeine Missions-Zeitschrift" ins Leben gerufen, die sich bald zum Zentralorgan der deutschen Missionsarbeit entwickelte. In ihr hat WARNECK einen Großteil seiner grundlegenden Beiträge zur wissenschaftlichen Erfassung der Geschichte und Theorie der Mission veröffentlicht. 1879 gründete WARNECK einst einflußreiche „Hallesche Missionskonferenz" für die Provinz Sachsen, um die wissenschaftliche Missionsarbeit unter den Pfarrern zu fördern. Ebenso war es ihm ein wichtiges Anliegen, einen darüber hinausgehenden Personenkreis mit Auftrag und Methode der Mission bekanntzumachen, vor allem in den Schulen und im „Evangelischen Bund", zu dessen Mitbegründern er ebenfalls gehörte. Daß WARNECK, der in diesem Zusammenhang wohl zeitbedingt die Schäden der Kolonialära nicht scharf genug erkannt hat, auf manches apologetisches Element nicht verzichten konnte, hat ihm später Kritik eingetragen.

Davon wird WARNECKS Bedeutung, die deutsche Missionswissenschaft als theologische Disziplin begründet zu haben, jedoch nicht berührt. Es bleibt sein Verdienst, der Missionstheologie ihr biblisch-theologisches, historisches, eschatologisches und kirchlich-praktisches Fundament gelegt zu haben.

Mit seiner *Evangelischen Missionslehre* lieferte WARNECK die erste systematische Gesamtdarstellung vorliegender missionswissenschaftlicher Einzelforschungen, in der er über Begründung und Wesen der protestantischen Mission nachdenkt und ihr die missionstheoretischen Grundlagen für alle weitere Arbeit auf diesem jungen theologischen Gebiet selbst für die frühe katholische Missionswissenschaft vermittelt hat. Wie M. KÄHLER sucht WARNECK das Recht und die Pflicht zur Ausbreitung des Christentums als einer der fundamentalsten Äußerungen christlichen Lebens theologisch zu begründen. Mit zahlreichen historischen Studien zur Ausbreitungsgeschichte und den dabei jeweils angewandten Missionsmethoden betont WARNECK allein den religiösen Zweck der Mission und lehnt jede Verbindung mit anderen, darüber hinausgehenden Interessen ab. Indem er alle Tendenzen zur Europäisierung verwirft, fordert er nachdrücklich die Erhaltung und Pflege der nationalen und kulturellen Eigenart der zu christianisierenden Völker.

Daß er in Einzelfragen auch gegen die öffentliche Meinung in Politik und Gesellschaft Position zu beziehen vermochte, hat WARNECK durch sein Eintreten für das vom Genozid betroffene armenische Volk unter Beweis gestellt. Wie die meisten führenden Köpfe des „Evangelischen Bundes" unterzeichnete er den Spendenaufruf „zugunsten der grausam verfolgten Armenier" und befürwortete es, daß die eingegangenen Beträge an das von J. LEPSIUS geleitete Hilfswerk überwiesen wurden.

WARNECK, der 1910 offensichtlich für den Nobelpreis vorgeschlagen war und vielleicht nur aufgrund eines Mißverständnisses bei der Adressierung des Antrags übergangen wurde, ist 1908 aufgrund seines Alters von seiner akademischen Tätigkeit entbunden worden. Daß nunmehr an der Fakultät ein Ordinariat für Missionswissenschaft eingerichtet wurde, in das man G. HAUSSLEITER als Nachfolger berief, darf in erster Linie als ein Ergebnis seiner Wirksamkeit gewertet werden.

WARNECK, der international anerkannte Kopf des deutschen Missionslebens und Inspirator des Internationalen Missionsrates, verstarb am 26. Dezember 1910 und wurde auf dem Nordfriedhof bestattet. Seine Grabstätte besteht heute nicht mehr. Anläßlich seines 100. Geburtstages wurde nicht nur eine Straße der Stadt nach ihm benannt, sondern unweit vom Universitäts-Hauptgebäude an seinem Wohnhaus in der Sophienstraße 36 (jetzt Adam-Kuckhoff-Straße) eine Gedenktafel angebracht.

*Werke:* Die apostolische und die moderne Mission, 1876. – Das Studium der Mission auf der Universität, 1877. – Die Belebung des Missionssinnes in der Heimat, 1878. – Die gegenseitigen Beziehungen zwischen der modernen Mission und Kultur, 1879. – Abriß einer Geschichte der protestantischen Missionen von der Reformation bis auf die Gegenwart, 1882. [10]1913. – Protestantische Beleuchtung der Römischen Angriffe auf die evangelische Heidenmission, 1883. – Die Mission in der Schule, 1887. [13]1911. – Evangelische Missionslehre, 3 Bde., 1892. [2]1897–1903. – *Bibliographie:* AMZ 38 (1911) 231–236. 275–285.

*Literatur:* J. Dürr: Sendende und werdende Kirche in der Missionstheologie Gustav Warnecks, Basel 1947. – W. R. Hogg: Ecumenical Foundations, New York 1952. – M. Kähler u. J. Warneck: D. Gustav Warneck 1834–1910. Blätter der Erinnerung, Berlin 1911. – H. Kasdorf: Gustav Warnecks missiologisches Erbe, Diss. Pasadena/CA 1976. – Ders.: Aus dem Erbe Gustav Warnecks. In: ZMiss 11 (1985) 25–34. – P. Lefebre: L'influence de Gustav Warneck sur la théologie missionnaire catholique. In: NZM 12 (1956) 288–294. – Ders.: La Théologie missionaire de G. Warneck. In: NZM 11 (1955) 15–29. – A. Sames: Die „öffentliche Nobilierung der Missionssache": Gustav Warneck und die Begründung der Missionswissenschaft an der Theologischen Fakultät in Halle. In: U. Schnelle (Hg.): Reformation und Neuzeit, 1994, 195–209. – S. A. Teinonen : Warneck-Tutkielmia, Helsinki 1959. – H. W. Schomerus : Gustav Warneck. In: 250 Jahre Universität, 113f. – EKL[1] 3 (1959) 1734. – RE[3] 24 (1913) 625–632 (C. Mirbt). – RGG[2] 5 (1931) 1766f. – TRE XXXV (2003) 439–441 (M. Bergunder).

# Anhang

# DIE THEOLOGISCHE FAKULTÄT HALLE –
## EIN HISTORISCHER ÜBERBLICK

Als der brandenburgische Kurfürst FRIEDRICH III., seit 1701 als FRIEDRICH I.
König in Preußen, am 12. Juli 1694 in Halle feierlich die „Friedrichs-Universität" eröffnete, konnten die bei diesem Ereignis Anwesenden bereits auf
eine kurze, aber intensive Zeit akademischer Hochschularbeit in der Stadt
zurückblicken.[1] Gestützt auf das seinerzeit nicht verwirklichte Universitäts-
privileg des Papstes CLEMENS VII. für Kardinal ALBRECHT VON MAINZ von
1531[2] und auf ein 1693 erworbenes kaiserliches Gründungsprivileg[3], stellt
sich diese Universitätsgründung als Fortsetzung der preußischen Universitäts-
politik des Großen Kurfürsten dar, neben Königsberg, Frankfurt/Oder und
Duisburg in Halle eine vierte preußische Universität ins Leben zu rufen. Wie
Königsberg sollte sie ihrem Charakter nach evangelisch-lutherisch sein,[4]
zugleich aber auch den neuen geistigen Bewegungen eine Heimstatt bieten.
Vierzig Jahre vor der Eröffnung der Georgia Augusta in Göttingen gelang
damit der Durchbruch zur Gründung einer modernen Universität, bei der
Pietismus und Aufklärung gleichermaßen Pate standen.

Es lag nahe, hierbei an die schon bestehende „Ritterakademie" anzu-
knüpfen, die 1680 reformierten Flüchtlingen zugestanden worden war und
die FRIEDRICH III. als höhere Bildungsanstalt bereits beträchtlich erweitern
ließ.[5] Als zuverlässiger Berater für den Aufbau der Universität diente ihm
der gelehrte Staatsmann V. L. v. SECKENDORFF (1626–1692), ein Vertreter
des dem Pietismus aufgeschlossenen Reformluthertums. Er wußte seine
Erfahrungen einzusetzen, die er im Dienst Herzog ERNST DES FROMMEN
(1601–1675) in Gotha gesammelt hatte, als dessen Herrschaftsgebiet zum
Zentrum umfassender Staats-, Kirchen- und Schulreformen geworden war,
die Modellcharakter in der überall spürbaren Aufbruchstimmung des ausgehenden Jahrhunderts erlangten. Noch kurz vor SECKENDORFFS Tod
ernannte ihn der Kurfürst zum ersten Kanzler der entstehenden Universität.[6]

Spätestens seit dem Wechsel des aus Leipzig vertriebenen Philosophen und
Juristen CHR. THOMASIUS 1690 nach Halle konnte sich die „Ritterakademie"
mit ihren Nachfolgeeinrichtungen bereits einer hohen Anziehungskraft auf
die Studenten erfreuen. Der Moralphilosoph und spätere Jenenser Theologieprofessor J. FR. BUDDEUS, der angesehene Jurist und künftige Direktor der
Universität auf Lebenszeit S. STRYCK, einst THOMASIUS' Lehrer, der Historiker
und Philologe CHR. CELLARIUS sowie die Mediziner von internationalem
Rang FR. HOFFMANN und G. E. STAHL haben den Ruf der Akademie zu ver-

stärken gewußt. Es war deshalb nicht verwunderlich, daß am Tag der offiziellen Eröffnung der Universität bereits über 700 Studenten in der Stadt weilten.

Der Beginn akademischer theologischer Arbeit in Halle fällt in das Jahr 1691, als das Theologische Seminar eingerichtet wurde. Mit seiner Leitung als Direktor war durch einen kurfürstlichen Erlaß J. J. BREITHAUPT[7] beauftragt worden, der erste und zunächst einzige Gelehrte, der eine Berufung zum Theologieprofessor erhalten hatte. Ihm trat bald A. H. FRANCKE zur Seite, der Ende 1691 mangels einer theologischen Graduierung zunächst zum Professor für griechische und orientalische Sprachen an die im Aufbau befindliche Philosophische Fakultät berufen wurde. Diese Anstellung hat ihn jedoch nicht daran gehindert, in stark besuchten Vorlesungen über biblisch-theologische Themen direkt in die theologische Arbeit einzugreifen und sein 1692 begonnenes privates Collegium paraeneticum schon vor der Universitätseröffnung in ein öffentliches Kolleg umzuwandeln.

Die hier im Vorfeld geleistete theologische Arbeit mündete in die 1694 zusammen mit der Universität gegründete Theologische Fakultät, bei deren äußerer Organisation und innerer Profilierung PH. J. SPENER, seit 1691 einflußreicher Konsistorialrat und Propst in Berlin, maßgeblich beteiligt gewesen ist. Mit wohlüberlegten Personalentscheidungen und der Umsetzung eines neuen geistigen und geistlichen Bildungskonzeptes entstand ihrem Charakter nach eine rein pietistische Fakultät, nach Gießen die zweite in Deutschland. Da mit Ausnahme von J. W. BAIER[8] die erste Generation der Theologieprofessoren, zu der P. ANTON[9], J. J. BREITHAUPT und seit 1698 auch A. H. FRANCKE gehörten, annähernd vier Dezennien ihr Lehramt versah und die 1709 hinzutretenden J. H. MICHAELIS und J. LANGE in derselben Gesinnung wirkten, blieb die pietistische Prägung der Fakultät bis zur Mitte des 18. Jahrhunderts im wesentlichen erhalten.[10]

Die Anziehungskraft, die der Theologischen Fakultät von ihrer Gründung an beschieden und mit der sie bald den übrigen, sich am orthodoxen Gelehrsamkeitsideal klammernden Fakultäten hoch überlegen war, verdankt sie zu allererst der grundsätzlichen Reform des Theologiestudiums, die A. H. FRANCKE in die Wege geleitet hatte. Die Umsetzung seiner Reformideen hat für Jahrzehnte die Ausbildung mehrerer Theologengenerationen des In- und Auslandes beeinflußt. Da der preußische Staat seinen zukünftigen Pfarrern und Lehrern ein Studium in Halle zur Auflage machte, erlangten FRANCKES Reformpläne, die alle Bereiche des kirchlichen, politischen, sozialen und kulturellen Lebens einschlossen, bald gesamtgesellschaftliche Relevanz.[11]

Im Anschluß an PH. J. SPENERS Reformprogramm in den *Pia desideria* (1675) wurde das Theologiestudium in Halle nun ganz auf die praxis pietatis ausgerichtet. Die Erziehung zu einer persönlichen Herzensfrömmigkeit war FRANCKES erklärtes Bildungsziel. Damit ging notwendig eine weitgehende Neufassung der Studieninhalte und der Studienstruktur einher. Biblische Theologie und Exegese erhielten den unbedingten Vorzug vor der Dogmatik, die konfessionelle Polemik blieb auf ein Minimum beschränkt, und Lehrangebote in aristotelischer Philosophie entfielen ganz. Stattdessen legte die Fakultät größten Wert auf eine gediegene philologische Vorbildung, was schließlich dazu führte, daß man in Halle erstmals von allen Theologiestudenten ein Studium der biblischen Sprachen forderte.

Da FRANCKE an einer wechselseitigen Durchdringung von wissenschaftlicher Theologie und kirchlicher Praxis gelegen war, erfuhr die praktische Theologie eine bis dahin kaum erlangte Berücksichtigung. Abgesehen von homiletischen Übungen, die als Novum in den akademischen theologischen Unterricht eingeführt wurden, erhielt das Theologiestudium seinen unmittelbaren Praxisbezug durch die Einbindung der Studenten in die Arbeit der 1695 mit der Gründung einer Armenschule ins Leben tretenden später so genannten Franckeschen Stiftungen. Als Lehrer und aufsichtführende Erzieher, aber auch als Prediger und Seelsorger wurden sie in den verschiedenen Erziehungs- und Bildungseinrichtungen mit den praktischen Aufgaben des Pfarramtes bekannt gemacht. Die Bedürftigsten unter ihnen erwarben sich dadurch einen Platz an den 1696 eingerichteten „Freitischen", einer studentischen Mensa, an der schließlich mehr als einhundert Studenten täglich verpflegt werden konnten. Die von FRANCKE geschaffene enge Verbindung zwischen Universität und Anstalten, die in ihrem kurfürstlichen Stiftungsprivileg[12] 1698 ausdrücklich als „Annexum" der Universität bezeichnet wurden, hat dazu geführt, daß bis 1878[13] immer Theologieprofessoren mit der Stiftungsleitungleitung beauftragt waren. Diese Tradition wirkte auch später nach, so daß die Stiftungen trotz veränderter Bestimmung und Nutzung bis in die Gegenwart aus dem Leben der halleschen Universität nicht mehr wegzudenken sind.

Das Erbe der Gründerväter gewissenhaft fortzuführen, versprachen auch die Vertreter der zweiten Theologengeneration an der Fakultät. Viele von ihnen hatten ihre Erziehung und Bildung im Geist des halleschen Pietismus erhalten oder standen seit ihrer Studentenzeit in engem Kontakt mit den hier lehrenden Professoren. Zu ihnen gehörten J. D. HERRNSCHMIDT[14], G. A. FRANCKE, J. J. RAMBACH[15], CHR. B. MICHAELIS, J. L. ZIMMERMANN,

J. G. Knapp, B. G. Clauswitz[16], J. H. Callenberg und A. U. Struensee[17]. Indes vermochten sie es nicht, trotz ihrer allgemein anerkannten wissenschaftlichen Leistungen vor allem auf dem Gebiet der biblischen Exegese und der Philologie, den im Niedergang begriffenen Pietismus so zu beleben, daß er für die einsetzende Aufklärungstheologie langfristig eine ernstzunehmende Konkurrenz dargestellt hätte.

Es lag nicht allein an den Streitigkeiten mit manch überlegenen Vertretern aus den Reihen der lutherischen Orthodoxie und der Aufklärungsphilosophie, in die sich die Fakultät unter Wortführung J. Langes verwickelt hatte, daß der hallesche Pietismus einen zunehmenden Ansehensverlust hinnehmen mußte. Schwerer wog das Vorgehen gegen den Philosophen Chr. Wolff, der 1706 unter großem Zustrom in Halle zu lesen begonnen hatte und 1723 aufgrund denunzierender Angriffe durch Mitglieder der Fakultät bei Hofe von Friedrich Wilhelm I. unter Androhung der Todesstrafe des Landes verwiesen wurde.[18] Daß sich die theologische Arbeit unter weitgehendem Verzicht auf eine lebendige Auseinandersetzung mit der zeitgenössischen Philosophie vollzog, offenbart zudem ein inhaltliches Defizit, das im Studienreformprogramm Franckes angelegt war und sich nun nachteilig auswirken sollte. Der Attraktivität der Philosophie Wolffs für die neuen Studentengenerationen, die des pietistischen Praxisvollzuges und der Enge erbaulichen Denkens überdrüssig geworden waren, vermochten die Vertreter der zweiten Professorengeneration offenbar nichts Gleichwertiges mehr entgegenzusetzen. Der notwendig gewordene Dialog blieb aus.

Erst S. J. Baumgarten[19], der selbst im halleschen Pietismus groß geworden war und 1734 als Theologieprofessor in die Fakultät eintrat, wollte sich nicht länger den Ideen und wissenschaftlichen Methoden des 1740 aus dem Marburger Exil nach Halle zurückberufenen Philosophen entziehen. So bedeutet seine Wirksamkeit, in der er die Theologie auf die Grundlagen der neuen wissenschaftlichen Weltbetrachtung gestellt hat, eine entscheidende Zäsur in der Fakultäts- und Theologiegeschichte, die darin den Übergang vom Pietismus zur Aufklärungstheologie markiert. In seinen überfüllten Vorlesungen ersetzte der überaus beliebte Hochschullehrer pietistische Erbaulichkeit nicht allein durch die Wolffsche Demonstrationsmethode und eine wissenschaftliche Begriffssprache, was ihm den Vorwurf der „Subtilität" durch seine pietistischen Fakultätskollegen eintrug. Als Hauptrepräsentant des theologischen Wolffianismus trat er nun auch für eine Harmonisierung von Vernunft und Offenbarung ein. Mit rationalen Argumenten suchte er die Vernünftigkeit und „Erweislichkeit" Gottes und der Wahrheit der Heiligen Schrift zu beweisen, deren Inhalt die natürliche Religion vervollständigt. Dabei bleiben die Grundlagen des altprotestantischen Lehrsystems noch weitgehend unangetastet,[20] wie sich BAUMGARTEN selbst seiner Frömmigkeit nach weiterhin als Pietist verstand.

Von VOLTAIRE bei einem Besuch in Halle 1753 als „Krone deutscher Gelehrsamkeit" gelobt,[21] hat BAUMGARTEN als Übergangstheologe ein grundsätzliches historisches Interesse gefördert, indem er als Übersetzer und Kommentator die deutsche Öffentlichkeit mit den kritischen Neuerscheinungen des englischen Deismus, Antideismus und Empirismus bekannt machte. Verehrt als Versöhner zwischen Philosophie und Frömmigkeit, trug er maßgebend dazu bei, den Ertrag der neueren Aufklärungsphilosophie für die wissenschaftliche Theologie fruchtbar zu machen und ihr auch auf diesem Gebiet zum Durchbruch zu verhelfen.

Es blieb seinem Schüler J. S. SEMLER vorbehalten, das Erbe BAUMGARTENs und seiner „scientistischen Theologie" fortzusetzen.[22] 1753 zum Theologieprofessor berufen, vertrat er in der Geschichte der Fakultät die Neologie, die zweite Phase der deutschen Aufklärungstheologie, in der der Gedanke einer Harmonisierung von Vernunft und Offenbarung immer mehr in den Hintergrund tritt. Stattdessen ist die Überlieferung der Offenbarung nun einer zunehmenden historischen Kritik unterworfen. Indem er von ihr unbefangen Gebrauch machte, verhalf SEMLER nicht nur allgemein dem historischen Denken in der Theologie zu umfassender Anerkennung. Ihre methodisch konsequente Anwendung hat ihn vielmehr zum Begründer der historisch-kritischen Erforschung des Alten und Neuen Testaments werden lassen. SEMLER nahm dafür den Bruch mit dem altprotestantischen Schriftprinzip, das seinen Kern in der Lehre von der Verbalinspiration hatte, in Kauf, nachdem ihm die Ausweglosigkeit bewußt geworden war, das traditionelle Schriftverständnis durch eine historische und den Kriterien der Vernunft genügende Begründung weiterhin aufrecht erhalten zu können. Seine bibelwissenschaftlichen Arbeiten gelten deshalb als die entscheidende Zäsur, die das Gerüst des überlieferten dogmatischen Systems zum Einsturz brachten und die von der alt- zur neuprotestantischen Bibelwissenschaft geführt haben.

Die Freigabe der biblischen Überlieferung an eine historisch-kritische Forschung wollte SEMLER freilich nicht als Preisgabe der Offenbarung verstehen. Sie bleibt ihm weiterhin gültige Anrede Gottes an den Menschen. Allein die dogmatisch fixierte Identifizierung von Heiliger Schrift und Wort Gottes aufzulösen, fühlte er sich berufen, um das von späteren Zusätzen und Interpretationsversuchen geläuterte Wort Gottes wieder zur Geltung zu bringen, das als geistige und moralische Belehrung dem Menschen Aufschluß über seinen Weg zum Heil gibt. Daß seine Bibelkritik einem gläubigen Bewußtsein und aus der eher konservativen Überzeugung erwuchs, die protestantische Lehrüberlieferung zu reformieren, nicht aber über Bord werfen zu wollen, hat Semler in späteren Jahren mehrfach erkennen lassen, als er sich kontrovers mit radikalen Strömungen in der deutschen Aufklärungstheologie auseinandersetzte.[23] Durch seine Unterscheidung von „öffentlicher" und „privater" Religion, verbindlicher Lehre der Kirche und individuellem Glauben, sah sich Semler zur Verwunderung seiner Zeitgenossen veranlaßt, die antiaufklärerische Wöllnersche Religionsgesetzgebung zu verteidigen. Die konkreten Auswirkungen auf die Fakultät erlebte er nicht mehr. Diese einem eher konservativen Bewußtsein erwachsene Haltung, die nicht nur in den eigenen Reihen, sondern bei der aufgeklärten Mehrheit in Kirche und Gesellschaft auf Unverständnis stieß, hat ihm in den letzten Lebensjahren heftige Kritik beschert und ihn isoliert. Als Begründer der „theologia liberalis" gehört er dessen ungeachtet zu den großen Gestalten der Theologie- und Fakultätsgeschichte des 18. Jahrhunderts.

In den Anfangsjahren von den pietistischen Fakultätskollegen noch gemieden, galt Semler auch aufgrund seiner internationalen Reputation bald als unumstrittenes Haupt der Fakultät. In J. A. Nösselt, J. Fr. Gruner, J. J. Griesbach[24] und seinem Schüler A. H. Niemeyer hatte er die Mitarbeiter gefunden, die zum Ausgang des Jahrhunderts in konfliktarmer Zusammenarbeit mit H. E. Güte, dem Supranaturalisten G. Chr. Knapp sowie G. A. Freylinghausen und J. L. Schulze als den beiden letzten Vertretern des Pietismus, der halleschen Aufklärungstheologie neologischer Prägung zu allgemeiner Anerkennung verholfen haben.

Gegen diese im Geist der Aufklärung betriebene theologische Arbeit in Halle einschreiten zu müssen, fühlte sich der Minister des Geistlichen Departements J. Chr. Wöllner berufen, als er 1788 sein umstrittenes und letztlich wirkungslos gebliebenes Religionsedikt in Kraft setzte.[25] Wie andere preußischen Universitäten auch, sah sich die hallesche Fakultät durch diesen ministeriellen Eingriff in besonderer Weise betroffen. Unter Wortführung A. H. Niemeyers und J. A. Nösselts versuchte sie deshalb, sich gegen alle staatlichen Reglementierungsversuche zur Wehr zu setzen und für die Unverletzlichkeit der akademischen Lehrfreiheit einzutreten.[26] So lehnte es die Fakultät ab, eine neue, an allen preußischen Universitäten verbindlich einzuführende Dogmatik auszuarbeiten, die sich ausschließlich dem altprotestantischen Lehrsystem verpflichtet wissen sollte. Darüberhinaus bestritt sie in einem eingeforderten Gutachten dem als normativ vorgesehenen Landeskatechismus jede Tauglichkeit. Darüber verärgert verbot der Minister 1792 aufgrund einer Klage der von ihm eingesetzten Examinationskommission A. H. Niemeyer, in seinen Vorlesungen weiterhin seine *Populäre und Praktische Theologie*[27] zu verwenden. Gemeinsam mit Nösselt sah sich Niemeyer zwei Jahre darauf von einem königlichen Reskript betroffen, das ihnen mit Kassation drohte, sollten sie weiterhin „neologische principia" äußern.[28] Wenige Tage später erging die *Instruktion der Examinationskommission für die Theologische Fakultät in Halle* vom 30. April 1794,[29] die alle Universitätstheologen verpflichtete, Dogmatik nur noch im Anschluß an die Confessio Augustana und unter Verzicht historischer Reflexion zu lesen. Den Exegeten blieb es danach untersagt, Textkritik und Quellenhypothese vorzutragen, wie die Praktiker auf das Moralisieren und einen „romanhaften Ton" verzichten sollten. Mit dem Regierungsantritt Friedrich Wilhelms III. entspannte sich die Situation: Er beseitigte 1797 das Edikt de facto und entließ ein Jahr später Wöllner als Minister.

An eine längerwährende Periode ungestörter akademischer Arbeit war indes nicht zu denken. Zu deutlich warfen schon die politischen Ereignisse ihre Schatten voraus, die in den Napoleonischen Wirren enden sollten.[30] Wenige Tage nach dem Zusammenbruch des preußischen Heeres in der Schlacht bei Jena und Auerstedt erschienen am 17. September 1806 französische Truppen in der Stadt. Napoleon benutze seinen Aufenthalt in Halle, die Universität zu schließen und den Studenten die Abreise zu befehlen.[31] Kurz vor Pfingsten 1807 ließ er ohne erkennbaren Grund fünf Honoratioren der Stadt nach Pont-à-Mousson abführen, unter ihnen A. H. Niemeyer. Während der halbjährigen Gefangenschaft gelang es Niemeyer, nach Paris zu reisen, um bei einflußreichen Persönlichkeiten Frankreichs für die Wiedereröffnung der Universität und den Erhalt der Franckeschen Stiftungen zu werben. Wofür er sich zunächst ohne greifbares Ergebnis eingesetzt hatte, sollte wenig später in Erfüllung gehen: Inzwischen waren Halle und der Saalkreis nach dem Tilsiter Friedensschluß von Preußen abgetrennt und dem neugeschaffenen Königreich Westfalen unterstellt worden, dem Napoleons Bruder, Jérôme Bonaparte, von Kassel aus als Regent vorstand. Ein Gesuch um Wiedereröffnung der Universität im Herbst 1807 wurde wohlwollend behandelt und Niemeyer nach einem Huldigungseid von Jérôme zum Jahresbeginn 1808 als Kanzler und rector perpetuus eingesetzt.[32] Mit einem feierlichen Zug der Professoren zur alten Aula in der Waage, dem Hauptgebäude der Universität seit ihrer Gründung, und mit einer Rede Niemeyers öffnete am 16. Mai 1808 die Fridericiana wieder ihre Tore, nach Anzahl der noch verbliebenen Professoren und Studenten freilich bereits erheblich vermindert.

Das Jahr 1813 brachte erneut einen Rückschlag für die Arbeit der Universität. Verstimmt durch eine mehr oder weniger offen zur Schau gestellte antifranzösische Haltung in der Bevölkerung und in der Studentenschaft, kündigte Napoleon bei einem Aufenthalt in der Stadt am 13. Juli der Universität ihre bevorstehende Aufhebung an. Sie erfolgte zwei Tage später durch Erlaß des ihm gehorsamen Jérôme[33]: Die Siegel und Insignien seien abzuliefern und die Hörsäle sowie die Bibliothek zu versiegeln. Der Universitätsbesitz und die Professoren sollten auf andere Universitäten verteilt werden, sofern für sie nicht der Ruhestand vorgesehen war.

Die rasch aufeinanderfolgenden politischen Ereignisse haben die Ausführung dieses Erlasses verhindert: Ende September floh Jérôme vor dem Angriff A. I. Tschernyschews aus Kassel nach Marburg und verließ bald darauf endgültig sein kurzlebiges Königreich Westfalen. Als am Vorabend der Leipziger Völkerschlacht Generalfeldmarschall G. L. Fürst Blücher mit dem Schlesischen Heer in Halle einzog, bezweifelte niemand mehr, daß die Stadt an Preußen zurückfallen würde. Friedrich Wilhelm III. gestattete am 15. November 1813, daß die Friedrichsuniversität ihre Tätigkeit wieder aufnehmen durfte.[34]

Die endgültige Niederlage Napoleons und die ihr folgenden Beschlüsse des Wiener Kongresses (1814/1815) führten zur Teilung des Königreiches Sachsen, das die Allianz mit Frankreich nicht aufgekündigt hatte. Mit anderen sächsischen Gebieten fiel auch Wittenberg an Preußen. Die Belagerung der Stadt 1813 hatte die 1502 von Kurfürst Friedrich dem Weisen gegründete Universität[35] tödlich getroffen: Die wenigen verbliebenen Studenten flohen, und ihre Professoren verbargen sich im benachbarten sächsischen Schmiedeberg. Um ihre Selbstauflösung in geordnete Bahnen zu lenken, entschied Friedrich Wilhelm III. im Frühjahr 1816, die Universität Wittenberg nach Halle zu verlegen und sie mit der Friedrichsuniversität zu vereinigen.[36] Aus den Mitteln der Universität sollte in Wittenberg ein Predigerseminar gegründet und unterhalten werden. Im Frühjahr 1817 wurden die Fusionsverhandlungen beendet, bei denen A. H. Niemeyer mit organisatorischem Geschick den Vorsitz geführt hatte.[37] Mit dem 21. Juli 1817 galt die Vereinigung beider Universitäten zur „Vereinigten Friedrichs-Universität Halle-Wittenberg", die sich ohne spektakuläre Feierlichkeiten eher in der Stille vollzog, als abgeschlossen.

Das erste Jahrzehnt, das diesem Ereignis folgte, stand im Zeichen der Konsolidierung der durch die Napoleonischen Kriege geschwächten Universität. Für die Geschichte der Theologischen Fakultät stellt das Jahr 1817 jedoch kaum eine einschneidende Zäsur dar. Abgesehen von D. Schulz[38], dessen Extraordinariat sich nur als einjähriges Zwischenspiel erwies, trat zu den verbliebenen halleschen Theologieprofessoren G. Chr. Knapp, A. H. Niemeyer, Th. Fr. Stange[39], H. B. Wagnitz[40], W. Gesenius, J. A. L. Wegscheider und B. A. Marks[41] nur ein Theologe aus Wittenberg hinzu, der Lutheraner M. Weber[42]. Als erster neuberufener Ordinarius trat J. S. Vater[43] 1820 in die vereinigte Fakultät ein. Die Mehrzahl der Professoren sah sich nach wie vor der Theologie als Ganzer verpflichtet. Mit Ausnahme des Alten Testaments mit dem am fortgeschrittensten Spezialisierungsgrad sowie der Kirchen- und Dogmengeschichte, die seit 1822 vorzugsweise J. K. Thilo[44] vertrat, war ihre Aufgliederung in voneinander gesonderte Fachgebiete noch nicht eingeleitet. Die neutestamentliche Arbeit blieb weiterhin auch in der Verantwortung von den Ordinarien, die auf praktischem und dogmatischem Gebiet beheimatet waren.[45]

Abgesehen von der kurzen Wirksamkeit Fr. D. E. Schleiermachers[46] erwies sich die hallesche Aufklärungstheologie nach wie vor als stabil und anziehend, so daß schnell ein beträchtliches Wachstum einsetzte. Es führte 1828 mit annähernd eintausend Theologiestudenten[47] zu einer nie wieder erlangten Höchstziffer. Vor allem durch J. A. L. Wegscheider und W. Gesenius, die beide bei dem Rationalisten H. Ph. K. Henke in Helmstedt studiert hatten und noch durch den kritischen Geist der Lessingzeit geprägt waren, erhielt sich die Aufklärungstheologie bis ins vierte Jahrzehnt des 19. Jahrhunderts. Trotz inhaltlicher und methodischer Verschiedenheit gehörten beide zu den führenden Köpfen des kirchlichen Rationalismus, der die Neologie darin überbot, daß er in seinen Bemühungen um Wahrhaftigkeit und intellektuelle Redlichkeit den Begriff der Vernunft weitgehend auf Verstand und Moral reduziert hatte.[48] Die Vernunft gilt dem Rationalismus als ausschließliches Wahrheitskriterium der Offenbarung, deren unmittelbaren und übernatürlichen Charakter seine Vertreter in der Regel meinten bestreiten zu müssen, insofern sie die moralisch begriffene Religion Jesu paradigmatisch verstanden. Die theologischen Aussagen über Gott und Jesus Christus in ihrer biblischen und kirchlichen Form werden deshalb den Einsichten angepaßt, die nach kritischem Abwägen und unter sittlich-religiösem Aspekt der menschlichen Vernunft nicht zuwiderlaufen und sich moralisch als nützlich erweisen. Es ist darum nicht verwunderlich, daß der romantisch-neupietistische Aufbruch in der Theologie am Rationalismus mit seiner vernunftbestimmten Transformierung der biblischen Offenbarung und seinem sorgfältig gehüteten philologisch-historischem Detailinteresse jede Voraussetzung vermißte, akzeptable Grundlagen für eine bewußte und von einem zentralen Sündenbewußtsein gekennzeichnete existenzbezogene Hinwendung zur biblischen Botschaft zu entwickeln.

Die Erweckungsbewegung nahm deshalb auch bald den Kampf gegen den halleschen Rationalismus auf, in dem sie nichts als ein steriles Relikt des vergangenen Jahrhunderts oder bestenfalls ein antithetisches Durchgangsstadium zu den eigenen, absolut verstandenen Positionen erblicken wollte.[49] Um „die Vorherrschaft des dortigen Rationalismus zu brechen",[50] hatte der preußische Minister K. v. Altenstein mit Fr. A. G. Tholuck die Persönlichkeit gewonnen, die dafür über die besten Voraussetzungen zu verfügen schien. Was mit der Universitätsgründung in Berlin 1809 schon stattgefunden hatte, sollte sich nun auch in Halle wiederholen: das 18. Jahrhundert abzulösen und einer dem deutschen Bürgertum konforme, von Idealismus und Romantik sowie einer konservativ-protestantisch bestimmten Geisteshaltung Platz zu schaffen.[51]

Gegen die Ernennung Tholucks hatte die Fakultät zwar geschlossen Einspruch erhoben, nachdem bekannt geworden war, der designierte Fakultätskollege habe noch kurz zuvor während eines Vortrages in London die hallesche Fakultät als „Sitz des Unglaubens" bezeichnet.[52] Ihr Widerstand blieb jedoch erfolglos. Die Aufforderung G. W. Fr. Hegels im Ohr, „Gehen Sie hin und bringen Sie ein Pereat dem alten Hallischen Rationalismus",[53] aber ein ministerielles Schreiben mit der Mahnung zu Mäßigung und Kollegialität in der Tasche,[54] hielt Tholuck allen Antipathien zum Trotz am 18. April 1826 seine mit Spannung erwartete, wider Erwarten aber ohne Zwischenfälle verlaufene Antrittsvorlesung.[55] Es war der Beginn eines neuen Abschnitts in der Geschichte der Fakultät, den W. Wiefel als „Ära Tholuck" beschrieben hat, und der mehr als drei Dezennien währen sollte.[56]

Das erste Jahrzehnt der Wirksamkeit Tholucks blieb von der Auseinandersetzung mit der rationalistisch geprägten Fakultät überschattet, die durch die Berufung von Chr. Fr. Fritzsche[57] 1827 noch eine letzte Unterstützung erfuhr. Als theologischer Rivale vorzugsweise auf neutestamentlichem Gebiet meinte ihn Tholuck verdächtigen zu müssen, Verfasser der ihn kompromittierenden anonymen Schmähschrift zu sein, die 1840 unter dem Titel *Wie Herr D. Tholuck die Heilige Schrift erklärt, wie er betet, denkt und dichtet* erschien.[58] Als sich der zu Unrecht Angegriffene mit einer Verteidigungsschrift zur Wehr setzen wollte, versuchte Tholuck deren Veröffentlichung durch den Kurator der Universität verbieten zu lassen, was der Minister freilich zu verhindern wußte. Dem Dekan W. Gesenius gelang es, zwischen den Rivalen zu vermitteln und den Konflikt wenigstens vordergründig beizulegen.

Diese Affäre, die auf ihre Weise das Ringen der miteinander streitenden Parteien in der Fakultät illustriert, gehört zu den Schattenseiten in Tholucks Wirksamkeit. Sie hat zu einem fast geschlossenen Eintreten der Fakultätskollegen für den Verdächtigten geführt,[59] wenngleich Fritzsche ebenso wie Thilo auch nach diesem Zwischenfall für Tholuck keine ernsthafte Konkurrenz bedeuteten.

Zu den unrühmlichen Ereignissen im Konflikt zwischen den Exponenten der neu eintretenden theologischen Richtung und dem in die Defensive gedrängten Spätrationalismus gehört auch der sog. „Hallische Streit"[60], der von weiten Kreisen des deutschen Protestantismus mit Sorge beobachtet wurde und der für die weitere Gestaltung der theologischen Arbeit an den preußischen Fakultäten nicht ohne Bedeutung blieb. Um den ‚unheilvollen' Einfluß des halleschen Rationalismus auf Theologie und Kirche einer breiten Öffentlichkeit vor Augen zu führen, hatte der streng lutherisch-konfessionelle H. E. F. Guericke[61] 1830 Kollegnachschriften der Vorlesungen J. A. L. Wegscheiders und mündliche Berichte über W. Gesenius dem konservativen Juristen E. L. v. Gerlach zur Verfügung gestellt. Der beeilte sich, sie ausschnittsweise in der von dem Berliner Theologieprofessor E. W. Hengstenberg herausgegebenen „Evangelischen Kirchenzeitung"[62] zu publizieren.[63] Aus dieser Denunziation, die noch lange die Atmosphäre in der Fakultät bestimmt hat, erwuchs die nicht unbegründete Gefahr, für Preußen eine vergleichbare Situation wie z. Z. des Wöllnerschen Religionsediktes heraufzubeschwören. In der Tat hatte der Minister K. v. Altenstein daraufhin eine Denkschrift über die Ausbildung der Geistlichen verfasst, in der Überlegungen zur obrigkeitlichen Einschränkung der theologischen Lehrfreiheit formuliert sind.[64] Nur einem königlichen Erlaß vom September 1830, mit dem der offene Konflikt beigelegt wurde, ist es zu danken, daß die ministeriellen Überlegungen nicht umgesetzt wurden. Im selben Zuge forderte Friedrich Wilhelm III. freilich, die theologischen Lehrstühle zukünftig nur mit solchen Gelehrten zu besetzen, „von deren Anhänglichkeit an den Lehrbegriff der evangelischen Kirche [m. p. der Augsb. Conf.]" sein Minister „hinreichende Überzeugung gewonnen habe".[65]

Die folgenden personalpolitischen Entscheidungen fielen nun ganz auf dieser vorgezeichneten Linie: Von den neuhabilitierten, noch im Geist des

Spätrationalismus erzogenen Extraordinarien stieg keiner mehr in ein Ordinariat auf. Das betraf nicht nur K. Chr. L. Franke[66] und A. F. Daehne[67], sondern auch H. A. Niemeyer, den Sohn des Kanzlers. Nachdem K. Ullmann[68], der ihm als enger Freund wirkungsvoll zur Seite gestanden hatte, 1836 nach Heidelberg zurückgekehrt war, vermochte Tholuck seinen Einfluß beim Kronprinzen, dem späteren König Friedrich Wilhelm 1V., geltend zu machen, die vom Minister K. v. Altenstein beabsichtigte Berufung des Tübinger F. Chr. Baur zu vereiteln und stattdessen den ihm nahestehenden J. Müller[69] als Systematiker nach Halle zu holen. Daß die Fakultät bei ihrer Reorganisation in Einzelfällen Kompromißbereitschaft demonstrierte, zeigt wenigstens die Nachfolgeregelung für W. Gesenius, bei der nach intensiven Bemühungen durch J. Müller die Wahl 1843 auf H. Hupfeld[70] fiel. 1847 bewegte Tholuck den reformierten schweizerischen Kirchenhistoriker J. J. Herzog[71] aus Lausanne, mit dem ihn eine langjährige Freundschaft verband, nach Halle zu kommen. Ihm folgte 1855 der Vermittlungstheologe J. L. Jacobi[72], ein Lieblingsschüler des Berliner Kirchenhistorikers A. Neander, der selbst in Berliner Erweckungskreisen verwurzelt war. Unterstützung erhielt Tholuck auch von den Extraordinarien G. Kramer[73] und O. Dietlein[74], während J. Wichelhaus[75] die in ihn gesetzten Erwartungen nicht ganz zur Zufriedenheit zu erfüllen schien. W. Herbst[76] führte den pädagogischen Unterricht Kramers zuverlässig weiter und Th. Brieger[77] unternahm in Halle erste Schritte auf dem Gebiet seiner reformationsgeschichtlichen Forschungen, mit denen er später bekannt werden sollte. Der 1849 zum außerordentlichen Professor ernannte K. Schwarz[78] jedoch, der sich als Systematiker im Anschluß an Fr. D. E. Schleiermacher von einer spekulativ-kritischen Theologie angezogen fühlte, blieb an der Fakultät langfristig ohne Chancen und verließ die akademische Laufbahn. An seiner Statt berief man zur Unterstützung des erkrankten J. Müller 1861 A. Wuttke[79], einen Dogmatiker mit konservativ-konfessionellem Profil.

Eine planmäßig betriebene Personalpolitik, literarische Kontroversen unter Rückgriff auf die zu Beginn des 19. Jahrhunderts entstandene Landschaft der kirchlichen Presse und nicht zuletzt die erfolgreiche Konkurrenz auf dem Gebiet der Rezension theologischer Literatur, waren die äußeren Instrumente, um dem als Anachronismus begriffenen Rationalismus in der Fakultät ein Ende zu bereiten. Die „Ära Tholuck" hat ihr ein gänzlich verändertes Gesicht verliehen, dessen weithin überzeugendes inneres Kennzeichen die erlebnisbetonte Hinwendung zur biblischen und kirchlichen Überlieferung geworden ist. Das neuerwachte Sündenbewußtsein führte notwendig zur Rückbesinnung auf die theologischen Zentralthemen Sünde und Gnade,[80] deren Vernachlässigung als Grundübel rationalistischer Theologie beanstandet wurde. Es gehört zweifellos zu Tholucks Verdiensten, der paulinischen Theologie wieder existentielle Bedeutung beigemessen und sich deshalb auch auf die Theologie der Reformatoren einschließlich J. Calvins und Th. Bezas als Exegeten zurückbesonnen zu haben. Das Erwachen des konfessionellen Bewußtseins kann in diesem Zusammenhang kaum anders als eine Folge der neuen Betonung der reformatorischen Rechtfertigungslehre verstanden werden. Die subjektive Bestimmung des Theologen durch seinen Gegenstand[81] implizierte freilich den Zug zum Erbaulichen, was sich für die wissenschaftliche Qualität und Diktion akademischer theologischer Arbeit nicht immer als innovativ erwies. Durch die Einrichtung von Studentenkonvikten[82] mit ihrer verbindlichen geistlichen Lebensform erhielt das Theologiestudium seine praktische und seelsorgerliche Relevanz. Sie gewannen Modellcharakter für andere Universitäten, wie auch die geistigen und geistlichen Impulse, die von Tholuck ausgingen, weit über ihn hinaus reichten. Mit einer bemerkenswerten charismatischen Begabung ausgestattet, hat es Tholuck wie kaum ein anderer neben ihm verstanden, als Hochschullehrer, Universitätsprediger und vor allem als Studentenseelsorger mehrere Theologengenerationen in seinen Bann zu ziehen und dem neuzeitlichen Pietismus auf akademischem Boden zu verbreiteter Wertschätzung zu verhelfen.[83]

Ihr Ende fand die „Ära Tholuck" jedoch nicht erst mit Tholucks altersbedingtem Rückzug aus der akademischen Öffentlichkeit, sondern bereits in dem Jahr, in dem die geistige Führung der Fakultät von Theologen übernommen wurde, die in den Traditionen der Vermittlungstheologie ihre Bildung und Prägung erhalten hatten. Als deutliche Zäsur in der Fakultätsgeschichte muß deshalb die Berufung von W. Beyschlag 1860 gelten, der als praktischer Theologe zunächst die Nachfolge von K. B. Moll[84] antrat und 1874 den Lehrstuhl Tholucks zur vorzugsweisen Vertretung des Neuen Testaments übernahm. Beyschlag, der sein theologisches und kirchenpolitisches Profil mit einem programmatischen und heftig umstrittenen Vortrag auf dem Altenburger Kirchentag 1864 gewonnen hatte, galt bald als der bekannteste Repräsentant der halleschen Vermittlungstheologie. Es ist die letzte Epoche in der Fakultätsgeschichte, die wenigstens bis zum Ende der achtziger Jahre im Zeichen einer einzelnen dominanten Persönlichkeit gestanden hat. Richtungsmäßige Unterstützung erhielt Beyschlag durch

E. K. A. Riehm, K. Schlottmann, J. Köstlin und A. Wolters[85]. Indem die Herausgeberschaft ihres Publikationsorgans, der „Theologischen Studien und Kritiken",[86] allmählich auf hallesche Theologen überging, wird ein äußeres Merkmal erkennbar, daß die Fakultät nun zum Zentrum der späteren deutschen Vermittlungstheologie geworden war.[87]

Als Sammelbegriff einer Gruppe von Theologen vor und nach der Mitte des 19. Jahrhunderts standen die Repräsentanten der Vermittlungstheologie zwischen konfessionalistischer und liberaler Theologie, wenngleich im Einzelfall die Grenzen zu beiden Richtungen durchlässig blieben. Ihr erklärtes Ziel sahen sie in der Vermittlung zwischen schlichtem biblischen Glauben und modernem wissenschaftlichen Bewußtsein.[88] Durch die gegenseitige Durchdringung beider Elemente suchten die Vertreter dieser einflußreichen theologischen Richtung den Protestantismus gegenwartsfähig zu machen. Von verschiedenen theologischen Motiven und Traditionen bestimmt, erschienen Vermittlungstheologen ihren Gegnern oftmals unentschieden und schwankend. Daß sie für die Union der lutherischen und der reformierten Konfession von 1817 eintraten, zog ihnen zudem den Unwillen der konfessionellen Lutheraner zu. Mit Blick auf das theologische Erbe Fr. D. E. Schleiermachers wollten die Vertreter der Vermittlungstheologie die Heilige Schrift und das Bekenntnis nicht als einzige verbindliche Glaubensnorm gelten lassen, sondern waren der Überzeugung, auch im religiösen Bewusstsein zu echter Gotteserkenntnis zu gelangen, die wiederum mit der Bibel übereinstimmt. Das Christentum verstanden sie wesensmäßig und ursprunghaft als göttlich und daher übernatürlich, seine Verwirklichung dagegen als menschlich und natürlich. Weil sich in der Heiligen Schrift Göttlich-Unfehlbares mit Menschlich-Irrigem mische, steht sie für Vermittlungstheologen grundsätzlich der Kritik offen.[89]

Die hallesche Vermittlungstheologie, die es ihrer Wirksamkeit in der Öffentlichkeit und der nach wie vor sehr ernst genommenen pädagogischen und seelsorgerlichen Begleitung der vielen Studenten, aber auch ihres veranlagten theologischen Eklektizismus wegen kaum zu epochalen wissenschaftlichen Leistungen gebracht hat, ist vor allem kirchenpolitisch bedeutsam geworden. Beyschlag und die ihm verbundenen Fakultätsmitglieder sind nicht nur als Gründer des mitgliederstarken und einflußreichen „Evangelischen Bundes zur Wahrung deutsch-protestantischer Interessen" (1886/1887) in Erscheinung getreten.[90] Auch als Gründer und Führer der „Evangelischen Vereinigung" (1873)[91] haben Beyschlag und die ihm richtungsmäßig nahestehenden Kollegen vermittlungstheologische Ansätze in der kirchlichen und gesellschaftlichen Öffentlichkeit umzusetzen gewußt. So gut sie es vermochten, sind sie damit ihrer historischen Aufgabe gerecht geworden, den drohenden Riß zwischen neuer Orthodoxie Hengstenberg'scher Prägung und historisch-rationaler Wissenschaft abzuwenden und die Theologie als Ganzes zusammenzuhalten.

Allein in M. KÄHLER als Dogmatiker erwuchs BEYSCHLAG und der Vermittlungstheologie ein kompromißloser Gegner, der durch H. HERING, später auch von G. WARNECK Unterstützung erfuhr. Sie repräsentierten gemeinsam den konservativ-kritischen, christlich-sozialen Flügel in der vermittlungstheologisch-nationalliberal bestimmten Fakultät. Als KÄHLER, der während seiner Studienzeit von THOLUCK und J. MÜLLER seine bibeltheologische Orientierung empfangen hatte, 1867 als Extraordinarius und erster Inspektor des neugegründeten Schlesischen Konviktes in die Fakultät eintrat, war das der Beginn einer mehrere Jahrzehnte dauernden Wirksamkeit als akademischer Lehrer und Studentenseelsorger, die ihn im letzten Jahrzehnt des Jahrhunderts zu einem der profiliertesten und dadurch anziehendsten Theologen Halles werden ließ. KÄHLER sah seine vordringliche Aufgabe darin, die ihn bestimmende Biblische Theologie und eine reformatorisch verstandene Wort-Gottes-Theologie zur Sprache zu bringen. Die Konzentration auf den evangelischen Grundartikel der Rechtfertigung führte ihn zur christologischen Bindung der systematischen Theologie, die ein ständiges Bemühen um die historischen Voraussetzungen der christlichen Botschaft einschloß. Seine Methode, den biblischen Text unmittelbar und existenzbezogen zu interpretieren, hat KÄHLERs Ruf weit über Halle hinaus begründet und damit das Interesse an einem Theologiestudium in Halle nachhaltig gefördert. Nicht zuletzt durch das Wirken später einflußreicher Theologen wie J. SCHNIEWIND, K. HEIM, R. HERMANN und W. LÜTGERT, die KÄHLER als Schüler um sich gesammelt hatte und die sein theologisches Erbe antraten, erklärt sich der weit über ihn hinausreichende Einfluß, den er auf die Theologie des 20. Jahrhunderts genommen hat.[92]

Das Ende der von einzelnen Gelehrten bestimmten Epochen in der Fakultätsgeschichte ist indes bereits mit dem Jahr 1888 erreicht, in dem die durch Todesfälle und von Überalterung gezeichnete Fakultät mit der Berufung von E. KAUTZSCH, FR. LOOFS, E. HAUPT sowie der Extraordinarien A. EICHHORN[93] und FR. BAETHGEN[94] mehr als die Hälfte der Professoren ausgewechselt und damit ihre Reorganisation abgeschlossen hat. Der damit einsetzenden Methoden- und Meinungsvielfalt korrespondiert die im Einzelfall mehr oder weniger ausgeprägte Bindung an theologische Schulrichtungen. Mit Blick auf die Neuberufenen wird dieser Differenzierungsprozess darin deutlich, daß E. Haupt und E. Kautzsch einerseits noch sorgsam das Erbe der halleschen Vermittlungstheologie verwalten, sich Person und Lebenswerk des Dogmenhistorikers Fr. Loofs dagegen schon nicht mehr vorbehaltlos einer bestimmten theologischen Richtung zuordnen läßt. Geprägt von der Schule A. Ritschls ist Loofs als Vermittler zwischen Tradition und Moderne eigene Wege gegangen, der seinen Platz zwischen den möglichen Positionen fand. Mit dem Eintritt von A. Eichhorn und dem des ein Jahr später folgenden H. Gunkel schließlich hielten prominente Vertreter der religionsgeschichtlichen Schule Einzug in die Fakultät, was hier freilich auf wenig Gegenliebe stieß.

Der Differenzierungsprozess auf dem Gebiet der Theologie entsprach dem aller Wissenschaftsgebiete. Er ging einher mit der voranschreitenden Spezialisierung in den einzelnen theologischen Fachgebieten. Was für das Alte Testament spätestens seit W. Gesenius und für die Kirchengeschichte ansatzweise seit K. Thilo zu beobachten war, führt mit der Berufung E. Haupts auf den ersten selbständigen neutestamentlichen Lehrstuhl einen entscheidenden Schritt weiter: die traditionelle Verklammerung neutestamentlicher Arbeit mit der systematischen und praktischen Theologie ist damit erstmalig aufgebrochen. Fortan halten sich die jeweiligen Disziplinen mehr denn je voneinander gesondert, grenzen sich stärker gegenseitig ab und beginnen eigenständige Forschungs- und Lehrgebiete zu entwickeln. Für die hallesche Fakultät bleibt allerdings bemerkenswert, daß gegenüber allen Spezialisierungstendenzen trotz allem ein gewisses Ressentiment erhalten bleibt. So vermeiden die 1885 bestätigten und noch über drei Jahrzehnte in Geltung stehenden Fakultätsstatuten nicht nur die Nennung der einzelnen Disziplinen oder Lehrstühle, sondern halten unverändert an der unbegrenzten Ankündigungsfreiheit für Ordinarien und an der Beschränkung aller anderen Dozenten auf die exegetischen Fächer und Kirchengeschichte fest.[95]

Ein weiteres hallesches Charakteristikum, das in diesem Zeitabschnitt seine Ausprägung erfuhr, zeigt sich in dem Gleichgewicht zwischen den theologischen Flügeln und ihrer richtungsbestimmten Lehrstühle, das trotz „vielfältiger personeller Veränderungen nicht gestört, vielmehr stabilisiert und schließlich sogar institutionalisiert wurde".[96] Es gehört zweifellos zu den fakultätspolitischen Leistungen, daß durch eine über Jahrzehnte verfolgte Gleichgewichtsstrategie die mitunter harten Kontroversen zwischen konservativer und liberaler, positiver und kritischer Theologie, die an anderen Fakultäten gelegentlich zu ihrem Auseinanderbrechen führten, sich in Halle nicht wiederholt haben und weder der konservative Konfessionalismus noch der theologische Liberalismus in der Fakultät Einzug halten konnten.

Die Entwicklung zu gegenseitig abgegrenzten und mit einem eigenen Lehrstuhl versehenen theologischen Fachgebieten kam mit dem Tod M. KÄHLERs 1912 und der dadurch notwendig gewordenen Neuordnung der Lehrstühle zu einem gewissen Abschluß. Auch wenn einige Ordinarien in den folgenden Jahrzehnten gelegentlich noch mit Lehrveranstaltungen auf einem benachbarten Fachgebiet hervorgetreten sind, bedeutet die Aufgliederung seines Ordinariates in einen separaten systematisch-theologischen und neutestamentlichen Lehrstuhl die Festschreibung der fachspezifischen Ordinariate, wie sie bis in die Gegenwart bestehen. Nicht zuletzt der hohen Studentenzahlen wegen verfügte die Fakultät seitdem bis zum Ende des Zweiten Weltkrieges in fast jedem Fachgebiet über zwei Lehrstühle in jedem Fach.

Das systematisch-theologische Erbe KÄHLERs trat W. LÜTGERT[97] an, der bis dahin auf neutestamentlichem Gebiet hervorgetreten war. Sein Nachfolger sollte 1929 G. HEINZELMANN werden. Auf dem zweiten systematisch-theologischen Lehrstuhl sehen wir in Nachfolge J. KÖSTLINS zunächst M. REISCHLE[98] (1897–1905), der in F. KATTENBUSCH (1906–1922), H. STEPHAN[99] (1922–1926), G. WEHRUNG[100] (1927–1931) und FR. K. SCHUMANN[101] (1932–1945) seine Nachfolger fand.

Mit der Berufung E. V. DOBSCHÜTZ' 1913 zur Fortsetzung der neutestamentlichen Arbeit KÄHLERs war die Einrichtung eines zweiten neutestamentlichen Ordinariates verbunden. Es fand seine späteren Vertreter in H. WINDISCH (1935) und J. SCHNIEWIND (1936–1948). P. FEINE übernahm 1910 von E. HAUPT den ersten neutestamentlichen Lehrstuhl. Auf ihm folgten E. KLOSTERMANN (1928–1936) und E. FASCHER[102] (1937–1950).

Auf dem Gebiet der Kirchen- und Dogmengeschichte sowie der Christlichen Archäologie erfolgte eine doppelte Besetzung bereits wenige Jahre zuvor: 1907 war H. ACHELIS[103] zum außerordentlichen Professor berufen worden, der 1914 in ein zweites Ordinariat aufstieg. Mit seiner Wahrnehmung waren in der Folgezeit J. FICKER (1919–1929), E. KOHLMEYER[104] (1930–1935) und E. WOLF[105] (1935–1945) betraut. Auf dem ersten kirchengeschichtlichen Lehrstuhl fand FR. LOOFS 1929 in E. BARNIKOL seinen Nachfolger. Die Berufungen von E. SEEBERG[106] (1926–1927) und H. DÖRRIES[107] (1928–1929) waren nur ein- bzw. dreisemestrige Zwischenspiele.

Auch das alttestamentliche Fachgebiet bietet ein vielfältiges Bild. Nachdem 1866 mit der Berufung von E. K. A. RIEHM und K. SCHLOTTMANN bereits zwei fachspezifische Lehrstühle zur Verfügung standen, ging das

Ordinariat RIEHMS 1888 zur Begründung des ersten neutestamentlichen Lehrstuhls auf E. HAUPT über. Seitdem wurden auf dem zweiten alttestamentlichen Lehrstuhl ausschließlich außerordentliche Professoren tätig: FR. BAETHGEN[108] (1888–1889), J. W. ROTHSTEIN[109] (1889–1910), C. STEUERNAGEL[110] (1907–1914) und G. HÖLSCHER[111] (1914–1920). Sieht man von der kurzen Wirksamkeit A. ALTS[112] (1921–1922) ab, verfügte dieser Lehrstuhl erst mit der Berufung von O. EISSFELDT 1922 wieder über eine ordentliche Professur. Auf dem ersten alttestamentlichen Lehrstuhl fand E. KAUTZSCH in K. CORNILL[113] (1910–1920), H. GUNKEL (1920–1927) und H. SCHMIDT (1928–1945) seine Nachfolger.

Allein auf dem Gebiet der praktischen Theologie und Missionswissenschaft blieb es bei der einfachen Besetzung. In Nachfolge für A. WOLTERS wirkten als praktische Theologen H. HERING (1878–1908), P. DREWS[114] (1908–1912), K. EGER (1913–1931), G. DEHN[115] (1931–1933) und P. KEYSER (1934–1945). Zur Weiterführung der 1896 durch G. WARNECK in Halle begründeten Missionswissenschaft als akademischer Disziplin wurde als erster Ordinarius G. HAUSSLEITER[116] (1908–1925) berufen, dessen Nachfolge H. W. SCHOMERUS (1926–1945) übernahm.

Es gehört zu diesem von hohen Studentenzahlen gekennzeichneten Zeitabschnitt bis 1914, daß eine nie wieder erreichte Anzahl an Privatdozenten und Extraordinarien an der Fakultät ihre ersten Schritte auf akademischem Boden unternahmen. Sie leisteten damit der Meinungs- und Methodenvielfalt einen kaum zu überschätzenden Vorschub und verliehen der Fakultät trotz institutionalisierten Gleichgewichts ihrer richtungsbestimmten Lehrstühle ein außerordentlich facettenreiches Bild. Unter ihnen befanden sich nicht wenige, die später selbst Inhaber bedeutender deutscher theologischer Lehrstühle geworden sind: O. RITSCHL,[117] C. STANGE,[118] K. HEIM,[119] H. E. WEBER,[120] H. MULERT,[121] P. TSCHACKERT,[122] K. MÜLLER,[123] G. FICKER,[124] A. LANG,[125] J. LEIPOLDT,[126] W. GOETERS,[127] A. H. FRANKE, E. GRAFE,[128] FR. BÜCHSEL,[129] R. SMEND[130] und C. CLEMEN[131].

Der Ausbruch des Ersten Weltkrieges im Sommer 1914 blieb auch für die Fakultät nicht ohne Konsequenzen. Aufgrund der Einberufungen gingen die Studentenzahlen drastisch zurück, ein Teil des jüngeren Lehrkörpers, unter ihnen J. SCHNIEWIND, H. ACHELIS, FR. BÜCHSEL und P. TILLICH[132], wurde zum Militärdienst eingezogen und die Publikationsmöglichkeiten deutlich eingeschränkt. Das Kriegsende erlebte die Fakultät nach Anzahl ihrer Studenten und wissenschaftlichen Mitarbeiter zwar deutlich verringert, nach Selbstverständnis und Geist aber weitgehend unverändert. Im Unterschied zu fast allen Bereichen des öffentlichen Lebens bedeutete der 9. November 1918 deshalb keine Zäsur ihrer inneren Geschichte. Mit verfassungsmäßiger Garantie ausgestattet,[133] bestand die Fakultät in ihrer juristischen Stellung so fort, wie sie vor 1914 existiert hatte. Der institutionalisierte Kompromiß des Richtungsproporzes ihrer theologischen Lehrstühle war erhalten geblieben, obwohl es sich schon abzeichnete, daß der traditionelle Gegensatz der kirchenpolitischen und theologischen Richtungen zu erstarren und bald von politisch motivierten Positionen überlagert zu werden drohte.

Diese Interessenverschiebung wird an den Kontroversen deutlich, die um die erste Berufung nach Kriegsende geführt wurden: Die ablehnende Haltung der konservativ-nationalliberal bestimmten Fakultät H. Gunkel gegenüber richtete sich nicht allein gegen seine allgemein bekannte republikanische Gesinnung und gegen die immer noch als „modern" und „links" beurteilte religionsgeschichtliche Schule. Ihr Protest verband sich vielmehr mit dem Widerstand gegenüber dem preußischen Kultusminister K. Haenisch, dem in diesem Zusammenhang vorgeworfen wurde, als Interessenvertreter der sozialdemokratischen Regierung einseitig eine ihm genehme theologische Richtung zu fördern und damit die akademische Freiheit der Fakultät zu behindern.[134]

Die theologische Arbeit, die an der Fakultät „zwischen den Zeiten" geleistet wurde, hat bei aller Vielfalt vor allem auf zwei Gebieten Bedeutung erlangt. In Fortführung der Arbeiten J. Köstlins zu Leben und Werk M. Luthers lag auf der Lutherforschung ein besonderer Akzent, der sich neben den Kirchenhistorikern auch die Fachvertreter der systematischen Theologie gewidmet haben. Die Exegeten nahmen weithin beachteten Anteil an der philologischen, literaturgeschichtlichen und religionsgeschichtlichen Erforschung des Alten und Neuen Testaments. Hermeneutik und Textkritik standen im Zentrum ihres Interesses. Die auf dem Gebiet der Bibelwissenschaft erzielten Ergebnisse sowie die Ausstrahlung der hier wirkenden Gelehrten haben den Ruf der Fakultät neu zu beleben vermocht, so daß zehn Jahre nach Kriegsende die Zahl der Studierenden wieder deutlich gestiegen war.

Zur Unterstützung des Lehrkörpers begannen deshalb mehrere Privatdozenten ihre akademische Laufbahn, die später selbst Inhaber renommierter deutscher Lehrstühle werden sollten. Auch ihrem Auftreten ist es zu verdanken, daß die Fakultät nun wieder über einen nicht zu unterschätzenden Reichtum an inhaltlichen und methodischen Ansätzen verfügte, wie sie ihn vergleichsweise nur in der Periode vor dem Ersten Weltkrieg gekannt hatte. Zu ihnen gehörten die Kirchenhistoriker W. Völker,[135] W. Elliger,[136] E. Benz,[137] die Alttestamentler J. Begrich[138] und K. Galling,[139] sowie die Neutestamentler O. Michel[140] und E. Stauffer[141]. H. Braun verzichtete auf eine Privatdozentur und übernahm ein Pfarramt in Ostpreußen.[142] Fr. W. Schmidt,[143] J. Hempel[144] und K. Aner[145] hatten schon zu Beginn der zwanziger Jahre eine Privatdozentur in Halle angetreten.

Mit der Berufung von G. Dehn zum Sommersemester 1931 als Ordinarius für Praktische Theologie trat der erste Theologe der Fakultät bei, der dem religiösen Sozialismus nahestand und sich selbst als Vertreter der dialektischen Theologie verstand.[146] Ohne Rücksicht auf die Wünsche der Fakultät zu nehmen, der Dehn nach inneren Kontroversen wenigstens „nicht als untragbar" erschien[147], hatte sich der sozialdemokratische Kultusminister A. Grimme souverän für seinen Wunschkandidaten entschieden, nachdem sich die Theologische Fakultät Heidelberg gegen die Stimme von M. Dibelius[148] von ihrer 1930 einstimmig ausgesprochenen Berufung distanziert hatte. Grund dafür waren publizistische Attacken des deutschnationalen Pfarrers und Publizisten G. Traub in seinen „Eisernen Blättern" gegen Äußerungen Dehns,[149] mit denen er 1928 in einem Vortrag zum Thema *Kirche und Völkerversöhnung* in der Magdeburger Ulrichskirche die religiöse Weihe des Krieges und des Gedächtnisses der Gefallenen kritisch reflektiert und zugleich die Pflicht der Kirche zur Völkerversöhnung angemahnt hatte.[150] Der öffentlich erhobene Vorwurf, er habe im Anschluß an den Vortrag die Gefallenen als Mörder bezeichnet, entbehrte zwar jeder Grundlage, nicht aber einer traumatischen Wirkung auf weite Kreise des Protestantismus, für die Deutschtum und Christentum identische Begriffe waren. Als subversiver „Pazifist" denunziert und als ehemaliges SPD-Mitglied (1920–1922) eines „marxistisch-jüdischen" Geistes gescholten, geriet Dehn schon vor seiner Ankunft in Halle in das Visier rechtsradikaler und rechtskonservativer studentischer Gruppen, für die seine Berufung ein willkommener Anlaß bot, mit der Republik in eine Kraftprobe zu treten. Obgleich der organisierte studentische Terror zu Beginn seiner Vorlesungen im Wintersemester 1931/1932 angesichts des Polizeischutzes nicht sogleich den erhofften Effekt erzielte und Dehn dank der zunächst noch solidarischen Haltung durch den Rektor G. Aubin und des Senates[151] seine Vorlesungen relativ ungestört fortsetzen konnte, wurde er nach dem Staatsstreich in Preußen mit dem Wintersemester 1932/1933 für ein Jahr beurlaubt und mit einem Stipendium für einen Auslandsaufenthalt ausgestattet, von dem er nicht mehr nach Halle zurückkehren sollte. Nach der „Machtergreifung" A. HITLERS gehörte er zu den wenigen beamteten Hochschullehrern, die bereits 1933 nach dem „Gesetz zur Wiederherstellung des Berufsbeamtentums" aus dem Staatsdienst entlassen wurden.[152] Mit dem „Fall Dehn" sah sich die Fakultät einer starken Belastung ausgesetzt, der sie nur kurze Zeit standhalten sollte. Hatten sich G. HEINZELMANN als Dekan wie auch die Theologenschaft Halles in Pressemitteilungen[153] noch dezidiert vor DEHN gestellt, so gehört es zu den dunklen Kapiteln ihrer Geschichte, daß die Fakultät als Gesamtkörperschaft trotz erklärter Neutralität analog zum Senat und der Dozentenvollversammlung[154] in ihrem Werben um die Gunst der auszugswilligen Studentenschaft zusehends zu DEHN auf Distanz ging. Die Veröffentlichung seiner Dokumentation des halleschen Universitätskonfliktes wurde allgemein als Bruch des „Burgfriedens" verstanden, der manche Hochschullehrer offen in das Lager der protestierenden Studentenverbände treten und die Atmosphäre an der Fakultät offenbar unerträglich werden ließ.[155] Vor allem in seinem Amtsvorgänger K. EGER, der sich für seine Berufung noch eingesetzt hatte, erwuchs DEHN nun ein Gegner, in dessen Gefolgschaft auch E. HIRSCH und H. DÖRRIES literarisch wirkungsvoll gegen ihn vorgingen.[156] So bleibt der „Fall Dehn" als „Präludium kommender Ereignisse" symptomatisch für den Verlust eines kritischen und prophetischen Urteilsvermögens, der auch in weiten Kreisen der etablierten Universitätstheologie evident wurde und worin sich die Theologische Fakultät Halle von den meisten theologischen Fakultäten Deutschlands allerdings nicht unterschied.

Nicht zuletzt durch den „Fall Dehn" und die damit verbundene Boykottdrohung deutschnationaler und nationalsozialistischer Studentenverbände spitzte sich die Situation zu, in der sich die Universität gegen Ende der Weimarer Republik befand. Aufgrund der prekären Finanzlage Preußens schien nicht nur die äußere Existenz der Universität gefährdet;[157] durch die Streichung des fürstlichen Gründernamens im Zusammenhang mit der Satzungsneufassung im Juli 1930,[158] die während des Rektorates von O. EISSFELDT entstanden war, hatte der sozialdemokratische Minister A. GRIMME zugleich empfindlich in ihre geistige Tradition und ihr Selbstverständnis eingegriffen.

Um die Bedeutung der halleschen Universität zu unterstreichen und diesen Überlegungen gegenüber einen überzeugenden Kontrapunkt zu setzen, besann man sich unter Aufbietung großer publizistischer Anstrengungen, an denen sich vor allem J. FICKER beteiligte, auf die Tradition Wittenbergs und seines genius loci M. LUTHER. Das bevorstehende Lutherjubiläum zur 450. Wiederkehr seines Geburtstages 1933 bot dazu Anlaß genug. Nachdem bereits der Mediziner TH. BRUGSCH im Juli 1932 im Senat den Gedanken geäußert hatte, der Universität den Namen des Reformators zu verleihen, war es E. KLOSTERMANN, der in der Fakultätssitzung am 1. Juli 1933 das Problem dieser Namensgebung wieder in Erinnerung rief, und darin nachdrücklich von der Fakultät unterstützt wurde. Wenige Tage darauf übermittelte der eben erst gewählte Dekan H. W. SCHOMERUS den entsprechenden Fakultätsantrag offiziell an Rektor und Senat.[159] In ihrer Sitzung am 10. Juli 1933 nahmen ihn die Senatoren mehrheitlich an, wobei sie den Vorschlag der Fakultät um den Vornamen zu „Martin-Luther-Universität Halle-Wittenberg" erweiterten.[160] Wie gewünscht, wurde die Namensgebung im Zusammenhang der Lutherfeiern zum Geburtstag des Reformators am 10. November 1933 mit einem Festakt vollzogen. Die Urkunde des preußischen Staatsministeriums trägt die Unterschrift des Ministerpräsidenten H. GÖRING und des Ministers für Wissenschaft, Kunst und Volksbildung B. RUST.[161]

Trotz dieser in ganz Deutschland mit wachem Interesse verfolgten Vorgänge stand die Fakultät auch nach der Machtübernahme A. HITLERS nicht im Zentrum der nationalsozialistischen Gleichschaltungspolitik, wie sie etwa die theologischen Fakultäten Berlin und Jena betroffen hat.[162] Obgleich die Forschungslage zur Geschichte der Theologischen Fakultät Halle während des Nationalsozialismus noch erhebliche Defizite aufweist und man deshalb zu einer zurückhaltenden Beurteilung gemahnt ist, kann doch geurteilt werden, daß der erhalten gebliebene Handlungsspielraum kaum Ansätze zur geistigen oder öffentlichkeitswirksamen Auseinandersetzung mit der nationalsozialistischen Ideologie sowie Kirchen- und Hochschulpolitik erkennen läßt. Der zu Beginn des „Dritten Reiches" allgemein verbreitete Realitätsverlust blieb charakteristisch auch für die persönliche Haltung und die Beurteilung der gegenwärtigen Lage durch die zumeist deutschnational eingestellten Fakultätsmitglieder.

So fand die im September 1933 von den Marburger Theologen R. BULTMANN und H. V. SODEN lancierte Stellungnahme deutscher Neutestamentler zur Rassenfrage und zum Arierparagraphen,[163] in der sie die nationalsozialistische Rassentheorie mit deutlichen Worten verurteilt haben, in Halle noch keine Unterschrift. Erst im Zusammenhang mit der Demissionsforderung von insgesamt 146 deutschen Universitätstheologen an den durch Protektion von Staat und Partei vom Wehrkreispfarrer zum Reichsbischof avancierten L. Müller finden sich die Namenszüge hallescher Theologie-professoren. Die beiden Erklärungen vom 6. und 22. November 1934 haben O. Eissfeldt, G. Heinzelmann, H. W. Schomerus, Fr. K. Schu-mann sowie die Emeriti K. Eger, J. Ficker und F. Kattenbusch unter-zeichnet.[164] Freilich eignet ihrem Protest keine grundsätzliche Qualität; in ihrer kirchenpolitischen Orientierung zeigt sich diese Gruppe bemerkens-wert inhomogen. Einig wußte man sich wohl allein in der prinzipiellen Ablehnung des Reichsbischofs, nachdem er über ein Jahr seine von Rechts-bruch gekennzeichnete kirchenpolitisch skandalöse Amtsführung dem In- und Ausland vor Augen geführt hatte.[165]

Die theologische Arbeit an der Fakultät seit 1933 gestaltete sich unbe-schadet aller sie umgebenden Ereignisse in Politik und Gesellschaft nahezu ungebrochen. Da Halle nach Tübingen und Leipzig der Studierendenzahl nach immer noch an dritter Stelle stand, wurden zur Entlastung des Lehr-körpers die Privatdozenten O. Thulin[166] und W. Bienert[167] mit kirchenge-schichtlichen Lehrveranstaltungen sowie W. Trillhaas[168] zur Lehrstuhlver-tretung für Praktische Theologie beauftragt. H. Schlier übernahm die Vakanzvertretung für den unerwartet verstorbenen E. v. Dobschütz, ohne selbst eine reelle Berufungschance zu haben. Seine kirchenpolitische Einstel-lung war bekannt und führte später zum Entzug der venia legendi.[169]

Was für andere theologische Fakultäten zu beobachten ist, scheint auch für Halle zuzutreffen: Divergierende politische Standpunkte bleiben im Hintergrund; die theologische Arbeit ist von ihnen nicht betroffen und ebensowenig den gesellschaftspolitischen Veränderungen mit ihren Ansprüchen an die Wissenschaft unterworfen. Am traditionellen Ausbil-dungskonzept wurden weder methodische noch inhaltliche Korrekturen vorgenommen. Die „konventionellen historisch-kritischen Methodenstan-dards" sind auch in Halle „durchweg beibehalten worden".[170] Der Bericht über die Verhandlungen des Fakultätentages, dem langjährig H. Schmidt vorstand, über eine Studienreform in Halle am 25. April 1938 zeigt, daß alle Versuche, „bei der Reform des Theologiestudiums 'Grundeinsichten des nationalsozialistischen Wissenschaftsverständnisses' zur Geltung zu brin-gen"[171] auf den energischen Widerstand der Universitätstheologen aller poli-tischen Lager stieß. Die akademischen Theologie war gewillt, in Forschung und Lehre an den traditionellen Leitbildern und Methoden festzuhalten.

Eine deutliche Abkehr vom Geist des Nationalsozialismus erfolgte in Halle indes schon bald nach 1933, und zwar von seiten der Studierenden, sei es aus pietistischer oder konservativer Überzeugung. In ihrer Opposition wurden sie in geistiger und geistlicher Gemeinschaft durch E. Wolf unterstützt, der 1935 aus Bonn kommend im Zusammenhang der als „Neuaufbau" propagierten Umgestaltung der preußischen theologischen Fakultäten gegen E. Kohlmeyer ausgetauscht worden war.[172] Mit der Berufung von J. Schniewind 1936 erhielt die Fakultät zudem eine Persönlichkeit, die schon in der Bekennenden Kirche Ostpreußens an der Seite von H. J. Iwand und M. Noth eine herausragende Stellung eingenommen hatte. Gemeinsam mit O. Michel, der als Privatdozent dadurch seine Karriere behinderte,[173] zogen sie aus ganz Deutschland die Studierenden an, die dem Bekenntnis treu bleiben wollten und sich deshalb bewußt zur Bekennenden Kirche zählten.

Die beträchtliche Anzahl der Hochschullehrer, die sich nach einer gewissen Ernüchterung politisch auf die Haltung eines parteiunabhängigen Patriotismus zurückgezogen hatten und sich spätestens nach der berüchtigten „Sportpalast-Kundgebung" der Deutschen Christen am 13. November 1933 kirchenpolitisch eher neutral verhalten haben, hat diese Entwicklung begünstigt.[174] Reichsdozentenführer W. Schultze ging deshalb in seiner Einschätzung gewiß nicht fehl, als er 1939 die Theologische Fakultät Halle in die Kategorie „der Bekennenden Kirche nahestehend" einordnete.[175] Vor allem die drei Konvikte, in deren Räumen theologische Zusatzveranstaltungen durchgeführt wurden, gelangten bald in den Ruf, Zentren einer unabhängigen und intensiven theologischen Arbeit zu sein. Allein im Sommersemester 1937 fanden hier 25 theologische Arbeitsgemeinschaften statt.[176] Es blieb nur eine Frage der Zeit, daß diese Aktivitäten nicht nur in den Reihen der Fakultät auf Skepsis stießen, sondern auch von offizieller Seite schwer behindert wurden.[177]

Der Ausbruch des Zweiten Weltkrieges 1939 zog für die Fakultät Beschränkungen nach sich, wie sie in ihrer Geschichte ohne Beispiel waren. Zwar sollte die Fakultät mit ausdrücklicher Befürwortung A. Rosenbergs schon um des Namens ihrer Universität willen nicht geschlossen, sondern durch die geplante, aber nie realisierte Zusammenlegung mit der Theologischen Fakultät Leipzig wenigstens kurzfristig am Leben erhalten werden.[178] Doch ging als Ergebnis nationalsozialistischer Propaganda und Erziehung sowie durch die kriegsbedingten Einberufungen die Zahl der Studierenden und Lehrenden wie an den anderen theologischen Fakultäten geradezu dramatisch zurück.[179] Es verringerte sich deshalb nicht nur das Angebot an Lehrveranstaltungen, auch die bislang rege Publikations- und Herausgebertätigkeit der Fakultätsmitglieder kam fast vollständig zum Erliegen.[180] Die einst lebendigen Kontakte zur internationalen Wissenschaft rissen ab. Reglementierung und gelegentliche Disziplinarverfahren, von denen vor allem J. Schniewind betroffen war, blieben keine Seltenheit. Zum Wintersemester 1944/1945 kam die Arbeit der Fakultät faktisch ganz zum Erliegen.[181] Nach der Kapitulation am 17. April 1945 wurde Halle von amerikanischen Truppen besetzt und unterstand der US-Militärregierung.[182] Die Universität wurde wenige Tage später geschlossen. Obwohl die Militärregierung wenig Interesse an ihrer Wiedereröffnung zeigte, gestattete sie dennoch am 19. Juni die Neuwahl der Dekane und eines Rektors. Rektor wurde O. Eissfeldt, dessen liberale Haltung und wissenschaftliche wie politische Integrität außer Zweifel standen. Er erhielt nicht nur das Vertrauen des  Wahlgremiums der 34 Ordinarien und 17 Nichtordinarien, sondern auch des Generalkonzils, das zum 25. Juni einberufen wurde. Die Rektoratseinführung erfolgte am 12. Juli, dem traditionellen Gründungstag der vereinigten Universität. Das geschah allerdings bereits unter den Augen der roten Armee. Eissfeldt hielt nach alter Tradition eine Rektoratsrede aus seinem Fachgebiet zum Thema *Prophet und Politik*. Die Universität leitete er auf der Grundlage der Statuten von 1930. Als Organisator der völlig zum Erliegen gekommenen Universität hat er ihr in mühevoller Kleinarbeit prägende Impulse verliehen und Verbindungen geknüpft, um ihr auch im Ausland wieder zu Anerkennung zu verhelfen. Als „bürgerlicher Wissenschaftler", dem erst später wohlmeinende Marxisten das Prädikat „fortschrittlich-bürgerlich" beimaßen, blieb Eissfeldt als Rektor von der Skepsis und dem Argwohn einiger in Universität und Landesregierung zu Einfluß gelangter Parteikreise nicht verschont. Es ist deshalb festzuhalten, daß Eissfeldt 1948 von seinem verdienstvollen Rektorat abgelöst, nicht aber abgewählt wurde.[183]

Aufgrund der interalliierten Vereinbarung von Jalta waren die amerikanischen Truppen am 1. Juli 1945 aus Halle abgezogen und hatten die Stadt der sowjetischen Armee überlassen. Ihre Militär-Administration, allen voran der von ihr zum Kommissar für das Schul- und Hochschulwesen eingesetzte Rektor der Leningrader Universität, P. W. Solotuchin, erklärte dem Rektor am 24. Juli die Absicht, die Universität „als demokratische und humanistische Bildungsstätte"[184] wiederzuerstehen zu lassen. Obwohl es geplant war, wenigstens in den Instituten, die noch über eine entsprechende personelle und technische Basis verfügten, schon im Sommer mit der Arbeit zu beginnen, stellte der sowjetische Hochschulkommissar dafür zunächst die Bedingung, sowohl den Lehrkörper als auch die Studienbewerber von den „Altlasten" zu bereinigen, die Mitglieder der NSDAP und ihrer Organisationen gewesen waren. Das Verfahren, das sich im wesentlichen mittels einer Fragebogenaktion abspielte, zog sich länger als erwartet hin, so daß auch der für Anfang Oktober vorgesehene Vorlesungsbeginn nicht eingehalten werden konnte. Die offizielle Wiedereröffnung der Universität erfolgte erst am 1. Februar 1946; an diesem Datum nahm ein großer Teil der Fakultäten und Fachschaften ihren Lehrbetrieb wieder auf.

Unter ihnen befand sich auch die Theologische Fakultät. Von ihren Ordinarien waren 1945 infolge von Emeritierung, Tod oder Berufung P. Keyser, Fr. K. Schumann, E. Wolf, H. Schmidt und H. W. Schomerus ausgeschieden.[185] Mit Ausnahme der Praktischen Theologie und der Missionswissenschaft war dank der verbliebenen fünf Ordinarien O. Eissfeldt, J. Schniewind, E. Fascher, E. Barnikol und G. Heinzelmann, der Lehrbetrieb in den traditionellen Fächern gesichert.

Mit der kommissarischen Vertretung des praktisch-theologischen Lehrstuhls wurde W. Knevels[186] beauftragt. Er fand seinen Nachfolger in H. Urner,[187] auf den wiederum E. Winkler[188] als Ordinarius folgte. S. Knak[189] betraute man übergangsweise mit einem missionswissenschaftlichen Lehrauftrag, für den er als langjähriger Direktor der Berliner Missionsgesellschaft bestens geeignet war. Der Lehrstuhl für Missionswissenschaft wurde dagegen erst 1954 mit A. Lehmann wieder besetzt, dem bislang letzten Vertreter seines Fachgebietes in einem Ordinariat.

Als einzige Disziplin, die weiterhin über zwei Lehrstühle verfügte, trat das Neue Testament in seine Nachkriegsgeschichte. Nach dem Tod von J. Schniewind freilich ging auch dessen Lehrstuhl verloren. Die neutestamentliche Arbeit lag damit hauptverantwortlich in den Händen von E. Fascher, der in dem emeritierten E. Klostermann noch langjährige Unterstützung fand und dem 1952 für ein halbes Jahr H. Preisker[190] folgte. Die Lehrverpflichtung des Spezialisten für Geschichte und Sprachen des christlichen Orients A. Böhlig[191] 1954 setzte der Arbeit am Neuen Testament neue Akzente. Das neutestamentliche Ordinariat vertrat seit 1953 G. Delling, worin ihm 1970 sein Schüler T. Holtz[192] folgte, über Jahre von W. Wiefel[193] als Extraordinarius eindrücklich unterstützt.

Als langjähriger Dekan der Nachkriegszeit leitete der Systematiker G. Heinzelmann die Fakultät. Sein Lehrstuhl ging 1952 auf M. Doerne[194] über, auf dem ihm 1954 E. Schott folgte. N. Müller[195] vertrat die hallesche systematische Theologie bis 1990.

Die Fachvertretung des Alten Testaments lag auch während der Zeit seines Rektorates in den Händen von O. Eissfeldt, zu dessen Unterstützung sich der emeritierte H. Schmidt mit regelmäßigen Lehrangeboten gewinnen ließ. Nachdem Eissfeldt 1957 emeritiert worden war, vertrat er sein Fach noch bis zum Jahr 1959, in dem G. Wallis[196] seine Nachfolge antrat. Durch die Wirksamkeit E. Barnikols war auch auf dem Gebiet der Kirchengeschichte Kontinuität gegeben. Die hier geleistete Arbeit erhielt besonderes Profil durch die Berufung von K. Aland[197] zum Wintersemester 1947/1948 in ein zweites kirchengeschichtliches Ordinariat. Er hatte sich nicht nur der reformationsgeschichtlichen und Pietismusforschung verschrieben, sondern führte mit seinen dogmengeschichtlichen Arbeiten und seinen Forschungen zur Christlichen Archäologie auch Forschungsschwerpunkte weiter, die F. Loofs intensiv vertreten hatte. Einen weiteren Schwerpunkt bildeten seine Forschungen zur Textgeschichte des Neuen Testaments. Auf seinem Lehrstuhl folgten ihm E. Peschke[198], Fr. de Boor[199] und A. Sames[200].

Trotz des im Verhältnis zur Vorkriegszeit empfindlich reduzierten Bestandes an Lehrkräften, der damit allerdings der gleichfalls deutlich zurückgegangenen Frequenz der Studierenden entsprach,[201] war eine hinreichende Ausgangslage gegeben. Die Fakultät verfügte über die notwendigen Voraussetzungen, um ihrer Aufgabe gerecht zu werden, Theologiestudierende auszubilden und die von ihr erwarteten Forschungsbeiträge zu leisten.

Indes hatte sich seit der Übernahme der SED-Führung durch W. Ulbricht 1950 die politische und geistige Atmosphäre in der DDR deutlich verschärft. Nur im Kontext dieser allgemeinen Klimaverschlechterung kann der „Fall Aland" gesehen werden, mit dem sich die Fakultät seit 1952 konfrontiert sah. Obgleich ihre Haltung auch in diesem Konflikt noch nicht grundsätzlich erhellt ist, darf der „Fall Aland" nicht außer acht gelassen werden, weil er kein Einzelfall darstellt[202] und symptomatisch bleibt für den beginnenden direkten Zugriff der SED auf die Universitäten und die bis dahin geltende Lehrfreiheit ihrer Akademiker.

Bereits nach seinem Wittenberger Vortrag anläßlich des 450jährigen Jubiläums der Universität Wittenberg 1952 galt Aland für die politische Öffentlichkeit als persona non grata.[203] Unter dem Verdacht, als Verbindungsmann zwischen der Kirche, vornehmlich Bischof O. Dibelius, und politischen Organisationen im Westen „konterrevolutionär" zu agieren, wurde er am 2. März 1953 ein erstes Mal aus seinem PKW heraus verhaftet und im Stasi-Zentralgefängnis in der Berliner Normannenstraße inhaftiert. Aufgrund sich mehrender kirchlicher und politischer Proteste und angesichts der sich zuspitzenden Ereignisse, die dann zum 17. Juni 1953 geführt haben, wurde ALAND nach zehn Wochen Einzelhaft wieder freigelassen. Die sich anschließende Phase relativer Ruhe blieb freilich oberflächlich: Seine Verbindungen zum sog. Spirituskreis um den emeritierten Philosophen P. MENZER und zum Thiasos, beides Vereinigungen von Gelehrten, die der wissenschaftlichen Hyperspezialisierung mit ihrer Gefährdung für die universitas litterarum durch eine interdisziplinäre Kommunikation wehren wollten und deshalb wichtige Orte der Meinungsbildung auf akademischen Boden darstellten, gerieten ihm schließlich zum Verhängnis: Beide Kreise wurden 1958 aus politischen Gründen zerstört, weil ihre Mitglieder Professoren waren, die nicht bereit waren, den historischen Materialismus als Grundlage ihres Forschens und Lehrens anzunehmen. ALAND selbst sah sich im Juni 1958 in einem 17stündigem Disziplinarverfahren beschuldigt, in staatsfeindlicher Absicht vorsätzlich gegen die sozialistische Entwicklung der Universität eingestellt zu sein. Das hatte den sofortigen Entzug aller Ämter und den Verlust seines kirchengeschichtlichen Lehrstuhls zur Folge. Die vorangegangene öffentlichkeitswirksame Denunziation durch die eigene Assistentin[204] während einer sog. Aussprache W. ULBRICHTs mit Angehörigen der Intelligenz im Klubhaus der Gewerkschaften im April 1958, die dann in einem Leitartikel des „Neuen Deutschland", dem Parteiorgan der SED, unter der bezeichnenden Überschrift *Der Großinquisitor mit dem kurzen Arm* ein wirkungsvolles publizistisches Echo fand, verlieh dem Verfahren zusätzlich Dramatik.[205] Eine nächtliche Flugblattaktion und die Vertrauenserklärung für den Beschuldigten an den Rektor seitens der Studierenden, änderten an der Beurlaubung ALANDs nicht. Um einer absehbaren neuerlichen Verhaftung zu entgehen, nutzte ALAND, dessen Haus unter ständiger Stasi-Bewachung stand, am 20. Juli 1958 zusammen mit seiner Familie einen unbemerkten Augenblick, um sich der Gefahr rechtzeitig zu entziehen und in den Westsektor Berlins zu fliehen.

Der „Fall Aland" betraf wie in allen ihren bisherigen und zukünftigen Fällen die gesamte Fakultät und hat sie auch diesmal vor eine Belastungsprobe gestellt. Als Dekan amtierte A. LEHMANN, der um der Entspannung der Situation willen eher vermittelnd auftrat und sich um eine schnelle Beruhigung in der durch Parteiaktivisten bei ihrer Suche nach „Konterrevolutionären" angeheizten und bisweilen an Hysterie grenzenden Atmosphäre bemühte. Ob und inwieweit sich die Fakultätsmitglieder in diesem dunklen Kapitel ihrer Nachkriegsgeschichte nicht erkennbarer an die Seite des Gedemütigten zu stellen verpflichtet gewesen wären, muß für den Einzelfall eine freilich immer noch ausstehende Untersuchung beantworten.

Die theologische Arbeit, die unter den Bedingungen des SED-Regimes an der Fakultät geleistet wurde, blieb auch jetzt weithin den traditionellen methodischen Standards verpflichtet. Seit dem Mauerbau am 13. August 1961 und den daraus resultierenden politischen, ideologischen und kirchenpolitischen Konsequenzen, läßt sich jedoch das wachsende Bemühen erkennen, in Forschung und Lehre inhaltlich der spezifischen kirchlichen Situation in der DDR Rechnung zu tragen, wie sie durch die verfassungsmäßige Trennung von Staat und Kirche im Kontext einer marxistisch-atheistischen Gesellschaft entstanden war.

Wichtige Beiträge zu ihrer Reflexion und zur Standortbestimmung in den veränderten gesellschaftlichen und kirchlichen Verhältnissen sind auf dem Gebiet der systematischen Theologie geleistet worden, für die der Rückgriff auf die Theologie M. LUTHERS, K. BARTHS, D. BONHOEFFERS und P. TILLICHS charakteristisch bleibt. Die Arbeit der praktischen Theologen vollzog sich unter ähnlichen Prämissen: Die praktisch-theologischen Handlungsfelder waren neu zu beschreiben, um der Entwicklung von der Volks- zur Minderheitskirche angemessen zu entsprechen. Tragfähige Konzepte waren gefragt, diesem Prozeß im Gemeindeaufbau durch Katechetik, Homiletik, Seelsorge und Diakonie gegenwartsbezogene Kontrapunkte und überzeugende Alternativen entgegenzusetzen.

Nach Inhalt und Methode vollzog sich die bibelwissenschaftliche Arbeit noch am ehesten in den Traditionen, wie sie in den zwanziger Jahren begründet worden sind. So galt das Interesse der Exegeten weiterhin der Detailforschung, die in die Erörterung und Darstellung grundsätzlicher theologisch-exegetischer Probleme eingeflossen sind und zu weithin beachteten Publikationen geführt haben. Standardlexika und theologische Wörterbücher fanden in der Fakultät ebenso ihre Mitarbeiter, wie renommierte Kommentarwerke und Publikationsreihen. Das internationale Arbeitsprojekt eines Corpus hellenisticum zum Neuen Testament[206] wird in einem „Institut für Spätantike Religionsgeschichte" weitergeführt, das 1951 unter dem Direktorat von K. ALAND und E. KLOSTERMANN auch für patristische Forschungen gegründet worden war.

Eine bedeutende Akzentverschiebung fand auf dem Gebiet der Kirchengeschichte statt. Obwohl die reformationsgeschichtliche Arbeit weiterhin ein zentrales Thema des kirchengeschichtlichen Interesses geblieben ist, trat mit neuem Gewicht die Erforschung des halleschen Pietismus hinzu. Das reiche handschriftliche Material in den Franckeschen Stiftungen und die historische Verbindung zwischen Stiftungen und Universität förderten die Arbeit, durch die Grundsätzliches geleistet worden ist, indem bedeutsame Quellen die für das Verständnis des halleschen Pietismus unerläßlich sind, erstmalig einer weiten Öffentlichkeit bekannt gemacht wurden. Durch die Fortsetzung der Arbeit in den traditionellen Spezialdisziplinen der Westslawischen Kirchengeschichte sowie Christlichen Archäologie und Kirchlichen Kunst erfährt die historische Theologie zusätzliche Impulse und Bereicherung. Als jüngste Disziplin gehört die Ökumenik zum Lehrangebot der Fakultät, die H. Obst[207] als Ordinarius vertritt und die in ihrer konfessionskundlichen Fixierung grundlegende Orientierung in der weiten Landschaft der Freikirchen und religiösen Sondergemeinschaften sowie der Alternativszene erarbeitet. Bereits 1952 wurde das „Institut für Konfessionskunde der Orthodoxie" gegründet, dessen Direktor K. Onasch[208] 1969 in ein Ordinariat berufen wurde. Heute als Seminar für „Konfessionskunde der Orthodoxen Kirchen" unter Leitung von H. Goltz[209] fortgeführt, hat es seitdem einen kaum zu überschätzenden Beitrag geleistet, im deutschen Protestantismus die Kenntnis und das Verständnis der Schwesterkirchen des christlichen Ostens zu befördern.

Daß in den zurückliegenden Jahrzehnten die Verbindungen zur gesamtdeutschen und internationalen Wissenschaft nie abgerissen sind, mag als Indiz für die Wertschätzung der hier geleisteten theologischen Arbeit verstanden werden.

Die politische Wende im Herbst 1989 mit ihren für die Fakultät befreienden und zugleich beklemmenden Implikationen soll an dieser Stelle als äußeres Datum von innerer Relevanz ihrer Geschichte stehen. Mit Blick auf die zurückliegenden vier Jahrzehnte bleibt es festzustellen, daß die Fakultät nach bestem Wissen und Gewissen dafür Sorge getragen hat, die von den Kirchen in sie gesetzten Erwartungen zu erfüllen, von der Botschaft des Evangeliums bestimmte Pastorinnen und Pfarrer auszubilden. Im Rahmen der hochschulpolitisch gesetzten Grenzen[210] hat sie darin ihr theologisches Profil gewonnen, die Voraussetzungen für ein akademisches Theologiestudium in geistiger und geistlicher Freiheit geschaffen zu haben, wenngleich es an mehr oder weniger offensichtlichen Versuchen seitens staatlicher Stellen und ihrer „Organe" nicht gefehlt hat, gelegentlich Einfluß auf Studierende und Lehrende zu nehmen. Daß ihren Bemühungen kein erwähnenswerter Erfolg beschieden war, darf als Zeichen dafür gewertet werden, daß sich die hallesche Theologische Fakultät als Lebens- und Lerngemeinschaft von Dem geführt wußte, Dem trotz mancher Irrungen und Verstrickungen seit ihrer Gründung ihr Forschen, Lehren und Lernen gegolten hat, und die sich deshalb in den Jahren äußerer Repression ihrer inneren Verfassung und geistigen Haltung nach wieder einmal als stabil und lebensfähig erwiesen hat.

## Anmerkungen

[1] Über die Anfänge vgl. J. Jordan u. O. Kern: Universitäten, 26ff., ausführlich W. Schrader: Geschichte I, 3ff.

[2] Text bei W. Schrader: Geschichte II, Anlage 1, 351ff.

[3] Text ebd., Anlage 7, 361ff.

[4] „Praecipue autem consensus sit inter omnes et singulos Professores in religione christiana et doctrina evangelica, Scriptis Prophetarum et Apostolorum, et Augustana Confessione comprehensa." (Statuta der Friedrichs Universität zu Halle, Cap. I § 2. Text ebd., Anlage 9, 381ff.)

[5] Text des entsprechenden Erlasses ebd., Anlage 5, 357ff.

[6] Text der Bestallungsurkunde ebd., Anlage 6, 360f.

[7] J. J. Breithaupt (1658–1732). Von Ph. J. Spener in Frankfurt am Main für den Pietismus gewonnen, wirkte Breithaupt unter dem Einfluß von Chr. Kortholt kurzzeitig als Professor für Homiletik in Kiel. 1685 zum Hofprediger und Konsistorialrat in Meiningen ernannt, übernahm er 1687 das Amt des Seniors der Stadtgeistlichkeit und eine Professur in Erfurt. Wegen seines Eintretens für A. H. Francke und seiner pietistischen Gesinnung heftig angegriffen, wechselte er 1691 an die ihm angebotene Professur nach Halle, wo er sämtliche Fächer zu vertreten hatte. Seit 1705 wirkte er zugleich als Generalsuperintendent des Herzogtums Magdeburg und seit 1709 zusätzlich als Abt von Kloster Berge bei Magdeburg, weshalb er zunehmend der akademischen Lehrtätigkeit in Halle entzogen wurde. – Lit. mit bibliogr. Teilüberblick: E. Hirsch: Geschichte II, 187ff. – NDB 2 (1955) 576. – RGG³ 1 (1957) 1394. – Im Folgenden werden Lebensdaten nur von den Universitätstheologen angegeben, die in den Biogrammen keine Berücksichtigung finden.

[8] J. W. Baier (1647–1695). 1674 o. Prof. vorzugsweise für Kirchengeschichte Jena, 1694 zugleich erster Prorektor der Universität Halle, 1695 Oberhofprediger und Generalsuperintendent Weimar. Als Schüler und Schwiegersohn des Jenenser Theologieprofessors J. Musäus theologisch in der lutherischen Orthodoxie verwurzelt, beteiligte sich Baier nicht an der Polemik gegen Ph. J. Spener, was für seine Berufung nach Halle förderlich war. An der Fakultät blieb er seiner orthodoxen Haltung treu und forderte von den Angehörigen der Universität die Verpflichtung auf die Konkordienformel, was bei J. J. Breithaupt keine Unterstützung fand und von Chr. Thomasius offen bekämpft wurde. – Lit. mit bibliogr. Teilüberblick: W. Schrader: Geschichte I, 49f.; Text der Ernennungsurkunde zum Prorektor ebd. II, Anlage 8, 368f . – RE³ 2 (1897) 359–362. – RGG³ 1(1957), 846.

⁹ P. Anton (1661–1730). Seit seiner Studienzeit mit Ph. J. Spener befreundet und neben A. H. Francke 1686 Mitbegründer des Collegium philobiblicum in Leipzig, legte er freiwillig ein Bekenntnis zu den symbolischen Büchern ab und wurde daraufhin in den (sächsischen) Kirchendienst übernommen; 1687 Reiseprediger des späteren Kurfürsten August des Starken in Spanien, Portugal, Italien und Frankreich, 1689 Superintendent in Rochlitz, 1693 Hofprediger in Eisenach. Auf Speners Ratschlag hin erfolgte 1695 seine Ernennung zum Theologieprofessor für Exegese und Praktische Theologie in Halle, wo er um die Wahrung des Zusammenhanges mit der lutherisch-orthodoxen Lehrtradition bemüht blieb. – Lit. mit bibliogr. Teilüberblick: W. Schrader: Geschichte I, 50f. – ADB 1 (1875) 498. – RE³ 1 (1896) 598–600. – RGG³ 1 (1957), 459f.

¹⁰ Obwohl nie in eine Professur berufen, gehört zu den wirkungsvollsten Theologen der ersten Generation J. A. Freylinghausen (1670–1739), A. H. Franckes Schwiegersohn und Nachfolger in der Leitung der Stiftungen. Über Jahrzehnte stand er an der Seite Franckes als Vikar in Glauchau und Adjunkt an der Ulrichskirche. An der Fakultät übernahm er homiletische Übungen. Mit seiner *Grundlegung der Theologie*, Halle 1703, verfasste er die Standarddogmatik des halleschen Pietismus, die auch im akademischen Unterricht Verwendung fand. Die von ihm besorgten Gesangbücher (*Geistreiches Gesangbuch*, Halle 1704; *Neues Geistreiches Gesangbuch*, Halle 1714) galten in ihrer vereinigten Ausgabe 1741 und 1771 mit 1581 Liedern als das bedeutendste Gesangbuch des Pietismus. – Lit. mit bibliogr. Teilüberblick: ADB 7 (1878) 370f. – NDB 5 (1961) 422f. – RE³ 6 (1899) 269–272. – RGG³ 2 (1958) 1132.

¹¹ Grundlegend dafür K. Deppermann: Der hallesche Pietismus und der preußische Staat unter Friedrich III. (I.), Göttingen 1961. – C. Hinrichs: Preußentum und Pietismus. Der Pietismus in Brandenburg-Preußen als religiös-soziale Reformbewegung, Göttingen 1971.

¹² Archiv der Franckeschen Stiftungen Halle, Wirtschaftsarchiv Tit. III/I/1.

¹³ Letzter Direktor mit doppelter Verpflichtung war der 1878 emeritierte Extraordinarius G. Kramer.

¹⁴ J. D. Herrnschmidt (1675–1723). Theologiestudium Altdorf u. Halle, 1701 Adjunkt Halle, 1702 Vikar seines Vaters Bopfingen (Württemberg), 1712 nassauischer Superintendent u. Hofprediger Idstein, 1715 Inspektor des Waisenhauses und des Pädagogiums der Franckeschen Stiftungen, 1716 o. Prof. Halle. Von seinen Kirchenliedern haben sich erhalten: EKG 198 u. 480. – Lit. mit bibliogr. Teilüberblick: ADB 12 (1880) 221f.

¹⁵ J. J. Rambach (1693–1735). (Schwiegersohn J. Langes) Tischlerlehre, 1712 Theologiestudium Halle, 1723 Adjunkt an der Fakultät u. Inspektor des Waisenhauses, 1726 ao. Prof., 1727 als Nachfolger A. H. Franckes o. Prof u. Universitätsprediger an der Schulkirche Halle, 1731 Prof. primarius u. Superintendent Gießen sowie 1732 Direktor des Fürstlichen Pädagogiums. Von seinen Kirchenliedern blieben in Gebrauch: EKG 152 u. 465. – Lit. mit bibliogr. Teilüberblick: U. Bister u. M. Zeim (Hg.): Johann Jakob Rambach. Leben – Briefe – Schriften, Gießen 1993. – ADB 17 (1888) 196–200. – RE³ 16 (1905) 422–424. – RGG³ 5 (1961), 775.

16 B. G. Clauswitz (1692–1749). 1713 Katechet an der Peterskirche Leipzig, 1722 Pfarrer Großwiederitzsch, 1732 Archidiakonus Merseburg, 1738 o. Prof. vorzugsweise für neutestamentliche Exegese u. Dogmatik Halle. – Lit. mit bibliogr. Teilüberblick: H. Doering: Theologen I = DBA, Fiche 193, 219f. – ADB 4 (1876) 297–298.

17 U. A. Struensee (1708–1791). 1730 Hofprediger Berleburg, 1732 Pfarrer, 1751 ao. Prof. Halle, 1757 Hauptpastor Altona u. Konsistorialrat Glückstadt, 1760 Generalsuperintendent für Schleswig-Holstein. – Lit. mit bibliogr. Teilüberblick: ADB 36 (1893) 643f.

18 Text der Ordre bei W. Schrader: Geschichte II, Anlage 19, 459.

19 S. J. Baumgarten (1706–1757). 1720 Inspektor der Lateinischen Schule der Franckeschen Stiftungen, 1728 Adjunkt bei G. A. Francke an der Marienkirche, 1730 Adjunkt an der Theologischen Fakultät, 1734 o. Prof. Halle. Baumgartens Stellung als theologischer Wolffianer in der Fakultät gestaltete sich nicht unproblematisch. Vor allem in J. Lange erwuchs ihm ein erbitterter theologischer Gegner, der sich bei Hofe zu Beschwerden über ihn veranlaßt sah, wenngleich er ihm andererseits den „Schein der Gottseligkeit" nicht absprechen wollte. Vgl. dazu W. Schrader: Geschichte I, 291ff. u. die ebd. II, Anlage 22 (1 u. 2) 462f. abgedruckten königlichen Ermahnungen an Lange und Baumgarten v. 22.9.1736. – Lit. mit bibliogr. Teilüberblick: H. Doering: Theologen I, 55–63. – E. Hirsch: Geschichte II, 370ff. – P. Knothe: S. J. Baumgarten und seine Stellung in der Aufklärungstheologie. In: ZKG 46 (1928) 491–536. – M. Schloemann: S. J. Baumgarten. System und Geschichte in der Theologie des Übergangs zum Neuprotestantismus, Göttingen 1974.

20 Explizit in seinem wohl wirkungsvollstem Werk *Evangelische Glaubenslehre*, hg. v. J. S. Semler, 3 Bde., Halle 1759/60.

21 Zit. nach E. Wolf: Siegmund Jakob Baumgarten 1706–1757. In: 250 Jahre Universität Halle 1944, 68.

22 Zu Leben, Werk und theologiegeschichtlicher Bedeutung vgl. E. Hirsch: Geschichte IV, 48–89. – G. Hornig: Die Anfänge der historisch-kritischen Theologie. J. S. Semlers Schriftverständnis und seine Stellung zu Luther, Göttingen 1961 (FSThR 8). – Zur Neologie: K. Aner: Die Theologie der Lessingzeit, Halle 1929 (Nachdr. Hildesheim 1964). – E. Hirsch: Geschichte IV, 3–48. 89–119.

23 Semler exponierte sich nicht nur in dem von G. E. Lessing im Anschluß an H. S. Reimarus provozierten sog. Fragmentenstreit mit der *Beantwortung der Fragmente eines Ungenannten, insbesondere vom Zweck Jesu und seiner Jünger*, Halle 1779. Auch in der Auseinandersetzung mit dem zeitgenössischen Deismus und Naturalismus, der in C. Fr. Bahrdt und J. B. Basedow seine Wortführer gefunden hatte, beteiligte sich Semler mit mehreren Streitschriften, in denen er sich zur geschichtlichen Offenbarung Gottes in Jesus Christus und der dadurch bewirkten Versöhnung zwischen Gott und Mensch bekannte.

24 J. J. Griesbach (1745–1812). Enkel J. J. Rambachs und enger Freund und Hausgenosse J. S. Semlers, 1771 Dozent, 1773 ao. Prof. Halle, 1775 o. Prof. Jena. Griesbachs Arbeiten gelten als bahnbrechend für die neutestamentliche Textkritik. In Fortführung der textkritischen Arbeiten J. A. Bengels besorgte er nach dem

Vergleich neutestamentlicher Handschriften in englischen, belgischen und französischen Bibliotheken eine wesentlich vom textus receptus abweichende kritische Ausgabe des Neuen Testaments. Das synoptische Lesen der ersten drei Evangelien geht ebenso auf ihn zurück wie die Einführung des sie zusammenfassenden Begriffs „Synoptiker". – Lit. mit bibliogr. Teilüberblick: G. Delling: Johann Jakob Griesbach. Seine Zeit, sein Leben, sein Werk. In: ThZ 33 (1977) 81–99. – ADB 9 (1879) 660–663. – TRE 14 (1985) 253–256.

[25] Es erging am 9. Juli 1788 aufgrund einer von J. Chr. Wöllner verfassten *Abhandlung von der Religion* als *Edikt, die Religionsverfassung in den preußischen Staaten betreffend*. Text bei C. L. H. Rabe: Sammlung preußischer Gesetze und Verordnungen I/7, 1823, 726ff. Erklärtes Ziel war es, Bekenntnis und Agende der drei Hauptkonfessionen gegen eine „zügellose Aufklärung" zu sichern, damit dem Sittenverfall, Unglauben und Aberglauben gewehrt würde. Liturgie, Predigt und Unterweisung sollten deshalb wieder an die Bekenntnisschriften gebunden werden. Zur Auseinandersetzung um die akademische Lehrfreiheit vgl. K. Menne: Niemeyer, 27ff. – W. Schrader: Geschichte II, 513ff. – P. Schwarz: Der erste Kulturkampf in Preußen um Kirche und Schule (1788–1798), Berlin 1925. – Vorausgegangen waren Beschwerden über den Zustand der halleschen Theologie, von denen der preußische Gesandte in Wien dem Berliner Kabinett schon 1773 berichtet hatte. Die österreichische Staatsregierung hatte ungarische Theologiestudenten aus Halle zurückgerufen, weil sie Inhalt und Methode der theologischen Arbeit an der Fakultät als anstößig empfand. Etwa zur gleichen Zeit kursierten anonyme Briefe, die aus gleichem Grund vor einem Studium in Halle warnten: *Vertraute Briefe über den gegenwärtigen Zustand der theologischen Fakultät in Halle*, Frankfurt/Leipzig 1772 (Verfasser u. Verleger anonym). Vgl. dazu W. Schrader: Geschichte II, 498f.

[26] Unterstützung erhielt die Fakultät dabei durch die aufgeklärten Oberkonsistorialräte J. J. Spalding, Fr. S. G. Sack und W. A. Teller, deren Einspruch gegen die Religionsgesetzgebung jedoch ungnädig zurückgewiesen wurde. Vgl. W. Schrader: Geschichte II, 514f.

[27] *Handbuch für christliche Religionslehrer I: Populäre und praktische Theologie oder Materialien des christlichen Volksunterrichts, Halle 1792, ⁷1829.*

[28] Text W. Schrader: Geschichte II, Anlage 27, 480.

[29] Text ebd., Anlage 28, 481ff.

[30] Zum Folgenden detailliert W. Schrader: Geschichte II, 3ff.

[31] Text der entsprechenden Verfügung ebd., Anlage 37, 530f.

[32] Text beider Dokumente ebd., Anlage 38 u. 39, 532.

[33] Text ebd., Anlage 40, 533.

[34] Text W. Schrader: Geschichte II, Anlage 41, 534.

[35] Zur Geschichte der Leucorea vgl. den Abriß von J. Jordan u. O. Kern: Universitäten, 7ff., ausführlich W. Friedensburg: Geschichte der Universität Wittenberg, Halle 1917.

[36] Text der Ordre vom 6. März 1816 bei W. Schrader: Geschichte II, Anlage 42, 534f.

[37] Text des Regulativs vom 12. April 1817 bei Koch: Die preußischen Universitäten I, 1839, 528. Zum Vorgang vgl. J. Jordan u. O. Kern: Universitäten, 39ff. – W. Schrader: Geschichte II, 51ff. – F. Prillwitz: Die Vereinigung der Universität Wittenberg mit der Universität Halle: 450 Jahre Martin-Luther-Universität Halle-Wittenberg II, Halle 1952, 241–250.

[38] D. SCHULZ (1779–1854). Theologiestudium Halle, besonders unter Einfluß von A. H. NIEMEYER, 1806 PD Halle, 1807 Leipzig, 1809 ao. Prof. der Theologie und Philologie Halle, 1809 o. Prof. Frankfurt an der Oder, 1811 Übernahme nach Breslau, 1819 Mitglied des Königlichen Konsistoriums der Provinz Schlesien. SCHULZ gilt als bedeutender Vertreter des Rationalismus in Schlesien, der sich polemisch gegen die Erweckungsbewegung, die Theologie Fr. D. E. SCHLEIERMACHERS, lutherischen Separatismus und E. W. HENGSTENBERGS „Evangelische Kirchenzeitung" exponierte. Die Mitunterzeichnung einer Erklärung gegen dessen kirchenpolitischen Kurs zog 1845 SCHULZ' Amtsenthebung nach sich. Lit. mit bibliogr. Teilüberblick: ADB 32 (1891) 739–741. – RE[3] 17 (1905) 804–806. – Schlesisches Schriftstellerlexikon II, hg. v. K. G. Nowack, Breslau 1838, 143–145.

[39] TH. FR. STANGE (1742–1831). 1789 Prof. am reformierten Gymnasium, was ihn zu kirchengeschichtlichen Vorlesungen für reformierte Theologiestudenten berechtigte, 1801 ao. Prof., 1828 o. Prof. Halle. – Lit. mit bibliogr. Teilüberblick: ADB 35 (1893) 444.

[40] H. B. WAGNITZ (1755–1838). 1777 Pfarrer an der Marienkirche, 1804 ao. Prof. für Moraltheologie und Homiletik, 1809 zugleich Superintendent Halle. WAGNITZ wurde neben A. H. NIEMEYER bekannt als Mitherausgeber mehrerer einschlägiger praktisch-theologischer Periodica sowie durch seine Reformvorschläge für den Strafvollzug, mit denen er auf die sozialen Implikationen des Freiheitsentzuges hinwies. – Lit. mit bibliogr. Teilüberblick: RGG[3] 6 (1962) 1506.

[41] B. A. MARKS (1775–1847). 1800 Gymnasiallehrer Helmstedt, 1805 Heiligenstadt, 1808 Pfarrer Duderstadt, 1815 Archidiakonus an der Ulrichskirche mit Filiale Diemitz, 1816 ao. Prof. für Homiletik, Universitätsprediger und Mitdirektor des Theologischen Seminars, 1828 o. Prof. Halle. – Lit. mit bibliogr. Teilüberblick: Neuer Nekrolog der Deutschen 26, 1848 (1850) = DBA, Fiche 805, 428–434.

[42] M. WEBER (1754–1833). 1778 Habilitation und Frühprediger an der Universitätskirche Leipzig, 1784 o. Prof. Wittenberg, 1817 Halle. WEBER, der vorzugsweise als schreibfreudiger Neutestamentler wirkte, gelegentlich aber auch dogmatische und historische Programme verfasste, blieb Vertreter der jüngeren Wittenberger Orthodoxie. In den Kontroversen der Fakultät ohne nennenswerten Einfluß, nahm er in den letzten Jahren behutsame Korrekturen in der Trinitäts- und lutherischen Abendmahlslehre vor. – Lit. mit bibliogr. Teilüberblick: ADB 41 (1896) 352–354.

[43] J. S. VATER (1771–1826). 1796 Habilitation Jena, 1799 o. Prof. der Theologie und der Orientalia Halle, 1809 Königsberg, 1820 Halle. Neben kirchengeschichtlichen und neutestamentlichen Arbeiten waren es besonders seine alttestamentlichen Forschungen, von denen größere Wirkungen ausgingen. Mit seinem Kommentar zum Pentateuch (3 Bde., 1802–1805) verhalf er von A. GEDDES begründeten Fragmentenhypothese zum Durchbruch. – Lit. mit bibliogr. Teilüberblick: ADB 39 (1895) 503–508.

[44] J. K. Thilo (1794–1853). Gymnasialbildung in Schulpforta als Mitschüler L. v. Rankes, 1817 Lehrer am Pädagogium der Franckeschen Stiftungen, 1822 ao. Prof., 1825 o. Prof. vorzugsweise für Patristik, Kirchen- und Dogmengeschichte Halle. Thilo führte nach dem Tod seines Schwiegervaters G. Chr. Knapp dessen Collegium biblicum fort und trat auch sonst gelegentlich mit neu- und alttestamentlichen Vorlesungen in Erscheinung. Er gehört zu jener Richtung des Spätrationalismus, die sich verstärkt der historischen Arbeit zugewandt hatte. Zur Erforschung der neutestamentlichen Apokryphen hat Thilo Grundlegendes beigesteuert. In den fakultätsinternen Kontroversen blieb er konsequent unparteiisch, nicht zuletzt seiner milden spätpietistischen Frömmigkeit wegen von allen Seiten geschätzt. – Lit. mit bibliogr. Teilüberblick: ADB 38 (1894) 40–42. – RE³ (1906) 692–695.

[45] Vgl. W. Wiefel: Arbeit, 3ff. und die aufschlussreiche Schilderung der Situation an der Fakultät in den Jahren 1816–1819, vor allem der Rolle J. A. L. Wegscheiders, von Heinrich-Wilhelm Sausse: Lebenserinnerungen, maschinenschriftl. Abschrift aus dem handschriftl. Original, 18–43. 67–69 (für die Bereitstellung des Textes danke ich K.-W. Niebuhr).

[46] Fr. D. E. Schleiermacher (1768–1834). 1796 Geistlicher an der Charité Berlin, 1802 Hofprediger Stolp, 1804 ao. Prof. u. Universitätsprediger, 1806 o. Prof. Halle, 1810 Berlin. Lit. mit bibliogr. Teilüberblick: K. Barth: Theologie § 11, 379–424. – W. Dilthey: Leben Schleiermachers, Berlin, I. 1870. ³1970, II. 1966. – E. Hirsch: Geschichte IV, 490–582. V, 281–364. – k. Nowak: Schleiermacher, Leben Werk und Wirkung. Göttingen ²2002. (UTB 2215). – M. Redeker: Friedrich Schleiermacher, Berlin 1968. – Friedrich Schleiermacher 1768–1834. Theologe-Philosoph-Pädagoge, hg. v. D. Lange, Göttingen 1985. – RGG³ 5 (1961) 1422–1436.

[47] 944 Theologen bei insgesamt 1330 in Halle inskribierten Studierenden: W. Schrader: Geschichte II, 215.

[48] Zum Rationalismus vgl. E. Hirsch: Geschichte V, 3–70.

[49] Paradigmatisch dafür Fr. A. G. Tholuck: Geschichte des Rationalismus, Berlin 1865.

[50] Zit. nach H.-W. Krumwiede: August G. Tholuck. In: Gestalten der Kirchengeschichte IX/1. Die neueste Zeit I, hg. v. M. Greschat, Stuttgart 1985, 284.

[51] W. Wiefel: Arbeit, 7f.

[52] Zu den Vorgängen vgl. L. Witte: Leben I, 395ff, zur Haltung der Fakultät ebd., 419ff.

[53] Zit. ebd., 451.

[54] Text ebd., 433.

[55] Über die Anfänge Tholucks in Halle vgl. L. Witte: Leben II, 27ff.

[56] W. Wiefel: Arbeit, 7–16.

[57] Chr. Fr. Fritzsche (1776–1850). 1809 Schloßprediger und Superintendent in Dobrilugk, 1827 Hon.-Prof., 1830 o. Prof. Halle. Fritzsche las Neues Testament, Dogmatik, biblische Theologie und Methodik/Didaktik. Er starb in Zürich. – Lit. mit bibliogr. Teilüberblick: RE³ 6 (1899) 289.

[58] Kritische Beiträge zur Erklärung des Briefes an die Hebräer mit Rücksicht auf den Kommentar des A. Tholuck zu diesem Brief nebst einem Anhang über die Stunden

christlicher Andacht von Dr. Tholuck. *Vorsatzblatt:* Wie Herr D. Tholuck die Heilige Schrift erklärt, wie er betet, denkt und dichtet. Vorträge zu einer sächsischen Predigerconferenz gehalten, Leipzig 1840 (anonym).

59 W. Schrader: Geschichte II, 162ff.

60 Ausführlich L. Witte: Leben II, 174ff.; W. Schrader: Geschichte II, 165ff.

61 H. E. F. GUERICKE (1803–1877). 1825 Licentiatendissertation, 1829 ao. Prof. Halle. Als entschiedener Gegner der unierten Kirche zum Dienst in der altlutherischen Gemeinde Halle ordiniert, wurde GUERICKE als lutherischer Separatist 1835 seiner Professur enthoben, nach einer maßvollen Erklärung 1840 aber wieder eingesetzt. Trotz seiner konfessionell-konservativen kirchengeschichtlichen und neutestamentlichen Arbeiten, z. B. gegen M. L. DE WETTE gerichtet, erlangte er neben THOLUCK seiner exklusiven Position wegen als Hochschullehrer kaum Einfluß. Lit. mit bibliogr. Teilüberblick: ADB 10 (1879) 91–93. – RE³ 7 (1899) 225–227.

62 Als Organ der kirchlich-positiven Richtung wurde sie 1827 von E. W. HENGSTENBERG, E. L. V. GERLACH und FR. A. G. THOLUCK begründet. Die Beziehungen zwischen ihm und HENGSTENBERG lösten sich, als dieser in das orthodoxe Lager des lutherischen Konfessionalismus übergetreten war und THOLUCK 1830 eine eigene Zeitschrift zu Rezensionszwecken gründete, den „Litterarischen Anzeiger für christliche Theologie und Wissenschaft überhaupt".

63 Um nicht öffentlich gegen einzelne Mitglieder seiner Fakultät auftreten zu müssen, hielt sich THOLUCK selbst aus dieser Affäre heraus, gleichwohl er die Initiative E. L. V. GERLACHS mit Blick auf die Verantwortung auch der Laien für Kirche und Theologie respektierte. Vgl. seinen diesbezüglichen Artikel in der „Evangelischen Kirchenzeitung" 1830, Nr. 38, 297, abgedruckt bei L. Witte: Leben II, 179ff.

64 „Einige Betrachtungen über den Zustand der evangelischen Kirche in dem Preußischen Staate in Beziehung auf Rechtgläubigkeit der Geistlichen und vorzüglich über die wegen der Bildung dieser Geistlichen auf den Universitäten angeregten Bedenklichkeiten". Text bei W. Germann: Geschichte, 403ff.

65 Kabinettsordre vom 23.9.1830, Text bei W. Schrader: Geschichte II, Anlage 46, 545ff. Zum ganzen Vorgang vgl. die publizierten Aktenstücke und den Schriftwechsel zwischen W. GESENIUS, J. A. L. WEGSCHEIDER und dem Ministerium bei W. Germann: Geschichte, 396ff.

66 K. CHR. L. FRANKE (1796–1879). Diakonus an der Marienkirche, 1833 ao. Prof. für Praktische Theologie Halle. Zu den Hintergründen im Konflikt mit THOLUCK vgl. L. Witte: Leben II, 223ff. – M. Brümmer: Staat, 133.

67 A. F. DAEHNE (1807–1879). 1835 ao. Prof. für Kirchengeschichte und Neues Testament Halle. THOLUCKs Votum über DAEHNE vgl. L. Witte: Leben II, 230. Wie H. A. NIEMEYER galt auch DAEHNE als Sympathisant der Bewegung der „Lichtfreunde". – M. Brümmer: Staat, 98.

68 K. ULLMANN (1796–1865). 1821 ao. Prof. vorzugsweise für Kirchengeschichte, 1826 o. Prof. Heidelberg, 1829 Halle, 1836 Heidelberg, 1856 Direktor des badischen Oberkirchenrates. Als Student von FR. D. E. SCHLEIERMACHER und A. NEANDER geprägt, gehörte ULLMANN zu den Begründern der Vermittlungstheologie und ihres Organs, der „Theologischen Studien und Kritiken" (1828), als auch

zu den Mitbegründern des Deutschen Evangelischen Kirchentages. – Lit. mit bibliogr. Teilüberblick: ADB 39 (1895) 196–200. – RE³ 20 (1907) 204–211.

69  J. Müller (1801–1878). 1825 Pfarrer Schönbrunn (Schlesien), 1831 Universitätsprediger, 1834 ao. Prof. Göttingen, 1835 o. Prof. Marburg, 1839 Halle. Geprägt von der Erweckungsbewegung Schlesiens fand Müller engen Anschluß an seinen Landsmann Tholuck. Als wirksamer Vertreter der Vermittlungstheologie gehörte er an der Seite von K. I. Nitzsch in Ablehnung staatlicher Zwangsunionen zu den prominenten Befürwortern der Konsensusunion. – Lit. mit bibliogr. Teilüberblick: K. Barth: Theologie § 22, 535–543. – D. Julius Müller: Mitteilungen aus seinem Leben, aufgezeichnet durch D. L. Schultze, Bremen 1879. – Fr. K. Schumann: Julius Müller 1801–1878. In: 250 Jahre Universität Halle 1944, 94–96. – RE³ 13 (1903) 529–534. – BBKL 6 (1993) 275–294.

70  H. Hupfeld (1796–1866). 1824 Schüler W. Gesenius', 1825 ao. Prof., 1827 o. Prof für Orientalistik an der Philosophischen Fakultät, 1830 o. Prof. an der Theologischen Fakultät Marburg, 1843 für Altes Testament Halle. Als Bahnbrecher der neueren Urkundenhypothese in der Pentateuchkritik setzte Hupfeld methodisch die Arbeit von W. Gesenius fort, nicht ohne damit in der Fakultät auf Kritik zu stoßen. – Lit. mit bibliogr. Teilüberblick: ADB 13 (1881) 423–426. – RE³ 8 (1900) 462–467.

71  J. J. Herzog (1801–1882). Schüler Fr. D. E. Schleiermachers und A. Neanders in Berlin, 1830 Licentiatendissertation Basel, 1835 o. Prof. für Historische Theologie Lausanne, 1847 o. Prof. für Kirchengeschichte und neutestamentliche Exegese Halle, 1854 für reformierte Theologie Erlangen. Seine Professur in Lausanne hatte Herzog 1846 als Anhänger eines gemäßigten waadtländischen Freikirchentums niedergelegt. Auf Tholucks Empfehlung hin wurde ihm die Redaktion der „Real-Encyklopädie für protestantische Theologie und Kirche" übertragen, für die er in Halle zu arbeiten begann. – Lit. mit bibliogr. Teilüberblick: RE³ 7 (1899) 782–787.

72  J. Jacobi (1815–1888). 1847 o. Prof. vorzugsweise für Kirchengeschichte Berlin, 1851 Königsberg, 1855 Halle. Grabstätte: Laurentiusfriedhof (1969 aufgelöst). – Lit. mit bibliogr. Teilüberblick: J. Jacobi: J. L. Jacobi und die Vermittlungstheologie seiner Zeit, Gotha 1889. – RE³ 8 (1900) 514–516.

73  G. Kramer (1806–1888). Gymnasiallehrer am Grauen Kloster und Köllnischen Gymnasium, 1839 Direktor des Französischen Gymnasiums Berlin, 1853–1878 ao. Prof. für christliche Pädagogik, zugleich Direktor der Franckeschen Stiftungen Halle. – Lit.: W. Fries: Die Franckeschen Stiftungen, 164ff.

74  O. Dietlein: 1853–1856 ao. Prof. Halle.

75  J. Wichelhaus (1819–1858). 1847 PD, 1854 ao. Prof. Halle. Da Wichelhaus, der fest in Erweckungskreisen verwurzelt war, wegen Verweigerung des Eides auf die Symbole in Bonn nicht zur Promotion zugelassen wurde, legte er 1846 seine Licentiatendissertation in Halle vor, blieb seiner reformiert-orthodoxen Ansichten über Schrift und Dogma wegen aber auch hier in der Fakultät eher isoliert. – Lit. mit bibliogr. Teilüberblick: RE³ 24 (1913) 650–653.

[76] W. Herbst (1825–1882). Rektor von Schulpforta, 1881 Hon.-Prof. für christliche Pädagogik Halle. Grabstätte: Laurentiusfriedhof (1969 aufgelöst).

[77] Th. Brieger (1842–1915). 1870 PD für Kirchengeschichte (besonders für Reformationsgeschichte), 1873 ao. Prof. Halle, 1876 o. Prof. Marburg, 1886 Leipzig. – Lit. mit bibliogr. Teilüberblick: M. Lenz: Th. Brieger in memoriam. In: ZKG 36 (1916) 1–10. – RGG³ 1 (1957) 1416.

[78] K. Schwarz (1812–1885). 1837 Festungshaft wegen burschenschaftlicher Aktivitäten, 1842 PD Halle, 1845 Suspendierung wegen Teilnahme an Versammlungen der „Lichtfreunde", 1848 Abgeordneter des Frankfurter Parlaments, 1849 ao. Prof. Halle, 1856 Generalsuperintendent und Oberhofprediger Gotha, 1865 Mitbegründer des Protestantenvereins. – Lit. mit bibliogr. Teilüberblick: ADB 33 (1891) 242–246. – RE³ 18 (1906) 5–10. – Zum Konflikt mit der Fakultät und dem Ministerium vgl. E. Barnikol: Karl Schwarz (1812–1885) in Halle vor und nach 1848 und die Gutachten der Theologischen Fakultät. WZ(H).GS 10 (1961) 499–533. – W. Schrader: Geschichte II, 235f. 252. – L. Witte: Leben II, 427ff. – M. Brümmer: Staat, 98–100, vgl. Anlage 16, 180–184.

[79] A. Wuttke (1819–1870). 1848 PD für Philosophie Breslau, 1854 ao. Prof. der Theologie Berlin, 1861 o. Prof. Halle. – Lit. mit bibliogr. Teilüberblick: ADB 44 (1898) 377–379. – RE³ 21 (1908) 567–574.

[80] Explizit in Tholucks bekanntestem Frühwerk: *Guido und Julius. Lehre von der Sünde und vom Versöhner, oder: Die wahre Weihe des Zweiflers*, (anonym) Hamburg 1823. ⁹1871, Nachdr. 1977. – Grundsätzlich systematisiert durch J. Müller: *Die Christliche Lehre von der Sünde*, 2 Bde., Breslau 1844. ⁶1877.

[81] Im Kontrast zum Rationalismus galt als Leitmotiv der Pektoraltheologie: pectus est, quod theologum facit (A. Neander).

[82] Unter Aufsicht Tholucks entstand zu Beginn der sechziger Jahre zur bevorzugten Aufnahme schlesischer Theologiestudenten das „Schlesische Konvikt", gestiftet von dem schlesischen Grafen K. Ph. v. Harrach (1795–1878), einem Schwager des preußischen Königs Friedrich Wilhelm III., der unter dem Einfluß des Fürstbischofs Graf L. v. Sedlnitzky im Zusammenhang mit dem Mischehenstreit zur evangelischen Kirche konvertiert war. Nach anfänglichen Provisorien erhielt es seinen endgültigen Ort in der ehem. Wilhelmstraße. Als erster Inspektor wurde 1867 M. Kähler aus Bonn gerufen. Tholuck selbst gründete 1871 unmittelbar neben seinem Wohnhaus in der Mittelstraße, mit ihm baulich verbunden, das „Tholuck'sche Convict". Ihm vermachte er nach seinem Tod 1877 seine umfangreiche Bibliothek. Mit dem „Schlesischen Konvikt" vereinigt, bezog es nach dem Zweiten Weltkrieg das ehemalige Verbindungshaus der Burschenschaft „Germania Halle" am Jägerplatz. Zur Aufnahme reformierter Studenten, bald auch aus dem außerdeutschen Protestantismus, wurde 1880 in der Kl. Klausstraße das „Reformierte Convict" eingerichtet. 1929 entstand als drittes Studentenwohnheim auf Initiative E. Klostermanns das „Sprachenkonvikt", das in den Franckeschen Stiftungen untergebracht ist und jetzt zusammen mit den „Tholuck-Konvikt" das „Evangelische Konvikt Halle". Studienhaus der Kirchenprovinz Sachsen in den Franckeschen Stiftungen" bildet.

[83] Zur Erweckungstheologie vgl. E. Beyreuther: Die Erweckungsbewegung, Göttingen ²1977 (KiG IV/R1). – M. Geiger: Das Problem der Erweckungstheologie. In: ThZ 14 (1958) 430–450.

[84] K. B. Moll (1806–1878). 1830 Prediger an der Strafanstalt Naugard, 1834 Pfarramt Löcknitz (b. Stettin), 1845 Stettin, 1850 o. Prof. für Praktische Theologie und zur Unterstützung Tholucks Universitätsprediger, 1853 zudem Oberpfarrer an der St. Ulrichskirche Halle, 1860 Generalsuperintendent der Provinz Preußen in Königsberg. – Lit. mit bibliogr. Teilüberblick: ADB 22 (1885) 115–117.

[85] A. Wolters (1822–1877). Seit der Studienzeit mit W. Beyschlag befreundet, Pfarrer in Krefeld, Wesel und 1856 Bonn, 1874 o. Prof. für Praktische Theologie und Universitätsprediger Halle, neben Beyschlag seit 1876 Mitherausgeber der „Deutsch-evangelischen Blätter". – Lit. mit bibliogr. Teilüberblick: W. Beyschlag: Erinnerungen an A. Wolters, Halle 1880. – RE³ 21 (1908) 482–485.

[86] Die „Theologischen Studien und Kritiken" wurden 1828 bei Fr. Perthes in Gotha von den Heidelbergern K. Ullmann und Fr. W. K. Umbreit begründet. Von dem Unionstheologen K. I. Nitzsch, daneben von J. K. Gieseler und Fr. Lücke, später durch R. Rothe wirkungsvoll unterstützt, waren sie von Anfang an das Sprachrohr der Vermittlungstheologie. Enge Beziehungen zu Halle ergaben sich bereits seit der halleschen Wirksamkeit Ullmanns (1829–1836). 1856 wurde J. Müller einer ihrer Mitherausgeber. Mit dem Eintritt von W. Beyschlag 1865 in die Redaktion und der in dasselbe Jahr fallenden Übernahme der Mitherausgeberschaft durch E. K. A. Riehm (neben den Heidelbergern Ullmann und K. B. Hundeshagen) zeichnete es sich ab, daß die „Theologischen Studien und Kritiken" ganz zum Fakultätsorgan werden würden. Bereits jetzt publizierten hallesche Theologen vorzugsweise in ihnen. Als J. Köstlin 1873 die Nachfolge für Hundeshagen antrat, lag ihre Herausgabe fortan ausschließlich in den Händen von Fakultätsmitgliedern: 1902 trat E. Haupt an die Stelle Köstlins, bis zum gemeinsamen Todesjahr 1910 zusammen mit E. Kautzsch, der 1889 Nachfolger Riehms geworden war. Seit 1911 zeichneten Fr. Loofs und F. Kattenbusch für sie verantwortlich. 1929 trat J. Ficker an die Stelle von Loofs. Seit 1934/1935 lag ihre Herausgeberschaft bei O. Eissfeldt und G. Heinzelmann, bis sie erste theologische Fachzeitschrift, die über ein Jahrhundert bestanden hatte, 1939 der staatlich verordneten Einstellung zum Opfer fiel. In zwei Einzelheften erschienen sie bis 1947.

[87] W. Wiefel: Arbeit, 18.

[88] So schon in ihrem Programm im ersten Heft der „Theologischen Studien und Kritiken", das Fr. Lücke 1827 verfasste und in dem die Selbstbezeichnung „Vermittlungstheologie" zum ersten mal erscheint.

[89] Zur Vermittlungstheologie vgl. E. Hirsch: Geschichte V, 364–430.

[90] W. Fleischmann-Bisten: Der Evangelische Bund in der Weimarer Republik und im sog. Dritten Reich, Frankfurt am Main [u. a.] 1989. – H. Grote: Protestanten auf dem Wege. Geschichte des Evangelischen Bundes, Göttingen 1986, 9ff. (Bensheimer Hefte, 65).

[91] Die „Evangelische Vereinigung" trat als Mittelpartei in der Evangelischen Kirche der altpreußischen Union für die Überbrückung innerkirchlicher Gegensätze ein und stellte bis zur letzten Synodalwahl 1929 die stärkste kirchenpolitische Richtung in

der Provinz Sachsen dar. Zur Geschichte und kirchenpolitischen Bedeutung vgl. die entsprechenden Art. in RGG[1] 2 (1910) 740ff. – RGG[3] 2 (1958) 788f.

[92] Zur Wirkungsgeschichte KÄHLERs und ihren Voraussetzungen vgl. J. Wirsching: Gott in der Geschichte. Studien zur theologiegeschichtlichen Stellung und systematischen Grundlegung der Theologie Martin Kählers, München 1963, bes. 27–42 (FGLP X/26). – E. Kähler: Eschatologisches Denken und politisches Urteil bei Martin Kähler. In: ZdZ 16 (1962) 295–300.

[93] A. EICHHORN (1856–1926). 1886 PD für Altes Testament, 1888 ao. Prof. Halle, 1901–1913 Kiel, lebte danach schwer erkrankt in Braunschweig. Lit. mit bibliogr. Teilüberblick: E. Barnikol: Albert Eichhorn, sein Lebenslauf, seine Thesen 1886, seine Abendmahlsthese 1898 und seine Briefe an seinen Schüler Erich Franz nebst einem Bekenntnis über Heilsgeschichte und Evangelium, über Orthodoxie und Liberalismus. In: WZ(H)GS. 9 (1960) 141–152. – H. Greßmann: A. Eichhorn und die religionsgeschichtliche Schule, 1914. – NDB 4 (1959) 379.

[94] FR. BAETHGEN (1849–1905). 1878 PD für Altes Testament, 1884 ao. Prof Kiel, 1888 Halle, 1889 o. Prof. und Konsistorialrat Greifswald, 1895 Berlin. – Lit. mit bibliogr. Teilüberblick: BBKL 1 (1976) 341f. – NDB 1 (1953) 531. – RGG[2] 1 (1927) 734.

[95] W. Wiefel: Spezialisierung, 3.

[96] W. Wiefel: Spezialisierung, 5.

[97] W. LÜTGERT (1867–1938). 1892 PD, 1895 ao. Prof. Greifswald, 1901 für Neues Testament, 1902 o. Prof., 1912 für systematische Theologie Halle, 1929 Berlin. – Lit. mit bibliogr. Teilüberblick: Hallesches Akademisches Vademecum, 20f. – RGG[2] 3 (1929) 1745f.

[98] M. REISCHLE (1858–1905). 1888 Gymnasialprof. Stuttgart, 1892 o. Prof. für Praktische Theologie Gießen, 1895 für Systematische Theologie Göttingen, 1897 Halle. – Lit. mit bibliogr. Teilüberblick: RE[3] 24 (1913) 384–393.

[99] H. STEPHAN (1873–1954). 1906 PD Leipzig, 1907 PD, 1911 Tit.-Prof., 1914 ao. Prof., 1919 o. Prof. Marburg, 1922 Halle, 1926–1938 Leipzig. – Lit.: K. Hennig: Geschichte und Gegenwart in der Glaubenslehre. Das Leitmotiv der theologischen Arbeit H. Stephans dargestellt an den Problemen der lutherischen und reformierten Theologie. In: ThLZ 73 (1948) 761–764. – Bibliogr.: ThLZ 73 (1948) 766–768. 78 (1953) 542.

[100] G. WEHRUNG (1880–1959). 1916 ao. Prof. für Systematische Theologie Straßburg, 1920 o. Prof. Münster, 1927 Halle, 1931–1946 Tübingen. – Lit.: O. Wolff: G. Wehrung in memoriam. In: ThLZ 84 (1959) 949–956. – Bibliogr.: ThLZ 85 (1960) 71–76.

[101] FR. K. SCHUMANN (1886–1960). 1909 Stadtvikar Mannheim, 1913 Pfarrer Triberg/Schwarzwald, 1924 PD, 1928 ao. Prof. Tübingen, 1929 o. Prof. Gießen, 1932 Halle, 1945 Leiter des Christophorus-Stifts, 1948 Direktor der Ev. Forschungsakademie Hemer, 1951 Hon.-Prof., 1955 emeritierter o. Prof. Münster. – Lit.: Fr. K. Schumann zum 70. Geburtstag. In: ThLZ 81 (1956) 631–634. – H. Eberle: Martin-Luther-Universität, 282. – Bibliogr.: ThLZ 81 (1956) 633–638.

102 E. Fascher (1897–1978). 1926 PD Marburg, 1930 o. Prof. Jena, 1937 Halle, 1950 Greifswald, 1954–1964 Berlin. – Lit.: E. Fascher zum 75. Geburtstag. In: ThLZ 98 (1973) 77f. – Professor D. Erich Fascher in memoriam. In: ThLZ 103 (1978) 924. – H. Eberle: Martin-Luther-Universität, 274. – Bibliogr.: ThLZ 82 (1957) 949– 954; 92 (1962) 955–958.

103 H. Achelis (1865–1937). 1893 PD für Kirchengeschichte und Christliche Archäologie Göttingen, 1901 ao. Prof. Königsberg, 1907 ao. Prof., 1914 o. Prof. Halle, 1916 Bonn, 1918 Leipzig. – Lit. mit bibliogr. Teilüberblick: Hallesches Akademisches Vademecum, 25f. – NDB 1 (1953) 29f.

104 E. Kohlmeyer (1882–1959). 1911 PD Göttingen, 1916 ao. Prof., 1920 o. Prof. Kiel, 1926 Breslau, 1930 Halle, 1935–1944 Bonn. – Lit. mit bibliogr. Teilüberblick: Zum 70. Geburtstag von E. Kohlmeyer. In: ThLZ 77 (1952) 247–250. – RGG² 3 (1929) 1140. – H. Eberle: Martin-Luther-Universität, 278.

105 E. Wolf (1902–1971). 1925 PD Rostock, 1930/31 Lehrstuhlvertretung Tübingen, 1931 o. Prof. Bonn, 1935 Halle, 1945 Göttingen, 1957 für Systematische Theologie Göttingen. – Lit.: RGG³ RegBd., 1965, 265. – H. Eberle: Martin-Luther-Universität, 284f. – Bibliogr.: Hören und Handeln, FS. E. Wolf z. 60. Geburtstag, hg. v. H. Gollwitzer u. H. Traub, München 1962, 399–416.

106 E. Seeberg (1888–1945). 1913 PD Greifswald, 1920 ao. Prof. Breslau, 1920 o. Prof. Königsberg, 1924 Breslau, 1926 Halle, 1927 Berlin. – Lit.: E. Wolf: Theologie am Scheideweg. Bekennende Kirche 1952, 18–40. – RGG³ 5 (1961) 1632.

107 H. Dörries (1895–1977). 1923 PD, 1926 ao. Prof. Tübingen, 1928 o. Prof. Halle, 1929–1963 Göttingen. – Lit.: H. Dörries zum 80. Geburtstag. In: ThLZ 100 (1975) 876f. – H. Eberle: Martin-Luther-Universität, 272. Bibliogr.: ThLZ 86 (1961) 471–474. – JGNKG 63 (1965) 309–315. – ThLZ 100 (1975) 877f.

108 Vgl. Anm. 94.

109 J. W. Rothstein (1853–1926). 1879 Gymnasiallehrer Elberfeld, 1888 PD, 1889 ao. Prof. Halle, 1910 o. Prof. Halle, 1914–1920 Münster. – Lit. mit bibliogr. Teilüberblick: Hallesches Akademisches Vademecum, 22f. – RGG² 4 (1930) 2120.

110 C. Steuernagel (1869–1958). 1895 PD, 1907 ao. Prof. Halle, 1914–1935 o. Prof. Breslau. – Lit.: Hallesches Akademisches Vademecum, 26f. – W. Schmauch: In memoriam C. Steuernagel. In: ThLZ 83 (1958) 547–550. – Bibliogr.: ThLZ 74 (1949) 113–115.

111 G. Hölscher (1877–1955). 1905 PD, 1914 ao. Prof. Halle, 1920 o. Prof. Gießen, 1921 Marburg, 1929 Bonn, 1935–1949 Heidelberg. – Lit. mit bibliogr. Teilüberblick: Hallesches Akademisches Vademecum, 29f. – NDB 9 (1972) 334.

112 A. Alt (1883–1956) 1909 PD, 1914 ao. Prof. Greifswald, 1914 o. Prof. Basel, 1921 Halle, 1922 Leipzig. Lit.: H. Bardtke: Albrecht Alt. Leben und Werk. In: ThLZ 81 (1956) 513–522. – Bibliogr.: Geschichte und Altes Testament, FS A. Alt zum 70. Geburtstag, Tübingen 1953, 211–223 (BHTh 16). – Nachträge zur Bibliogr.: ThLZ 81 (1956) 573f.

113 K. Cornill (1854–1920). 1886 ao. Prof. Marburg, 1886 o. Prof. Königsberg, 1898 Breslau, 1910 Halle. – Lit. mit bibliogr. Teilüberblick: NDB 3 (1957) 367f.

[114] P. DREWS (1858–1912). 1883 Pfarrer Burkau, 1889 Dresden, 1894 ao. Prof. Jena, 1901 o. Prof. Gießen, 1908 Halle. – Lit. mit bibliogr. Teilüberblick: Hallesches Akademisches Vademecum, 16–20. – NDB 4 (1959) 118f.

[115] G. DEHN (1882–1970). 1931–1933 o. Prof. Halle, danach Pfarrer, 1936–1941 Doz. Kirchliche Hochschule Berlin, 1946 o. Prof. Bonn. – Lit.: BBKL 1 (1975)1242–1248. – H. Eberle: Martin-Luther-Universität, 271. – Bibliogr.: ThLZ 97 (1972) 391–398 , vgl. auch Anm. 146.

[116] G. HAUSSLEITER (1857–1934). 1881 Pfarrer München, 1886 Sommerhausen, 1891 Kissingen, 1894 Barmen, 1903 Direktor der Rheinischen Mission Barmen, 1908 o. Prof. Halle, nach seiner Emeritierung 1925 Vorlesungstätigkeit Erlangen. – Lit. mit bibliogr. Teilüberblick: Hallesches Akademisches Vademecum, 21. 36f. – RGG² 2 (1928) 1661f. – H. Eberle: Martin-Luther-Universität, 276.

[117] O. RITSCHL (1860–1944). 1885 PD für Systematische Theologie Halle, 1889 ao. Prof. Kiel, 1894 Bonn, 1897–1927 o. Prof. Bonn. – Im Folgenden werden Literatur- und Bibliographieangaben nur von den Personen verzeichnet, die in Halle in einem Ordinariat resp. Extraordinariat gestanden haben.

[118] C. STANGE (1870–1959). 1895 PD für Systematische Theologie Halle, 1903 o. Prof. Königsberg, 1904 Greifswald, 1912–1935 Göttingen.

[119] K. HEIM (1874–1958). 1907 PD für Systematische Theologie Halle, 1914 o. Prof. Münster, 1920 Tübingen.

[120] H. E. WEBER (1882–1940). 1905 Inspektor des Tholuck-Konviktes, 1907 PD für Systematische Theologie und Neues Testament Halle, 1912 ao. Prof., 1913 o. Prof. Bonn, 1935–1937 Münster, restituiert 1945–1950 Bonn.

[121] H. MULERT (1879–1950). 1907 PD für Systematische Theologie Kiel, 1909 Halle, 1912 Berlin, 1917 ao. Prof., 1920 o. Prof. Kiel, 1935 suspendiert, 1948 Lehrauftrag Leipzig.

[122] P. TSCHACKERT (1848–1911). 1875 PD für Kirchengeschichte Breslau, 1877 ao. Prof. Halle, 1884 o. Prof. Königsberg, 1890 Göttingen. – Lit. mit bibliogr. Teilüberblick: RE³ 24 (1913) 585–588.

[123] K. MÜLLER (1852–1940). 1878 Repetent am Tübinger Stift, 1880 PD für Kirchengeschichte, 1882 ao. Prof. Berlin, 1884 Halle, 1886 o. Prof. Gießen, 1891 Breslau, 1903–1922 Tübingen. – Lit. mit bibliogr. Teilüberblick: E. Wolf: K. Müller in memoriam. In: DtPfrBl 44 (1940) 89f. – RGG³ 4 (1960), 1171f.

[124] G. FICKER (1856–1926). Bruder von J. FICKER, 1893 PD für Kirchengeschichte, 1903 ao. Prof. Halle, 1906 o. Prof. Kiel. – Lit. mit bibliogr. Teilüberblick: BBKL 2 (1990) 29.

[125] A. LANG (1867–1945). 1900 PD für Kirchengeschichte und Domprediger, 1920–1937 o. Honprof., seit 1921 zugleich Superintendent des reformierten Kirchenkreises. – Lit. mit bibliogr. Teilüberblick: P. Gabriel: In memoriam A. Lang. In: ThLZ 72 (1947) 107f. – Hallesches Akademisches Vadenmecum, 27–29. – BBKL 4 (1992) 1077f. – H. Eberle: Martin-Luther-Universität, 278.

[126] J. LEIPOLDT (1880–1965). 1905 PD für Kirchengeschichte und Neues Testament Leipzig, 1906 Halle, 1909 o. Prof. Kiel, 1914 Münster, 1916 Leipzig.

[127] W. Goeters (1878–1935). 1909 PD für Kirchengeschichte Halle, 1913 ao. Prof., 1919 o. Prof. Bonn.

[128] E. Grafe (1855–1922). 1884 PD für Neues Testament Berlin, 1886 ao. Prof. Halle, 1888 als Nachfolger A. H. Frankes o. Prof. Kiel, 1890–1913 Bonn. Grafe war in den von der politischen Rechtspresse hochgespielten „Fall Meinhold-Grafe" involviert, in den die hallesche Fakultät indirekt hineingezogen wurde. Vgl. dazu im einzelnen W. Wiefel: Spezialisierung 10ff. – Lit. mit bibliogr. Teilüberblick: Ph. Vielhauer: E. Grafe 1855–1922: Bonner Gelehrte. Beiträge zur Geschichte der Wissenschaften in Bonn. Evangelische Theologie, Bonn 1968, 130–142. – BBKL 2 (1990) 283. – RGG² 2 (1928) 1419f.

[129] Fr. Büchsel (1883–1945). 1911 PD für Neues Testament Halle, 1916 ao. Prof. Greifswald, 1918 o. Prof. Rostock.

[130] R. Smend (1851–1913). 1875 PD für Altes Testament Halle, 1880 ao. Prof. Basel, 1889 o. Prof. Göttingen.

[131] C. Clemen (1865–1940). 1892 PD für Religionsgeschichte, 1899–1904 Tit.-Prof. Halle, 1910 ao. Prof., 1920 o. Prof. Bonn. – Lit. mit bibliogr. Teilübersicht: NDB 3 (1957) 280f. – Zu der in diesem Zeitraum geleisteten theologischen Arbeit von C. Clemen, J. Leipoldt, H. E. Weber und Fr. Büchsel; vgl. im einzelnen W. Wiefel: Spezialisierung, 18ff.

[132] P. Tillich (1886–1965). 1916 PD Halle, 1919 Berlin, 1924 ao. Prof. Marburg, 1925 o. Prof. Dresden, 1925 Leipzig, 1929 Frankfurt/Main, 1933 New York, 1955 Cambridge/Mass.

[133] Nach der Trennung von Kirche und Staat 1918 war die Stellung theologischer Fakultäten im Verband der universitas litterarum nach einer kurzen Zeit der Ungewißheit durch Artikel 149 (3) der Weimarer Reichsverfassung vom 11. August 1919 geregelt: „Die theologischen Fakultäten an den Hochschulen bleiben erhalten." Die Verfassung des Deutschen Reiches vom 11. August 1919, Langensalza 1920. – Zu den Hintergründen vgl. W. Delius: Die Theologischen Fakultäten als Problem der Revolution vom Jahre 1918. In: ThViat 10 (1965) 33–54. – H. v. Schubert: Die Trennung der Kirche vom Staat und die Frage der theologischen Fakultäten. In: ChW 32 (1919) 66–76.

[134] Vgl. K. v. Rabenau: Hermann Gunkel auf rauhen Pfaden nach Halle. In: EvTh 30 (1970) 439ff. – W. Wiefel: Spezialisierung, 3f.

[135] W. Völker (1896–1988). 1927 PD für Kirchengeschichte Halle, 1942 Lehrstuhlvertretung Tübingen, 1946–1961 o. Prof. Mainz. – Kurzbiogr.: H. Eberle: Martin-Luther-Universität, 284.

[136] W. Elliger (1903–1988). 1930 PD für Kirchengeschichte Halle, 1934 o. Prof. Kiel, 1936 Greifswald, 1950 Berlin, 1964–1970 Bochum. – Kurzbiogr.: H. Eberle: Martin-Luther-Universität, 273f.

[137] E. Benz (1907–1978). 1932 PD für Kirchengeschichte Halle, 1935 ao. Prof., 1937–1973 o. Prof. Marburg. – Kurzbiogr.: H. Eberle: Martin-Luther-Universität, 271.

[138] J. Begrich (1900–1945). 1926 PD für Altes Testament Halle, 1928 Marburg, 1930 ao. Prof. Leipzig. Begrich fiel am 26./27.4.1945 in Oberitalien.

139 K. GALLING (1900–1991). 1925 PD für Altes Testament Berlin, 1928 Halle, 1930 ao. Prof. Halle, 1946 o. Prof. Mainz, 1955 Göttingen, 1962 für Biblische Archäologie Tübingen. – Lit.: A. Kuschke: K. Galling zum 80. Geburtstag. In: ThLZ 105 (1980) 238–240. – H. Eberle: Martin-Luther-Universität, 276. – Bibliogr.: ThLZ 85 (1960) 153–158.

140 O. MICHEL (1903–1993). 1927 Inspektor des Tholuck-Konviktes, 1929 PD für Neues Testament, 1930–1934 zugleich Studentenpfarrer Halle, 1940–1943/1945–1946 Lehrstuhlvertretung, 1946 o. Prof. Tübingen. – Kurzbiogr.: H. Eberle: Martin-Luther-Universität, 279.

141 E. STAUFFER (1902–1982). 1929 PD für Neues Testament Halle, 1934 o. Prof. Bonn, 1948–1967 Erlangen. – Kurzbiogr.: H. Eberle: Martin-Luther-Universität, 282f.

142 H. BRAUN (1903–1991). 1929 Lic. theol. Halle, 1930 Pfarrer Friedrichshof/Ostpreußen, 1931 Lamgarbe, 1940 Drengfurt, 1947 Doz. für Neues Testament, 1949 Prof. Kirchliche Hochschule Berlin, 1953 o. Prof. Mainz. Zu der in diesem Zeitraum geleisteten Arbeit von H. BRAUN, E. STAUFFER und O. MICHEL vgl. W. Wiefel: Zeichen, 11ff.

143 FR. W. SCHMIDT (1893–1943). 1920 PD für Systematische Theologie, 1926 ao. Prof. Halle, 1927 o. Prof. Münster, 1939 Berlin. – Lit. mit bibliogr. Teilüberblick: RGG² 5 (1931), 206f.

144 J. HEMPEL (1891–1964). 1920 PD für Altes Testament, 1923 ao. Prof. Halle, 1925 o. Prof. Greifswald, 1928 Göttingen, 1937 Berlin, 1947 Pfarrverweser Salzgitter, 1955 Hon.-Prof., 1958 emeritierter o. Prof. Göttingen. – Lit.: RGG³ RegBd., 1965, 92. – Bibliogr.: ThLZ 76 (1951) 501–506; 87 (1962) 395–398.

145 K. ANER (1879–1933). 1923 PD für Kirchengeschichte, 1929 ao. Prof Halle, 1930 o. Prof. Kiel. – Lit. mit bibliogr. Teilüberblick: BBKL 1 (1976) 171.

146 Zum Folgenden vgl. E. Bizer: Der „Fall Dehn". FS für G. Dehn zum 75. Geburtstag, hg. v. W. Schneemelcher, Neukirchen 1957, 239–261. – G. Dehn, Alte Zeit, 247–285. – J. F. G. Goeters: Art.: Dehn, Günther. In: TRE 8 (1981) 390–392. – O. Michel: Anpassung, 60–67. – R. Hoenen: Günther Dehn (1882–1970) – Außenseiter für Frieden. In: 500 Jahre Theologie, 161–180. – W. Prokoph: Bestrebungen, 94–123. – Ders.: Die politische Seite des „Falles Dehn". In: WZ(H). GS 16 (1967) 249–271. – H. Sasse: Der Hallesche Universitätskonflikt. In: KJ 59 (1932) 77–113. – H. Schafft: G. Dehn und die Heidelberger ev.-theol. Fakultät. In: Neuwerk 12 (1931) 310ff. – K. Scholder: Die Kirchen und das Dritte Reich I: Vorgeschichte und Zeit der Illusionen 1918–1934, Frankfurt am Main-Berlin-Wien 1977, 216–224. – H. Eberle: Martin-Luther-Universität, 31–37.

147 UAH: Rep. 27, IV, D 2,6, 38.

148 Text seines Sondervotums bei G. Dehn: Kirche und Völkerversöhnung, 42f. Dem schlossen sich weitere 27 Heidelberger Professoren an; Text ebd., 44.

149 G. Traub: Über Pfarrer D. Günther Dehn in Berlin. In: Eiserne Blätter 13 (1931) Nr. 2 v. 11. Januar 1931.

150 Text bei G. Dehn: Kirche und Völkerversöhnung, 6ff.

151 „Die Erklärung der Universität Halle. 'Nach dem Grundsatz der akademischen Wahrhaftigkeit…'". In: Hallische Nachrichten, Nr. 247 v. 21. Oktober 1931. Text G. Dehn: Kirche und Völkerversöhnung, 53–55.

152 Begründung und Nachweis der Entlassungsurkunde vgl. E. Stolze: Martin-Luther-Universität, 151 Anm. 11.

153 „Das reformatorische Prinzip der Lehre D. Dehns. Stellungnahme des Dekans der Theolog. Fakultät Halle-Wittenberg".In: Hallische Nachrichten, Nr. 252 v. 27. Oktober 1931. – „Erklärung der Theologenschaft Halle". In: Hallische Nachrichten v. 11. November 1931. Texte bei G. Dehn: Kirche und Völkerversöhnung, 63–66 u. 73.

154 Ausführlicher Bericht über die Dozentenvollversammlung v. 11. November 1931 in: Hallische Nachrichten v. 12. November 1931. Abdruck G. Dehn: Kirche und Völkerversöhnung, 73f.

155 „Von irgendeinem geselligen Verkehr mit den Fakultätskollegen konnte nicht die Rede sein. … Mit den Mitgliedern der engeren Fakultät kam ich nur in den offiziellen Sitzungen zusammen, die meist schauerlich genug verliefen. Dörries rühmt in seinem Aufsatz über den Fall Dehn die Haltung der Fakultät, die mich immer „ritterlich" gedeckt habe. Ich will es gern zugestehen, daß dies bis zum 11. November, dem Tage der Vollversammlung, stimmen mag. Bis dahin ist sie jedenfalls immer für mich eingetreten. In der Vollversammlung, die ja den Sieg der Studentenschaft brachte, hat – wenn ich recht unterrichtet bin – niemand von ihr zu mir gehalten. Ritterlich im persönlichen Verkehr hat sich mir gegenüber bis zuletzt der Alttestamentler Hans Schmidt erwiesen, obwohl er mir politisch sehr fern stand. Für Herrn v. Dobschütz war ich bei den gemeinsamen Sitzungen einfach Luft; er tat so, als ob ich überhaupt nicht anwesend wäre. Heinzelmann war menschlich und hat auch späterhin noch manchmal versucht, mir zu helfen. Von den übrigen Herren erklärte Barnikol mehrfach persönlich, daß er ganz auf meiner Seite stünde. Aber mehr konnte er für mich wohl nicht tun. Theologisch und politisch war er mir fremd. Die anderen Herren blieben mir gegenüber kalt wie Eis. Ich kann mich auch nicht an ein einziges freundliches Wort erinnern, das wir miteinander gewechselt hätten." (G. Dehn: Alte Zeit, 279f.) – „Dehn war nun von der Bevölkerung isoliert und von den Kollegen gemieden. Wenn er das Dozentenzimmer betrat und grüßte, dann zog sich der anwesende Kollege oft genug hinter die Zeitung zurück, statt wiederzugrüßen, und meinte, mit diesem Verhalten die Ehre der Gefallenen zu verteidigen." (O. Michel: Anpassung, 64). – Freundschaftliche Aufnahme fand Dehn dagegen bei den Emeriti F. Kattenbusch, H. Gunkel und in der Familie Fr. Loofs'. Vgl. dazu G. Dehn: Alte Zeit, 279.

156 K. Eger, der Gegenseminare organisierte und selbst wieder Vorlesungen anzeige, eröffnete die Pressekampagne mit einem Aufsatz *Worum handelt es sich beim „Fall Dehn"* in der zweiten Dezembernummer 1931 der „Neuen Preußischen Kirchenzeitung", dem Organ der Mittelpartei, den er als Sonderdruck in hoher Auflage der Januarnummer der „Sturmfahne" 1932 beilegen ließ (Sonderdruck der Preußischen Kirchenzeitung, Baruth (Mark) 27 (1931) Nr. 24). H. Dörries und E. Hirsch schlossen sich ihm in einer Stellungnahme an, die am 31. Januar 1932 in der „Deutschen Allgemeinen Zeitung" veröffentlicht wurde. Dörries begründete seine Haltung wenig später in einem Aufsatz in der „Wartburg", Jg. 31, 1931, Heft 2, 47ff.

– Auf der anderen Seite waren schon K. Barth und K. L. Schmidt sowie O. Schmitz und W. Stählin mit zwei Erklärungen an die Öffentlichkeit getreten, in denen sie sich mit Dehn solidarisch erklärten. Sie fanden ihre Unterzeichner zum einen in M. Dibelius, O. Piper und G. Wünsch; sodann u.a. in R. Bultmann, H. v. Soden, E. Lohmeyer, A. Jülicher, M. Rade und R. Otto für das zweite Dokument. Vgl. UAH: Rep. 4, VII/I, 22,1, 84/85 und Rep. 27, IV, D 2,6, 95–97; abgedruckt in: ThBl 10 (1931) 332f. = G. Dehn, Kirche und Völkerversöhnung, 76ff. – K. Barth stellte sich Anfang 1932 noch einmal vor Dehn mit der Forderung, den Kampf nicht gegen Dehn, sondern aufrichtigerweise gegen die ganze dialektische Theologie zu führen: Warum führt man den Kampf nicht auf der ganzen Linie? Der Fall Dehn und die „dialektische" Theologie. In: Montag-Morgenblatt der Frankfurter Zeitung, Nr. 122 v. 15. Februar 1932, S. 4.

<sup>157</sup> Auszug aus dem Senatsprotokoll v. 20. Oktober 1931 in UAH: Rep. 4, Nr. 183, 87a.

<sup>158</sup> W. Richter u. H. Peters (Hg.): Die Statuten der preußischen Universitäten und Technischen Hochschulen VIII: Die Satzung der Universität Halle-Wittenberg, Berlin 1930 (Weidemannsche Taschenausgabe, Heft 61h).

<sup>159</sup> UAH: Rep. 4, Nr. 7, 317.

<sup>160</sup> UAH: Rep. 4, Nr. 688, 6f.

<sup>161</sup> Kopie der Urkunde UAH: Rep. 4, Nr. 7, 320. Vgl. dazu S. Bräuer: Lutherjubiläum, 645ff. – W. Prokoph: Bestrebungen, 86ff. 193ff. – E. Stolze: Martin-Luther-Universität, 25ff. – H. Eberle: Martin-Luther-Universität, 49ff. – Die häufig kolportierte Legende, mit der Namensgebung sei man der drohenden Umbenennung in „Alfred-Rosenberg-Universität" zuvorgekommen, hat schon W. Prokoph: Bestrebungen, 199–201 glaubhaft entkräftet.

<sup>162</sup> K. Thom, Mitglied der DC-Reichsleitung, beklagt deshalb nicht zu Unrecht, daß „nur an einer Stelle … bisher alles beim alten geblieben (ist): In den Theologischen Fakultäten…" Dr. [Karl] Th[om]: Gleichschaltung der Theologischen Fakultäten. In: Evangelium im Dritten Reich 2 (1933) 171.

<sup>163</sup> „Neues Testament und Rassenfrage". In: ThBl 12 (1933) 294–296. Abdruck zusammen mit dem „Gutachten der Theologischen Fakultät der Universität Marburg vom 20. September 1933 zum sog. Arierparagraphen in der Kirche" bei K. D. Schmidt: Bekenntnisse des Jahres 1933, Göttingen 1934, 178–182. Zum historischen Hintergrund vgl. auch B. Jaspert (Hg.): Karl Barth – Rudolf Bultmann. Briefwechsel 1922–1966, Zürich 1971, 138ff. – K. Aland: Glanz und Niedergang, 132ff.

<sup>164</sup> Text bei J. Gauger (Hg.): Chronik der Kirchenwirren II, Elberfeld o. J. [1935], 371. 373. – K. D. Schmidt: Bekenntnisse des Jahres 1934, Göttingen 1935, 167–179. – Zur Geschichte vgl. K. Meier: Der evangelische Kirchenkampf I: Der Kampf um die Reichskirche, Halle u. Göttingen 1976, 512f. u. G. Haendler: Reichsbischof, 1ff. Haendler korrigiert die noch in jüngsten Publikationen (so z. B. E. Wolgast: Nationalsozialistische Hochschulpolitik und die theologischen Fakultäten. In: L. Siegele-Wenschkewitz u. C. Nicolaisen (Hg.): Theologische Fakultäten im Nationalsozialismus, Göttingen 1993, 60) angegeben Zahlen, die sich auf ca. 120 Unterzeichner eingepegelt zu haben scheinen, indem er die an L. Müller separat gerich-

tete moderatere Rücktrittsbitte der Leipziger Theologischen Fakultät sowie mehrere Sondervoten hinzurechnen. – Die unterzeichnenden Professoren übertraten damit die Anordnung des preußischen Kultusministers B. Rust vom 13. Januar 1934 (Text bei C. Nicolaisen (Bearb.): Dokumente zur Kirchenpolitik des Dritten Reiches II: 1934/1935, München 1975, 13), die Hochschullehrer hätten die Entscheidungen des Staates im Streit um die Leitung der Deutschen Evangelischen Kirche (DEK) für den Reichsbischof L. Müller loyal mitzutragen und sich einer öffentlichen Stellungnahme gegen Mitglieder der deutsch-christlichen Kirchenregierung zu enthalten. Die Folge war der sog. Maulkorberlaß des Reichserziehungsministeriums vom 28. Februar 1935 (C. Nicolaisen, a.a.O. II, 271f.), der gravierend in das Selbstverständnis der theologischen Fakultäten eingriff. Die Theologieprofessoren gerieten dadurch in den Konflikt, sich zwischen zwei inkompatiblen Prinzipien positionieren zu müssen: zwischen der geschuldeten Loyalitätspflicht gegenüber dem Staat, der von seinen Professoren nun auch die Akzeptanz seiner Kirchenpolitik forderte, und der besonderen kirchlichen Aufgabe und Verantwortung ihres theologischen Lehramtes. Vgl. dazu auch A. Hollerbach: Die Theologischen Fakultäten und ihr Lehrpersonal im Beziehungsgefüge von Staat und Kirche: Essener Gespräche zum Thema Staat und Kirche 16, Münster 1982, 69–102. – Weniger bekannt und deshalb zu Unrecht vergessen ist das Gutachten, das die halleschen Theologen E. Klostermann, O. Eissfeldt und Fr. K. Schumann über *Die Zuverlässigkeit der Bibel, ein Gutachten über die neuesten Angriffe auf sie*, in: ThStKr 107 (1936/37) 354–370, erstellt haben. In ihm treten sie deutsch-christlichen Angriffen gegen Bibel, kirchliche Tradition und Verkündigung entgegen, wie sie vor allem durch M. Ludendorff vorgetragen worden waren.

165 Vgl. Th. M. Schneider: Reichsbischof Ludwig Müller. Eine Untersuchung zu Leben, Werk und Persönlichkeit, Göttingen 1993, bes. 103ff. (Arbeiten zur kirchlichen Zeitgeschichte, B: Darstellungen 19). L. Müller selbst studierte 1902–1904 in Halle und wohnte im Reformierten Konvikt.

166 O. Thulin (1898–1971). 1927 Mitarbeiter am Deutschen Archäologischen Institut Rom, 1930 Direktor der Lutherhalle u. Dozent am Predigerseminar Wittenberg, 1933 PD für Kirchengeschichte und Christliche Archäologie, 1940–1945 ao. Prof. Halle, 1956 Lehrauftrag Leipzig. – Kurzbiographie: H. Eberle: Martin-Luther-Universität, 283. – Lit. mit bibliogr. Teilüberblick: RGG³ RegBd., 1965, 245.

167 W. Bienert (1909–1994). 1937 PD für Kirchengeschichte, 1940 zugleich Pfarrer Halle, 1941–1945 Soldat, 1950 Pfarrer, 1953 Dozent für Sozialethik, 1963 Studienleiter der Melanchthon-Akademie Frecken b. Köln. – Kurzbiogr.: H. Eberle: Martin-Luther-Universität, 271f.

168 W. Trillhaas (1903–1995). 1933 PD für Praktische Theologie Erlangen, 1934 Halle, 1935 Erlangen, 1945 o. Prof. Erlangen, 1946 Göttingen, 1954 für Systematische Theologie Göttingen, seit 1961 zugleich Hon.-Prof. Technische Hochschule Hannover. – Kurzbiogr.: H. Eberle: Martin-Luther-Universität, 283.

169 H. Schlier (1900–1978). 1928 PD für Neues Testament Jena, 1930 Marburg, 1934 Halle, 1935 suspendiert, Doz. Theologische Hochschule Wuppertal, 1937 Pfarrer Elberfeld, 1945–1952 o. Prof. Bonn. – Vgl. W. Wiefel: Zeichen 14f. – Kurzbiogr.: H. Eberle: Martin-Luther-Universität, 280.

236

170 K. Meier: Anpassung und Resistenz der Universitätstheologie. In: L. Siegele-Wenschkewitz u. C. Nicolaisen (Hg.): Theologische Fakultäten im Nationalsozialismus, Göttingen 1993, 84 (Arbeiten zur Kirchengeschichte, Reihe B: Darstellungen 18).

171 Ebd., 85f.

172 Gemäß dem „Gesetz über die Entpflichtung und Versetzung von Hochschullehrern aus Anlaß des Neuaufbaus des deutschen Hochschulwesens" vom 21. Januar 1935, Reichsgesetzblatt 1935 I 23.

173 Vgl. O. Michel: Anpassung 35ff.

174 Nach der „Anlage zu einem Bericht der Vorläufigen Kirchenleitung der Deutschen Evangelischen Kirche vom 28. Mai 1936" rechnete man in Halle im WS 1932/1933 von allen Dozenten 5 zu den Deutschen Christen, 2 zur Bekennenden Kirche und 19 Sonstige. Im WS 1935/1936 galten 3 als DC- und 2 als BK-gebunden; 17 als Sonstige. Vgl. G. Besier: Zur Geschichte der Kirchlichen Hochschulen oder: der Kampf um den theologischen Nachwuchs. In: L. Siegele-Wenschkewitz u. C. Nicolaisen (Hg.) [s. Anm. 170], 270 Anhang I. – Die in den 1936 von J. Hoffmann und M. Fischer verschickten Rundbriefen an die Theologiestudentenämter enthaltenen Angaben beziehen sich nur auf die Professoren. Danach zählen 2 zu den Deutschen Christen, 2 zur Bekennenden Kirche, und 7 gelten als neutral. Vgl. J. Thierfelder: Ersatzveranstaltungen der Bekennenden Kirche. In: L. Siegele-Wenschkewitz u. C. Nicolaisen [s. Anm. 170], 294 Anm. 20. – Über die Zugehörigkeit der Theologiestudierenden zu den kirchenpolitischen Gruppen gibt der „Bericht über die Arbeit des Studentenpfarramtes der BK Berlin 1939" Aufschluß: Von der Gesamtzahl der in Halle Studierenden (700/800) werden 170 unter der Rubrik „Ev. Theol.", 120 als „BK-Theol." und 15 (sic!) als „Deutsche Christen" geführt. Die Rubrik „Neutr. Theol." bleibt offen. Vgl. G. Besier [s. Anm. 174], 275 Anhang IV.

175 E. Wolgast: Nationalsozialistische Hochschulpolitik und die evangelisch-theologischen Fakultäten: L. Siegele-Wenschkewitz u. C. Nicolaisen (Hg.) [s. Anm. 170], 70.

176 Vgl. J. Thierfelder [s. Anm. 174], 296 Anm. 28.

177 Um die Konvikte dem Einfluß der Bekennenden Kirche zu entziehen, versuchte die Universitätsleitung 1937, sie juristisch der Universität einzugliedern. Das gemeinsame Kuratorium sowohl des Schlesischen als auch des Tholuck-Konviktes strengte daraufhin einen Prozeß an, der noch 1939 gewonnen wurde, aber kein öffentliches Echo mehr fand. Vgl. dazu ausführlich W. Scherffig: Junge Theologen im „Dritten Reich". Dokumente, Briefe, Erfahrungen II: Im Bannkreis politischer Verführung (1936–1937), Neukirchen-Vluyn 1990, 255ff. – E. Kähler: Art.: Halle, Universität. TRE 14 (1985) 392. Seine Darstellung der Ereignisse unter dem Titel *Der Kampf um das Schlesische und Tholuck-Konvikt im Jahre 1937. Ein vorläufiger Bericht. Franz-Reinhold Hildebrandt zum 12. Januar 1971* existiert leider bis heute nur maschinengeschrieben. – Trotz aller damit verbundenen Repressionen, von denen Studierende, Konviktsinspektoren und in unterschiedlichem Ausmaß auch Professoren betroffen waren, blieb „Halle … geradezu ein Modell intensiver theologischer Arbeit im Sinne der BK". (W. Scherffig: a. a. O., 261. – Bereits 1936 hatte der „Fall" des Theolo-

giestudenten E. Schmidt für Aufsehen gesorgt, der als entschiedener BK-Student nach seiner Weigerung, einer beantragten Ermäßigung seiner Kolleggelder wegen der SA beizutreten, Opfer eines politisch motivierten Disziplinarverfahrens wurde, in dem ihm E. Wolf und Fr. K. Schumann zur Seite standen. Vgl. W. Scherffig: a. a. O., 247ff.

[178] Gerüchte über eine Auflösung der theologischen Fakultäten waren schon seit 1936 im Umlauf. Eine existenzbedrohende Situation entstand aber erst Ende 1938 mit dem konzentrischen Angriff von O. Wacker (Reichserziehungsministerium), M. Bormann (Stellvertreter des Führers), R. Heydrich (Sicherheitsdienst) und A. Rosenberg (NSDAP), die auf dem Weg der Fusion mehrere theologische Fakultäten zu eliminieren beabsichtigten. Halle gehörte zu diesem Zeitpunkt erklärtermaßen nicht zu ihnen. Auch die kurzfristige Schließung der Universität Halle (5. September–14./15. Oktober 1939) steht dazu in keinem Zusammenhang. Von ihr waren auch andere Universitäten betroffen. Vgl. dazu E. Wolgast [s. Anm. 164], 66f. – E. Stolze, Martin-Luther-Universität, 90ff.

[179] Im SS 1942 betrug die Frequenz gerade nur noch 17 Studierende. E. Wolgast [s. Anm. 164], 76 Anm. 149. – Vgl. auch die statistischen Angaben ebd., 64f. u. 64 Anm. 101.

[180] Vgl. die Übersicht bei W. Wiefel: Zeichen, 21.

[181] „Im Wintersemester 1944/1945 fand … uneingeschränkter Lehrbetrieb nur noch an den Fakultäten Berlin, Greifswald, Leipzig und Tübingen statt, während das REM (Reichserziehungsministerium – d. Verf.) für alle übrigen Fakultäten verzeichnete: ‚Kein Lehrbetrieb'.“ (E. Wolgast [s. Anm. 164], 77).

[182] Einzelheiten darüber bei H. Gehlen: Wie die Stadt Halle vor der Vernichtung bewahrt wurde. Ihr Gewissen gebot es. Christen im Widerstand gegen den Hitlerfaschismus, hg. v. K. Drobisch u. G. Fischer, Berlin 1980, 358–366.- H. Eberle: Martin-Luther-Universität, 251–253.

[183] Zum Ganzen vgl. H. Eberle: Martin-Luther-Universität, 253–263. – Zu Eißfeldt vgl. G. Wallis: Reminiszenz an Otto Eißfeldt. Einer der Großen der Alma mater halensis. Universitätszeitung, Martin-Luther-Universität Halle-Wittenberg, 25. April 1992, 3.

[184] Zit.: Martin-Luther-Universität Halle-Wittenberg. Daten & Fakten, (Halle) 1991, 5.

[185] Als Präsident des Gustav-Adolf-Werkes berichtete G. Heinzelmann Ende (?) 1945 dem Evangelischen Oberkirchenrat A. und H. B. in Wien, die Professoren Schumann, Fascher und Keyser seien ihres Amtes enthoben worden. Für E. Fascher wenigstens trifft das nicht zu. In den beiden anderen Fällen ließen sich archivalische Belege (noch) nicht beibringen. Vgl. Quellentexte zur österreichischen evangelischen Kirchengeschichte zwischen 1918 und 1945, hg. v. G. Reingrabner u. K. Schwarz. Jahrbuch für die Geschichte des Protestantismus in Österreich 104/105, Wien 1988/1989, 695. – E. Wolf erhielt einen Ruf nach Göttingen, H. Schmidt hatte die Altersgrenze erreicht und H. W. Schomerus verstarb vor Wiedereröffnung der Universität am 13. November 1945.

186 W. Knevels (*1897). 1921 Stadtvikar, 1929 Religionslehrer Heidelberg, 1937–1945 Lehrstuhlvertretung Rostock, 1944 o. Prof. Breslau. Knevels wurde bekannt mit seinen Arbeiten über den religiösen Gehalt zeitgenössischer Literatur.

187 H. Urner (1901–1987). 1928 Pfarrer Panthenau b. Haynau (Schlesien), 1934 am Paul-Gerhardt-Stift Berlin, 1952 beauftragt zur Wahrnehmung einer Prof., 1953 Prof. mit vollem Lehrauftrag, 1956 o. Prof. Halle. – Lit.: G. Wallis: H. Urner zum 65. Geburtstag. In: ThLZ 96 (1971) 396–398. – Bibliogr.: ThLZ 86 (1961) 871–876. 87 (1962) 156. 91 (1966) 389–390. 97 (1972) 397f.

188 E. Winkler (* 1933). Seit 1966 o. Prof. Halle.

189 S. Knak (1875–1955). 1901 Pfarrer Ribbekardt (Pommern), 1910 Inspektor, 1921–1949 Direktor der Berliner Missionsgesellschaft.

190 H. Preisker (1888–1952). 1915 Pfarrer Tarnowitz, 1919 Breslau, 1924 PD für Neues Testament Breslau, 1929–1935 Prof. für Religionspädagogik an verschiedenen Lehrerbildungstätten, 1935 ao. Prof. für Neues Testament Göttingen, 1936 o. Prof. Breslau, 1947 Jena, 1952 Halle. – Lit.: G. Delling: H. Preisker in memoriam. In: ThLZ 78 (1953) 181. – Ders.: Telos – Dynamis – Agape. Zu Herbert Preiskers Arbeit am Neuen Testament. In: WZ(H).GS II/12 (1952/53) 513–518. – Bibliogr.: ThLZ 78 (1953) 181–184.

191 A. Böhlig (* 1912). 1934–1943 wiss. Mitarb. der Preuß. Akad. der Wiss. zu Berlin, 1951 PD München u. Würzburg, 1954 Prof. mit Lehrauftrag für Neues Testament u. Geschichte des christlichen Orients, 1956 Prof. mit vollem Lehrauftrag, 1959 für Byzantinistik Halle, 1964 apl. Prof. für Philologie und Kultur des christlichen Orients Tübingen. – Lit. mit bibliogr. Teilüberblick: KDGK 16 (1992) 309f.

192 T. Holtz (* 1931). 1964 Doz. für Neues Testament Berlin, 1965 o. Prof. Greifswald, seit 1970/1971 Halle. – Lit.: H. Obst: T. Holtz zum 60. Geburtstag. In: ThLZ 116 (1991) 552f. – Bibliogr.: ThLZ 116 (1991) 553–558.

193 W. Wiefel (1929–1998). 1963 Doz., 1975 ao. Prof. Halle, 1984 o. Prof. Leipzig.

194 M. Doerne (1900–1970). 1925 Pfarrer Löbau, 1927 Studieninspektor am Predigerseminar Lückendorf, 1934 o. Prof. für Praktische Theologie Leipzig, 1947 für Systematische Theologie Rostock, 1952 Halle, 1954 für Praktische Theologie Göttingen. – Lit.: BBKL 1 (1976) 1348f. – Bibliogr.: ThLZ 90 (1965) 315–318; 95 (1970) 629ff.

195 N. Müller (* 1925). 1968–1990 o. Prof. Halle. – Lit.: H. Obst: N. Müller zum 65. Geburtstag. In: ThLZ 115 (1990) 474f. – Bibliogr.: ThLZ 115 (1990) 475–478.

196 G. Wallis (1925–2003). 1959 Doz. Berlin, 1959 beauftragt mit der Wahrnehmung einer Prof., 1960 Prof. mit Lehrauftrag, 1969–1990 o. Prof. Halle. – Lit.: Fr. de Boor: G. Wallis zum 60. Geburtstag. ThLZ 110 (1985) 75.

197 K. Aland (1915–1994). 1945 Doz., 1946 ao. Prof. Berlin, 1947 o. Prof. Halle u. Gastprof. Berlin, 1958–1983 Münster. – Lit.: H. Kunst: Kurt Aland. Eine Würdigung. Text-Wort-Glaube. FS K. Aland zum 65. Geburtstag, hg. v. M. Brecht, Berlin/New York 1980, 1–15. – Bibliogr.: Ebd. 377–397.

198 E. Peschke (1907–1996). 1936 PD für Kirchengeschichte, 1937 ao. Prof. Breslau, 1945 Pfarrer Apollensdorf, 1951 o. Prof. Rostock, 1959–1972 Halle.

199 Fr. de Boor (* 1933). 1970 Doz., 1978–1989 o. Prof. Halle.

200 A. Sames (* 1937). 1970–1977 Pfarrdienst, 1984 Dozent, 1988 ao. Prof., 1990 Prof. Halle.

201 Vgl. die Statistik bei A. Lehmann: Fakultät, 156.

202 Von der Abberufung betroffen war z. B. auch E. Hoffmann, Professor an der Land-wirtschaftlichen Fakultät.

203 Einzelheiten „seines Falles" schilderte K. Aland bei einer Gastvorlesung zum Thema „Wittenberg und Halle" vor der Theologischen Fakultät in Halle am 31. Mai 1991. Sie liegt in schriftlicher Form nicht vor. Vgl. dazu die ausführlichen Presseberichte von A. Sames: Rehabilitierung der Wissenschaft. Universitätszeitung, Martin-Luther-Universität Halle-Wittenberg, 20. Juni 1991; S. Ehrhardt-Rein: Erinnerung als Weg zur Freiheit. Der Neue Weg, 13. Juni 1991, S. 6.

204 Es handelt sich um I. Schulze, die noch bis nach der politischen Wende 1989 als Professorin für Kunstgeschichte in Halle tätig war.

205 Neues Deutschland, 24. April 1958. Aland, der „sich für einen Vorposten der ‚freien Welt'" halten würde und im Umgang mit seiner „sich für rot" entscheiden-den Assistentin die Manieren eines „Großinquisitors" an den Tag lege, wird dort als der „böse Geist in den Mauern dieses ideologischen Zuchthauses" beschrieben, womit die Fakultät gemeint ist, ein „verfluchtes dumpfes Mauerloch…, wie es selbst dem Doktor Faust im 16. Jahrhundert schon zu mittelalterlich war…", wo das „Mittelalter … dem 20. Jahrhundert offen den Kampf angesagt" hat. – Zum poli-tisch motivierten Vorgehen gegen Aland und zur Rolle W. Ulbrichts dabei vgl. S. Bräuer: „…daß die Zeitschrift eine progressive Tendenz erhält". In: ThLZ 119 (1994) 577–600, zu den Vorgängen in Halle besonders die Spalten 584–589.

206 Vgl. G. Delling: Zum Corpus hellenisticum Novi Testamenti. In: ZNW 54 (1963) 1–15.

207 H. Obst (* 1940). 1975 Doz., 1988 o. Prof. Halle.

208 K. Onasch (* 1916). 1942 Pfarrer Bromberg, 1946 Brandenburg, 1950 Großku-gel (b. Halle); daneben Wahrnehmung eines Lehrauftrages, 1954 Doz., 1959 Tit. Prof., 1969–1981 o. Prof Halle. – Lit.: G. Wallis: K. Onasch zum 65. Geburts-tag. In: ThLZ 106 (1981) 612. – H. Obst: K. Onasch zum 75. Geburtstag. In: ThLZ 116 (1991) 796. – Bibliogr.: ThLZ 106 (1981) 613–633; 116 (1991) 631–633.

209 H. Goltz (* 1946). 1981 beauftragt mit der Wahrnehmung einer Prof., 1983 Doz., 1987 ao. Prof., 1990 Prof. Halle.

210 So führten z. B. zwei Hochschulreformen zum Autonomieverlust der Fakultäten, denen nur noch das Graduierungsrecht zugestanden blieb. Als Sektionen weiterge-führt, unterstanden sie strukturell einer nach zentralistischem Prinzip funktionie-renden Universitätsleitung, für die die Partei die Bestandsgarantie übernommen hatte.

# Literaturverzeichnis

## A. Gedruckte Quellen: Grabstätten

Dähne, Carl Gottlieb: Neue Beschreibung des Halleschen Gottesackers nebst geschichtlichen Bemerkungen über die Gräber und Begräbnißgebräuche der Christen, Halle 1830.

Neuß, Erich: Der hallische Stadtgottesacker als Quelle familiengeschichtlicher Forschung. Ekkehard. Mitteilungsblatt deutscher Genealogischer Abende 5 (1929) 35. 52. 68. 99f. 116; 6 (1930) 20. 36. 56. 72. 88. 112; 7 (1931) 128. 152. 176. 196. 212; 8 (1932) 24. 44. 64. 84. 104. 124; 9 (1933) 144. 164. 188. 208. 228. 248; 10 (1934) 24. 44.

Rundes Chronik der Stadt Halle 1750–1835. Hg. v. Thüringisch-Sächsischen Geschichtsverein, bearb. v. B. Weißenborn, Halle 1933.

Wer war Wer auf dem Laurentius-Kirchhof in Halle? Halle 1956, erg. 1979 (Ms. masch.).

## B. Gedruckte Quellen: Fakultätsgeschichte

Aland, Kurt: Die Annales Hallenses ecclesistici. Das älteste Denkmal der Geschichtsschreibung des Halleschen Pietismus.: Ders., Kirchengeschichtliche Entwürfe, Gütersloh 1960, 580–649.

Ders. (Hg.): Glanz und Niedergang der deutschen Universität. 50 Jahre deutsche Wissenschaftsgeschichte in Briefen an und von Hans Lietzmann (1892–1942), Berlin/New York 1979.

Chronik der Preußischen Vereinigten Friedrichs-Universität Halle–Wittenberg für den Zeitraum vom 12. Juli 1931 bis 12. Juli 1932, hg. v. Rektor und Senat, Halle 1933.

Chronik der Martin-Luther-Universität Halle–Wittenberg für den Zeitraum vom 12. Juli 1933 bis zum 31. März 1936, hg. v. Rektor und Senat, Halle 1937.

Dehn, Günther (Hg.): Kirche und Völkerversöhnung. Dokumente zum Halleschen Universitätskonflikt, Berlin o.J. (1931).

Germann, W.: Zur Geschichte der theologischen Professuren in Halle. ZKWL 9 (1888) 396–423.

Hallesches Akademisches Vademecum. Bd. 1: Bio-Bibliographie der aktiven Professoren, Privatdozenten u. Lektoren der vereinigten Friedrichs-Universität Halle–Wittenberg, Halle 1910.

Personalverzeichnis der Universität Halle, Halle 1894 ff.

# C. Darstellungen

Aner, Karl: Die Theologie der Lessingzeit, Halle 1929 (Nachdr. Hildesheim 1964).

Barth, Karl: Die protestantische Theologie im 19. Jahrhundert. Ihre Vorgeschichte und ihre Geschichte, Zollikon/Zürich ²1952.

Beyschlag, Willibald: Aus meinem Leben. I: Erinnerungen und Erfahrungen der jüngeren Jahre, Halle 1896. II: Erinnerungen und Erfahrungen der reiferen Jahre, Halle 1898.

Bräuer, Siegfried: Das Lutherjubiläum 1933 und die deutschen Universitäten. ThLZ 108 (1983) 641–662.

Brode, Reinhold: Die Friedrichs-Universität zu Halle. Zwei Jahrhunderte deutscher Geistesgeschichte, Halle 1907.

Brümmer, Manfred: Staat kontra Universität. Die Universität Halle–Wittenberg und die Karlsbader Beschlüsse 1819–1848, Weimar 1991.

Dehn, Günther: Die alte Zeit - die vorigen Jahre. Lebenserinnerungen, München ²1964.

Deutsches Biographisches Archiv. Microfiche-Edition, hg. v. B. Fabian, München/New York/London/Paris 1982. [DBA]

Deutsches Biographisches Archiv. Neue Folge bis Mitte des 20. Jahrhunderts. Microfiche-Edition, hg. v. W. Gorzny, München/New York/ London/Paris 1989. [DBA, N.F.]

Doering, Heinrich: Die gelehrten Theologen Deutschlands im 18. und 19. Jahrhundert, 4 Bde., Neustadt (Orla) 1831–1835.

H. Eberle: Die Martin-Luther-Universität in der Zeit des Nationalsozialismus, Halle 2002.

Foerster, Johann Christian: Übersicht der Geschichte der Universität zu Halle in ihrem ersten Jahrhunderte, Halle 1794.

Friedensburg, Walter: Geschichte der Universität Wittenberg, Halle 1917.

Fries, Wilhelm: Die Franckeschen Stiftungen in ihrem zweiten Jahrhundert, Halle 1898.

500 Jahre Theologie in Wittenberg und Halle 1502 bis 2002. Beiträge aus der Theologischen Fakultät der Martin-Luther-Universität Halle–Wittenberg zum Universitätsjubiläum 202, hg. von Arno Sames, Leipzig 2003. (Leucorea-Studien 6).

Gaß, Wilhelm: Geschichte der Protestantischen Dogmatik in ihrem Zusammenhange mit der Theologie überhaupt, 4 Bde., Berlin 1854–1867.

Gericke, Wolfgang: Theologie und Kirche im Zeitalter der Aufklärung, Berlin 1989. (Kirchengeschichte in Einzeldarstellungen III/2).

Geschichte der Martin-Luther-Universität Halle–Wittenberg 1502-1977, hg. v. H. Hübner, Halle ²1977.

Haendler, Gert: Der Reichsbischof und die Theologischen Fakultäten 1933/34. ThLZ 116 (1991) 1–16.

Hertzberg, Gustav Friedrich: Kurze Übersicht über die Geschichte der Universität in Halle a. S. bis zur Mitte des 19. Jahrhunderts, Halle 1894.

Hirsch, Emanuel: Geschichte der neuern evangelischen Theologie im Zusammenhang mit den allgemeinen Bewegungen des europäischen Denkens, 5 Bde., Gütersloh 1949–1954.

Hoffbauer, Johann Christoph: Geschichte der Universität zu Halle bis zum Jahre 1805, Halle 1805.

Jöcher, Christian Gottlieb: Allgemeines Gelehrten-Lexicon, 4 Bde., Leipzig 1750–1751.

Ders., Allgemeines Gelehrten-Lexicon. Fortsetzungen und Ergänzungen von J. Chr. Adelung (ab. Bd. 3: H. W. Rothermund), 7 Bde., Leipzig/Delmenhorst/Bremen 1784–1897. [Jöcher/Adelung]

Jordan, Julius; Kern, Otto: Die Universitäten Wittenberg–Halle vor und bei ihrer Vereinigung. Ein Beitrag zur Jahrhundertfeier am 21. Juni 1917, Halle 1917.

Kähler, Ernst: Art.: Halle, Universität. RGG³ 3 (1959) 34–38.

Ders.: Art.: Halle, Universität. TRE 14 (1985) 388-392.

Kähler, Martin: Theologe und Christ. Erinnerungen und Bekenntnisse, hg. v. A. Kähler, Berlin 1926.

Kraus, Hans-Joachim: Die Biblische Theologie. Ihre Geschichte und Problematik, Neukirchen-Vluyn 1970.

Ders.: Geschichte der historisch-kritischen Erforschung des Alten Testaments, Neukirchen-Vluyn ²1969.

Lehmann, Arno: Theologische Fakultät. WZ(H). GS 6 (1956) 155–159.

Meier, K.: Die Theologischen Fakultäten im Dritten Reich, Berlin/New York 1996.

Menne, Karl: August Hermann Niemeyer. Sein Leben und Wirken, Halle 1928. (Beiträge zur Geschichte der Universität Halle–Wittenberg 1).

Meusel, Johann Georg: Lexikon der vom Jahr 1750 bis 1800 verstorbenen teutschen Schriftsteller, 15 Bde., Leipzig 1802–1816.

Michel, Otto: Anpassung oder Widerstand. Eine Autobiographie, Wuppertal/Zürich 1989.

Mühlpfordt, Günther: Die „sächsischen Universitäten" Leipzig, Jena, Halle und Wittenberg als Vorhut der deutschen Aufklärung. In: Wissenschafts- und Universitätsgeschichte in Sachsen im 18. und 19. Jahrhundert – nationale und internationale Wechselwirkung und Ausstrahlung. Beiträge des internationalen Kolloquiums zum 575. Jahr der Universitätsgründung am 26. und 27. November 1984 in Leipzig, hg. v. K. Czok, Berlin 1987, 25–50. (ASAW.PH 71/3).

Niemeyer, August Hermann: Die Universität Halle nach ihrem Einfluß auf gelehrte und praktische Theologie in ihrem ersten Jahrhundert, Halle/Berlin 1817.

Prokoph, Werner: Demokratische Bestrebungen und faschistischer Ungeist an der Universität Halle–Wittenberg in den Jahren 1929 bis 1934. Diss. Phil. Halle 1967 (masch.).

Reformation und Neuzeit. 300 Jahre Theologie in Halle, hg. v. U. Schnelle, Berlin/New York 1994.

Ritschl, Albrecht: Die christliche Lehre von der Rechtfertigung und Versöhnung, 3 Bde., Bonn ³1889.

Scheschonk, Brigitte: Grundzüge und Hauptperioden der Geschichte der Universitätsbibliothek Halle in der Aufklärungsepoche. Von der Gründung (1696) bis zur Vereinigung der Universitäten Halle und Wittenberg (1817): 275 Jahre Universitäts- und Landesbibliothek in Halle (Saale) – Entwicklung und Leistung einer Bibliothek, Halle 1971, 12–60.

Schrader, Wilhelm: Geschichte der Friedrichs-Universität zu Halle, 2 Bde., Berlin 1894.

Stange, Erich (Hg.): Die Religionswissenschaft der Gegenwart in Selbstdarstellungen, 5 Bde., Leipzig 1925–1929.

Stengel, Friedemann: Die Theologischen Fakultäten in der DDR als Problem der Kirchen- und Hochschulpolitik des SED:Staates bis zu ihrer Umwandlung in Sektionen 1970/71, Leipzig 1998 (Arbeiten zur Kirchen- und Theologiegeschichte 3).

Stolze, Elke: Die Martin-Luther-Universität Halle–Wittenberg während der Herrschaft des Faschismus (1933 bis 1945). Diss Phil. Halle 1982 (masch.).

Timm, Albrecht: Die Universität Halle Wittenberg. Herrschaft und Wissenschaft im Spiegel ihrer Geschichte, Frankfurt am Main 1960. (Mitteldeutsche Hochschulen 5).

s

450 Jahre Martin-Luther-Universität Halle–Wittenberg, 3 Bde., o.O., o.J. (Halle 1952).

Weißenborn, Bernhard: Die Universität Halle–Wittenberg, Berlin 1919. (Stätten der Bildung 2).

Wiefel, Wolfgang: Die neutestamentliche Arbeit an der Universität Halle–Wittenberg von 1817–1888, Halle 1975. (Wiss. Beitr. der Martin-Luther-Universität Halle–Wittenberg 1975/4 T6).

Ders.: Zwischen Spezialisierung und richtungspolitischer Gleichgewichtsstrategie. Zur Geschichte der neutestamentlichen Arbeit an der Universität Halle–Wittenberg 1888–1918, Halle 1976. (Wiss. Beitr. der Martin-Luther-Universität Halle–Wittenberg 1976/13 T16).

Ders.: Im Zeichen der Krise. Zur Geschichte der neutestamentlichen Arbeit an der Universität Halle–Wittenberg 1918–1945, Halle 1977. (Wiss. Beitr. der Martin-Luther-Universität Halle–Wittenberg 1977/35 T19).

Witte, Leopold: Das Leben D. Friedrich August Gottreu Tholuck's, 2 Bde., Bielefeld/Leipzig 1884–1886.

Zscharnack, Leopold: Art.: Halle, Friedrichs-Universität. RGG¹ 2 (1910) 1800–1816.

Ders.: Art.: Halle, Universität. RGG² 2 (1928) 1586–1592.

250 Jahre Universität Halle. Streifzüge durch ihre Geschichte in Forschung und Lehre, Halle 1944.

# Lagepläne der Grabstätten

# Stadtgottesacker

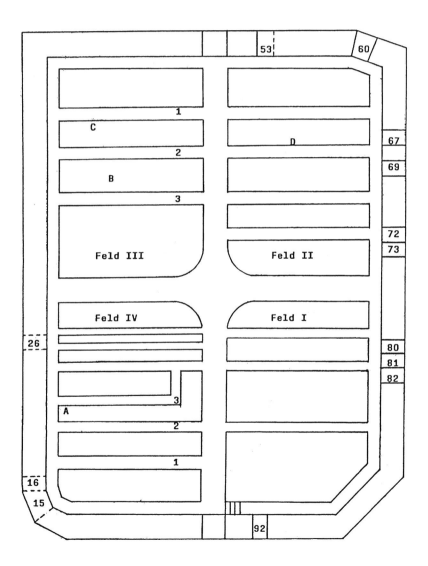

Bogen 15: AUGUST HERMANN NIEMEYER (1754–1828)
HERMANN AGATHON NIEMEYER (1802–1851)
Bogen 16: JOHANN LIBORIUS ZIMMERMANN (1702–1734)
Bogen 26: JOHANN AUGUST NÖSSELT (1734–1807)
Bogen 53: JOHANN SALOMO SEMLER (1725–1791)
Bogen 60: GEORG CHRISTIAN KNAPP (1753–1825)
Bogen 67: JOHANN FRIEDRICH GRUNER (1723–1778)
Bogen 69: HEINRICH ERNST GÜTE (1754–1805)
Bogen 72: JOACHIM LANGE (1670–1744)
Bogen 73: JOHANN HEINRICH CALLENBERG (1694–1760)
Bogen 80: AUGUST HERMANN FRANCKE (1663–1727)
Bogen 81: GOTTHILF AUGUST FRANCKE (1696–1769)
GOTTLIEB ANASTASIUS FREYLINGHAUSEN (1719–1785)
Bogen 82: JOHANN LUDWIG SCHULZE (1734–1799)
Bogen 92: JOHANN HEINRICH MICHAELIS (1668–1738)
CHRISTIAN BENEDICT MICHAELIS (1680–1764)


A:     FRANZ THEODOR FÖRSTER (1839–1898)
B:     WILHELM GESENIUS (1786–1842)
C:     EDUARD KARL AUGUST RIEHM (1830–1888)
D:     FRIEDRICH AUGUST GOTTREU THOLUCK (1799–1877)

# Laurentiusfriedhof

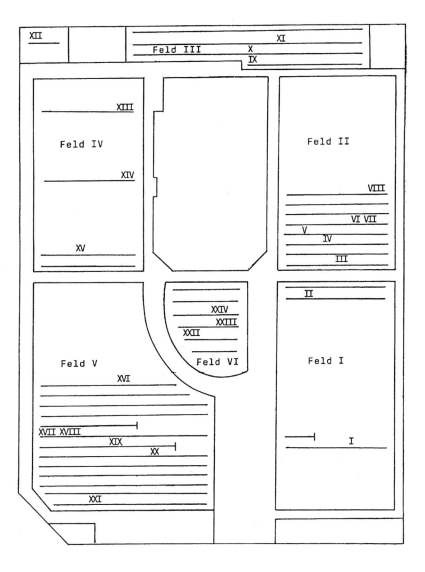

I: Friedrich Loofs (1858–1928)
II: Johannes Ficker (1861–1944)
III: Hermann Hering (1838–1920)
IV: Paul Feine (1859–1933)
V: Hans Schmidt (1877–1953)
VI: Erdmann Schott (1900–1983)
VII: Ferdinand Kattenbusch (1852–1935)
VIII: Erich Haupt (1841–1910)
IX: Martin Kähler (1835–1912)
X: Konstantin Schlottmann (1819–1887)
XI: Otto Eissfeldt (1887–1973)
XII: Ernst von Dobschütz (1870–1934)
XIII: Julius August Ludwig Wegscheider (1771–1849)
XIV: Hans Windisch (1881–1935)
XV: Ernst Barnikol (1892–1968)
XVI: Julius Schniewind ((1883–1948)
XVII: Julius Köstlin (1826–1902)
XVIII: August Hermann Franke (1853–1891)
XIX: Willibald Beyschlag (1823–1900)
XX: Arno Lehmann (1901–1984)
XXI: Gerhard Delling (1905–1986)
XXII: Erich Klostermann (1870–1963)
XXIII: Gerhard Heinzelmann (1884–1951)
XXIV: Hilko Wiardo Schomerus (1879–1945)

# Gertraudenfriedhof

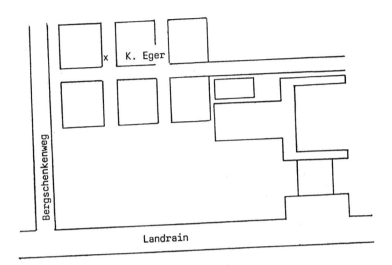

# Neuer Friedhof (Giebichensteinfriedhof)

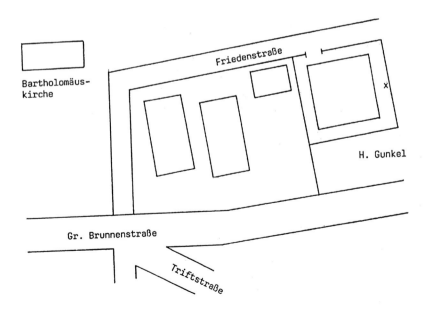

# NACHTRAG

## GERHARD WALLIS (1925–2003)

Am 14. Januar 1925 geboren, studierte er nach dem Kriege an der Kirchlichen Hochschule und an der Humboldt-Universität in Berlin Theologie und Semitistik und promovierte einer alten Gelehrtentradition folgend in beidenFächern. Nach seiner theologischen Habilitation wurde er 1959 in die Nachfolge von Otto Eißfeldt nach Halle berufen, wo er bis zu seiner Emeritierung 1990 tätig war.

Seine wissenschaftlichen Interessen richteten sich vor allem auf die Frühgeschichte Israels, die Entwicklung des Königtums und die Kleinen Propheten. Zweimal war er für jeweils sechs Jahre Dekan (1966–1972; 1978–1984) und hat mit ganzem Einsatz die Geschicke der Fakultät mit dem Ziel geleitet, die Theologische Fakultät als eigenbestimmte Körperschaft in der Universität zu bewahren und die Verbindung zur Kirche lebendig zu halten. Er starb am 4. August 2003.

Grabstätte: Laurentiusfriedhof, Feld B, Reihe 01, Grabstelle 16–17.

*Bibliographie:* ThLZ 120 (1995) 286–294. – *Literatur:* Überlieferung und Geschichte. Gerhard Wallis zum 65. Geburtstag [...], hg. von H. Obst, Halle 1990 (Wiss. Beiträge der MLU, Reihe A, 125).

Bibliographische Information Der Deutschen Bibliothek

Die Deutsche Bibliothek verzeichnet diese Publikation in der Deutschen Nationalbibliografie; detaillierte biblio-
grafische Daten sind im Internet über http://dnb.ddb.de abrufbar.

## Impressum

Titelbild und Rückseite auf dem Schutzumschlag: A. Grell: Portal am Stadt-
gottesacker/Innere Ansicht, Aquarell, 1857, mit freundlicher Genehmigung der
Marienbibliothek, Halle (Saale)

Layout/Satz, Einband- und Titelgestaltung: Janos Stekovics
Gesamtherstellung: VERLAG JANOS STEKOVICS, Dößel (Saalkreis)

ISBN 3-89923-103-1

www.steko.net